Tous Continents

De la même auteure

Adulte

SÉRIE GABY BERNIER

Gaby Bernier, Tome 2 – 1927-1940, Éditions Québec Amérique, 2013.
Gaby Bernier, Tome 1 – 1901-1927, Éditions Québec Amérique, 2012.

SÉRIE DOCTEURE IRMA

Docteure Irma, Tome 3 – La Soliste, Éditions Québec Amérique, 2009.
Docteure Irma, Tome 2 – L'Indomptable, Éditions Québec Amérique, 2008.
Docteure Irma, Tome 1 – La Louve blanche, Éditions Québec Amérique, 2006.

SÉRIE LA CORDONNIÈRE

Les Fils de la cordonnière, tome IV, VLB éditeur, 2003.
Le Testament de la cordonnière, tome III, VLB éditeur, 2000.
La Jeunesse de la cordonnière, tome I, VLB éditeur, 1999.
La Cordonnière, tome II, VLB éditeur, 1998.

Je vous ai tant cherchée, avec Normay Saint-Pierre, VLB éditeur, 2012.
Évangéline et Gabriel, Lanctôt éditeur, 2007, Typo, 2012.
Marie-Antoinette, la dame de la rivière Rouge, Éditions Québec Amérique, 2005.
Et pourtant, elle chantait, VLB éditeur, 2002.
Guide pour les aidants naturels, CLSC Longueuil, 1999.
Le Château retrouvé, Libre Expression, 1995.
Les Enfants de Duplessis, Libre Expression, 1991.
> **Cet ouvrage a dépassé les frontières québécoises et canadiennes et circule en Europe, en Australie et aux États-Unis.**

La Porte ouverte, Éditions du Méridien, 1990.

Jeunesse

Samuel chez les Abénakis, Éditions Cornac, 2011.
Le Miracle de Juliette, Éditions Phoenix, 2007.
Dans les yeux de Nathan, Éditions Bouton d'or d'Acadie, 2006.

TOME 3
ROMAN HISTORIQUE

Projet dirigé par Marie-Noëlle Gagnon, éditrice

Adjointe éditoriale : Raphaelle D'Amours
Direction artistique : Nathalie Caron
Conception graphique : Pascal Goyette
Mise en pages : André Vallée – Atelier typo Jane
Révision linguistique : Sylvie Martin et Chantale Landry
Photographie en couverture : *Anita Elson* © Sasha / Getty Images
Illustrations intérieures : Anouk Noël

Québec Amérique
329, rue de la Commune Ouest, 3e étage
Montréal (Québec) Canada H2Y 2E1
Téléphone : 514 499-3000, télécopieur : 514 499-3010

Nous reconnaissons l'aide financière du gouvernement du Canada par
l'entremise du Fonds du livre du Canada pour nos activités d'édition.

Nous remercions le Conseil des arts du Canada de son soutien. L'an
dernier, le Conseil a investi 157 millions de dollars pour mettre de l'art
dans la vie des Canadiennes et des Canadiens de tout le pays.

Nous tenons également à remercier la SODEC pour son appui financier.
Gouvernement du Québec – Programme de crédit d'impôt pour l'édition
de livres – Gestion SODEC.

**Catalogage avant publication de Bibliothèque et Archives nationales
du Québec et Bibliothèque et Archives Canada**

Gill, Pauline
Gaby Bernier : roman historique
(Tous continents)
Sommaire : t. 3. 1942-1976.
ISBN 978-2-7644-2561-9 (v. 3) (Version imprimée)
ISBN 978-2-7644-2654-8 (PDF)
ISBN 978-2-7644-2655-5 (ePub)
1. Bernier, Gabrielle, 1901-1976 - Romans, nouvelles, etc. I. Titre.
II. Titre : 1942-1976. III. Collection : Tous continents.
PS8563.I479G32 2012   C843'.54   C2011-942609-9
PS9563.I479G32 2012

Dépôt légal : 1er trimestre 2014
Bibliothèque nationale du Québec
Bibliothèque nationale du Canada

Imprimé au Québec

PAULINE GILL

TOME 3

ROMAN HISTORIQUE

Québec Amérique

*Je dédie ce dernier tome et les deux précédents
à toutes celles et tous ceux qui conçoivent le livre
comme un sentier incontournable vers
la connaissance et la solidarité.*

PRÉFACE

Celles et ceux qui, au Québec, lisent fidèlement Pauline Gill reçoivent toujours avec joie et une grande fierté la parution d'une de ses nouvelles œuvres.

Depuis ses premiers écrits, il y a plus de 20 ans maintenant, Pauline a lentement mais très sûrement imprégné sa marque dans la sphère littéraire québécoise. Avec une vingtaine d'ouvrages parus, dont sa tétralogie *La Saga de la cordonnière*, qui m'a marquée, je brûlais d'envie de mieux connaître la femme et son œuvre. Nous nous sommes rencontrées…

Nous sommes ici devant une femme inspirante, une écrivaine qui, à travers des thèmes comme le féminisme, la résilience et l'audace, rejoint l'universel avec l'acuité de son regard d'historienne et de péda-gogue. Elle rejoint ses semblables dans différentes sphères de l'activité humaine. Ses nombreux succès populaires récompensent le talent de la grande humaniste qu'elle est. Elle a joué d'audace toute sa vie de femme et d'écrivaine, éminemment inspirée notamment par des femmes pionnières qui jalonnent notre histoire et qu'elle dépeint avec une exceptionnelle force d'évocation. Les femmes dont elle parle dans ses romans ne figurent pas dans les livres d'histoire, mais elles sont de cette lignée qui a pavé les chemins et qui attise les feux de l'audace chez des femmes comme moi.

Au Québec, où la défense et la sauvegarde de la langue française sont des combats vitaux, Pauline s'y est engagée sans tambour ni trompette. Avec humilité, elle nous rappelle constamment, par la qualité de ses écrits, la finalité de cette longue bataille que nous menons depuis quatre siècles.

Pour sa contribution à nous donner notre raison d'être, pour tirer le meilleur du monde, je veux lui adresser un modeste message qui se traduit simplement en français par le mot « merci ».

Caroline St-Hilaire
Mairesse de la ville de Longueuil

La mort, pour me tuer, aura besoin de ma complicité.

Gaby Bernier

CHAPITRE I

J'ai beau essayer de me distraire de cette terrible guerre, elle prend toujours le dessus. C'est comme une toile de fond lugubre sur laquelle les événements, les plaisants comme les déplaisants, se disputent une place. Dès que je mets le pied dehors, je me heurte à une affiche de propagande clouée à un mur ou à un soldat unilingue anglais qui tend la main au nom de Sa Majesté. Sincèrement, je ne comprends pas grand-chose à cette guerre. Je déplore tellement qu'elle pousse nos jeunes en mal d'aventures à s'enrôler et nos évêques à les appuyer pour en finir, disent-ils, avec « la barbarie nazie »... Les Allemands, des barbares? Pourtant, lors de mes voyages, j'en ai croisé plus d'un et je les ai trouvés très courtois. Le baron Dincklage, l'amoureux de Coco Chanel, n'en est-il pas un ? Quand je pense que mon cher James pourrait bien devenir son assassin s'il était envoyé en Allemagne avec l'armée américaine... Ce serait le comble de l'absurdité.

L'absurdité... Mes proches pourraient bien m'accuser d'en être moi-même la victime avec cette hantise qui m'habite depuis que j'ai cru revoir James... Comment leur faire comprendre tout ce que j'ai éprouvé depuis que j'ai rencontré cet homme? C'était mon premier amour. Je n'avais pas vingt ans. Et ce qu'il m'a fait ressentir était si intense que ça m'a fait peur. Les principes de mon éducation dans la foi chrétienne ont ressurgi. On m'avait enseigné qu'en dehors du mariage, les désirs charnels étaient des *péchés mortels. Je me sentais déchirée entre la culpabilité et le plaisir que je ressentais en dansant dans les bras de cet homme si élégant, si chaleureux, si sensuel. Pour calmer mes remords, je me disais que dès que j'aurais quitté Kennebunk Beach, je parviendrais à l'oublier, de même que les pensées « impures » qu'il m'inspirait.*

Le temps a passé, mes scrupules ont disparu et j'ai pu vivre une belle relation amoureuse avec Pit. Mais j'avoue qu'il m'est arrivé plus d'une fois de repenser à James, surtout lors de mes soirées de danse. De l'apercevoir à New Rochelle, ce fut comme l'étincelle qui fait flamber un brasier qu'on croyait à l'agonie.

« Décidément, va-t-il falloir que j'aille la lui porter moi-même ? » se demanda Gaby en découvrant, dans le courrier retourné par la poste, la lettre adressée au chef de l'armée américaine à l'attention du sergent-major James McKinley.

Sa deuxième tentative avait donc échoué. Gaby éventra l'enveloppe et en sortit le billet qu'elle avait écrit à James. « Trop suppliants, ces mots-là. Trop timides. Je devrais emprunter un autre ton. »

Cette fois, Gaby prit son stylo plume et…

Montréal, 7 septembre 1940,

    19 octobre 1940,

        16 novembre 1940

Monsieur le maire de New Rochelle,

S'il vous plaît, remettre cette lettre au sergent-major James McKinley (ou à un répondant, en son absence).

Je vous en serai reconnaissante toute ma vie,

Gaby Bernier, créatrice de mode

Après avoir glissé ce billet dans une grande enveloppe adressée au maire, elle composa une autre lettre... destinée à James.

Nous nous sommes connus à l'été 1919 à Kennebunk Beach. Je n'avais que dix-huit ans. Nous avons beaucoup dansé ensemble. Je venais de Montréal. Nous nous sommes quittés à regret. Depuis ce temps, j'ai souvent pensé à vous.

Contre toute espérance, je suis presque certaine de vous avoir revu en août dernier à New Rochelle. Votre voix, votre taille, vos gestes... Vous vous souvenez de cette matinée de la fin août ? Une voiture s'est aventurée tout près du peloton de soldats à qui vous faisiez pratiquer la marche militaire... La femme qui en sortit et qui vous observait, adossée à la portière, c'était moi, Gaby Bernier. J'ai reconnu votre voix quand vous nous avez crié : Go away ! Je ne suis pas sûre que vous m'ayez reconnue. J'ai attendu tant que j'ai pu avant de me soumettre à vos ordres, dans l'espoir que vous me fassiez un signe. Peut-être ne le pouviez-vous pas à ce moment-là... devant vos soldats ?

Quelques mots ou un appel téléphonique de votre part me rendraient folle de joie.

Gaby cherchait comment conclure sa lettre quand Éva entra dans la salle de coupe.

— Tu ne viens pas manger ?

En réponse, son index pointé sur sa feuille de correspondance.

— Encore en train de le chercher, ce cher James ?

— Cette fois, je devrais le retrouver, dit Gaby, exhibant son texte.

— Tu ne vas pas lui envoyer une lettre en français ?

— Mais non ! J'attends de l'avoir complétée avant de la traduire. Ça m'aide à trouver les bons mots quand je fais mon brouillon en français. Je vais la réécrire après sur ce beau papier-là.

— Ça doit coûter cher, des feuilles enguirlandées comme ça ?

Gaby fit la sourde oreille.

— Comment terminerais-tu cette lettre, toi ? demanda-t-elle à Éva.

— Hum ! *J'aurais tant de choses à te dire...*, suggéra Éva.

Gaby hocha la tête, ravie de constater que sa sœur avait pris de l'expérience en amour.

— On t'attend pour manger ?

— Non. Je mangerai quand j'aurai faim.

Éva tourna les talons. « Ce n'est pas une obsession ordinaire ! Elle fond à vue d'œil depuis qu'elle cherche ce fameux James. Il a dû se passer des choses pas ordinaires pendant ces deux mois de fréquentations pour qu'après tant d'années elle soit à ce point en manque de lui, après l'avoir aperçu... »

Une heure plus tard, Gaby allait confier son courrier à la poste. « Même si je n'ai pas l'adresse complète, il n'y a pas de raisons pour qu'elle ne se rende pas. Tous les facteurs savent où habite leur maire », tentait-elle de se convaincre. Sa pensée se tourna vers celui de Montréal, Camillien Houde, emprisonné au camp de Petawawa en Ontario, pour avoir manifesté son opposition à l'enregistrement national des hommes en âge de s'enrôler. Selon lui, cet enregistrement menait directement à la conscription. « Grand-maman a bien connu les parents de ce maire ; elle aurait eu de la peine d'apprendre ça. » Gaby se souvint que, proches voisins des Bernier de Saint-Henri, les Houde s'étaient fait un devoir d'assister aux funérailles de Louise-Zoé. Camillien était alors dans la jeune vingtaine. « Pas beau, mais très avenant. Il s'est toujours préoccupé de ses électeurs les plus pauvres. »

La neige maculée sur la chaussée se mariait à l'atmosphère de la ville, de la province et de la planète entière. Gaby en ressentait les contrastes. Cette balade lui remémora les événements des derniers mois. Certains l'attristaient, telle l'opposition du cardinal Villeneuve au projet de loi sur le suffrage féminin. Cette attitude du clergé avait créé des remous non seulement dans toutes les couches de la société québécoise, mais jusque dans la salle de couture. Gaby avait été témoin d'échanges passionnés entre ses couturières à ce sujet.

— Je n'arrive pas à accepter qu'il se serve de son autorité religieuse pour affirmer que le vote des femmes irait à l'encontre des valeurs familiales, avait exprimé une jeune ouvrière récemment recrutée.

— Qu'il aille jusqu'à prétendre que la majorité des femmes ne réclame pas ce droit me révolte, avait renchéri une des plus âgées.

— C'est honteux de parler de suffrage universel quand la moitié de la population n'a pas le droit de voter, avait fait remarquer une autre.

Gaby n'avait pu résister à cet échange. Une coupure de journal à la main, elle avait trouvé opportun de valider leur dépit.

— Mon frère m'a remis un extrait de *La Patrie* dans laquelle le prélat écrit : *Cet exercice expose la femme à toutes les passions et à toutes les aventures de l'électoralisme.*

Loin de calmer leur indignation, cette intervention l'avait moussée.

Pour les apaiser, une proche de Mme Thérèse Casgrain avait risqué une prophétie :

— Soyons confiantes. Moi, je sais que ça n'en restera pas là. Nos militantes montent la garde depuis vingt ans et elles sont sur le point de gagner leurs épaulettes.

Le 26 avril, ces mêmes revendicatrices étaient entrées en triomphant au Salon GABY BERNIER HAUTE COUTURE FUR GOWNS. La veille, le premier ministre Adélard Godbout avait considéré les requêtes de Thérèse Casgrain, de Marie Gérin-Lajoie et d'Idola Saint-Jean.

— Ces trois Québécoises ont tenu tête à leurs détracteurs ; il nous reste maintenant à venir à bout des résistances de la société. On l'a fait dans la mode, on est capables de le faire pour défendre notre dignité et notre intelligence, avait clamé Gaby.

Mme Withley, venue commander sa robe de bal pour le mariage d'une nièce, avait tenu à préciser que trois anglophones, Mme Carrie Derick, la docteure Grace Ritchie-England et Lady Julia Drummond, avaient également milité pour l'obtention de ce même droit.

Cette victoire des deux communautés de Montréal avait plu à Gaby qui comptait un peu plus de clientes anglophones que francophones et qui offrait l'élégance à chacune d'elles, sans distinction.

Sur la scène mondiale, d'autre part, le pacte tripartite, signé à la fin septembre par l'Allemagne, l'Italie et le Japon, avait relancé l'espoir d'une paix durable, mais l'obligation faite par le gouvernement fédéral à tous les célibataires de vingt et un ans et plus de s'enregistrer était venue saboter cet optimisme. Seuls les salons de haute couture y trouvaient une compensation. En provoquant une course au mariage, cet impératif générait des retombées bénéfiques pour les créatrices et créateurs de mode. Les commandes de trousseaux de mariés affluaient.

— Jamais je n'oublierai le 23 juillet 1939, se rappela Gaby, de retour du bureau de poste et encore perdue dans ses pensées.

Le deuxième congrès général jociste de Montréal s'était terminé par la cérémonie nuptiale la plus spectaculaire de tous les temps : cent six femmes portant la traditionnelle robe blanche, le voile de mariée et une gerbe de roses jaunes s'étaient unies à cent six hommes vêtus d'un complet bleu marine avec chapeau, gants et cravate gris perle.

Mlle Sicotte, l'une des jeunes petites mains du Salon, en témoigna :

— J'ai vu de mes propres yeux le défilé des nouveaux mariés. Soixante-quinze tramways et une bonne douzaine d'autobus les ramenaient de la cathédrale à l'île Sainte-Hélène pour le banquet de noces.

Depuis cette injonction du gouvernement fédéral, les couturières de Gaby travaillaient une soixantaine d'heures par semaine. Les familles fortunées commandaient de nouvelles tenues et les jeunes filles de classe moyenne, ne pouvant s'offrir des créations Bernier, payaient pour que des retouches soient apportées à la robe de noces de leur mère ou de leur tante. Gaby bénissait cette effervescence. Tout en la distrayant de James, elle lui permettait de faire des économies. Pour cause, sa ministre des Finances lui rappelait régulièrement que depuis deux ans, les études de Jean coûtaient cher, que les paies de Donio fondaient et que le chauffage des trois étages du 1524, rue Drummond gobait le tiers de leurs revenus. Pour ces raisons et par plaisir, Gaby travaillait à son Salon tous les jours de semaine, de sept heures le matin jusque tard en soirée, et toutes les matinées du samedi et du dimanche. Moins travaillante et beaucoup plus dévote, Éva la sermonnait :

— Une fois de plus, je vais prier pour deux, lançait-elle avant de partir assister à la messe dominicale.

— Prie pour moi si ça te fait plaisir. Mais ce n'est pas nécessaire. Les anges viennent à moi sans que je sois obligée de me déplacer.

— Tu me donneras ta recette, grande crôle.

Par une froide journée de cette fin de novembre, un dimanche où elle n'assistait toujours pas à la messe, Gaby fut surprise d'entendre frapper à la porte du *GABY BERNIER HAUTE COUTURE FUR GOWNS*. «On vient peut-être me porter un télégramme de James», souhaita-t-elle, dévalant l'escalier à la course.

— Ah! C'est toi!

— Je te dérange? lui demanda son amie Margot Vilas, emmitouflée dans son manteau de léopard.

— Ce n'est pas ton habitude de venir ici le dimanche… Tu viens pour commander une confection ou pour…

— D'abord parce que j'ai le goût de passer un moment avec toi, mais aussi pour affaires, si ça te convient.

— Pour affaires! Tu m'intrigues, Margot.

Fébrile, Gaby la conduisit dans la salle d'attente et s'empressa de lui servir sa boisson préférée : un Martini sec.

— On trinque à l'avenir ou à l'amour?

— À ta santé, Gaby !

Bien campées dans de luxueux fauteuils, leur cigarette dessinant des volutes de fumée au-dessus du cendrier, les deux femmes échangèrent quelques potins avant de passer au sujet qui brûlait les lèvres de Margot :

— Notre chère Coco Chanel…

Son regard s'assombrit. Gaby l'invita à la suivre dans la salle de coupe.

— J'ai reçu une lettre de Misia Sert, hier.

— Et puis ?

— Coco a congédié tout son personnel et fermé sa boutique.

— Incroyable ! A-t-elle quitté Paris ?

— Pas pour le moment. Elle se serait enfermée… avec son amoureux. Je ne serais pas étonnée qu'elle le suive un jour.

— C'est un Allemand, non ?

— Tout à fait. C'est le baron Hans Günther von Dincklage, attaché de l'ambassade allemande, précisa Margot, se tournant vers les rayons de tissus pour échapper à d'autres questions sur le sujet.

— Tu en sais plus que tu ne veux m'en dire, n'est-ce pas, Margot ?

— …

— Coco est-elle en sécurité ?

— Elle logerait au *Ritz*, avança Margot.

— Mais cet hôtel n'est-il pas occupé par les fonctionnaires nazis ?

— Oui, mais on lui aurait gardé sa suite.

— Pourquoi avoir fermé son salon de couture, alors ?

— Elle a dit avoir peur de ne plus pouvoir vendre…

— Ça ne ressemble pas à Coco, ça ! s'écria Gaby.

— Aussi, une rumeur laisse croire qu'elle se serait retirée de la scène à cause de la concurrence trop féroce d'Elsa Schiaparelli… Tu te souviens de ses créations « trompe-l'œil » ?

Gaby n'en croyait rien.

— Après plus de trente ans de métier, Coco sait bien que la concurrence existe partout. Ce n'est pas une raison pour plier bagage.

— Elle risque de se faire oublier, tu ne penses pas, Gaby ?

— Un empire ne meurt pas. Coco est au faîte de sa carrière de créatrice de mode, et ses parfums sont en bonnes mains avec les frères Wertheimer. Ses midinettes et ses clientes vont l'attendre, tu sauras me le dire.

Pour la réconforter, Gaby offrit une autre cigarette à Margot, et toutes deux causèrent de cette ruée vers le mariage, de ses bonnes comme de ses mauvaises retombées.

— Toujours sans nouvelles de ton sergent-major américain ? présuma Margot.

— Non. J'ai bien peur qu'il ait été mobilisé avant qu'on ait pu se retrouver. Donio se tient au courant de ce qui se passe aux États-Unis et il m'en donne des nouvelles chaque jour. D'après lui, nos voisins veulent rester neutres.

Le regard crispé de Margot l'inquiéta.

— Du nouveau ces jours-ci, quoi ?

— Du fait qu'au début novembre, le Congrès a permis la vente d'armes à tous les belligérants, on ne sait pas comment ça peut tourner.

— Tu me laisses peu d'espoir, c'est ça ?

— Je suis ton amie et je ne voudrais pas que tu aies trop mal si tu ne retrouvais pas James, tu comprends ?

Sa cigarette oubliée dans le cendrier, Gaby s'en alluma une autre. Margot la lui éteignit et revint à la proposition qui l'avait amenée à tirer un rouleau de taffetas des tablettes.

— L'hiver s'annonce froid. Une robe de soirée dans ce tissu avec un col de lapin, ce serait du Gaby Bernier d'un grand chic, n'est-ce pas ?

Dans les yeux de la créatrice de mode, une nitescence.

— Que choisissez-vous, Mlle Vilas ? Un tissu bourgogne pour rehausser l'éclat de la fourrure ou la brillance du lapin pour faire ressortir la noblesse du bourgogne ?

Heureuse de retrouver cette espièglerie chez son amie, Margot répliqua :

— Au choix de mes admirateurs, ma chère.

— Selon l'endroit où leur regard se pose ?

— Tu as tout compris. Je te laisse travailler, maintenant.

Margot n'avait pas encore franchi le seuil du Salon qu'elle revint sur ses pas, juste le temps de dire :

— Si jamais un miracle s'accomplissait à New Rochelle, je t'y conduirai… de jour ou de nuit, hiver comme été, ma belle Gaby.

Pas un mot, qu'un sourcillement et un sourire frileux chez celle qui devait déjà beaucoup à son amie Vilas.

Gaby n'arrivait plus à se concentrer sur le travail amorcé avant cette visite. Il lui était plus facile de se pencher sur le taffetas bourgogne que Margot avait choisi pour sa robe de soirée du temps des Fêtes. Le chatoiement de ce tissu réveillait chez la couturière les nombreuses scènes de retrouvailles qu'elle avait imaginées depuis son passage à New Rochelle. Monta à ses lèvres un ancien succès de Maurice Chevalier, souvent fredonné après sa rupture avec Pit Lépine.

L'amour est passé près de vous
Un soir dans la rue n'importe où
Mais vous n'avez pas su le voir en chemin
L'amour est un dieu si malin
Prenez bien garde une autre fois
Ne soyez pas si maladroit
Sachez le comprendre et le garder toujours
Si vous voyez passer l'amour.

Seule dans son salon de couture, Gaby laissa l'émotion moduler sa voix. Sa pensée se tourna vers sa sœur. « Éva a su voir l'amour en chemin, elle… »

Au domicile des Bernier, l'an 1940 avait expiré en l'absence de Gaby. « Je ne resterai pas là à attendre une lettre qui ne viendra peut-être jamais », s'était-elle résolue. Les longues semaines de travail, impuissantes à lui faire oublier James McKinley, l'avaient conduite sur la route des Laurentides. Skier du 27 décembre au 5 janvier, elle en avait les moyens et elle en prendrait le temps. Ses trente couturières avaient obtenu congé pour cette période. Si une cliente cherchait à obtenir quelque service en son absence, Gaby pouvait toujours compter sur la méticuleuse gestion d'Éva.

Heureuse coïncidence, Mme Hart, une de ses fidèles clientes, l'avait invitée à son chalet en venant lui confier la création d'un pantalon de ski inspiré d'un grand couturier autrichien. Avec le dessin de Mme Hart à l'appui, Gaby avait pu en saisir la complexité.

— C'est vraiment ce que vous désirez porter, Madame ?

— Vous n'aimez pas ce modèle ?

— Il est pour le moins très original avec ses empiècements sur le côté extérieur de la cuisse. Si ça ne vous dérange pas, j'aimerais reprendre vos mensurations, Mme Hart.

À cette précaution, Gaby en avait ajouté deux autres : un choix de tissu souple et quelque peu extensible et un exemplaire en essai pour elle-même. « Si je le réussis pour moi, je le réussirai pour toutes les tailles », pensa-t-elle. Le jersey laineux s'y prêtait bien. « Mes couturières devront apporter plus d'attention aux surpiqûres pour qu'elles ne fassent pas l'accordéon », avait-elle constaté.

En cette même fin de journée, Gaby avait enfilé son nouveau pantalon de ski. Devant le miroir, elle s'était plu à faire la toupie, fière d'avoir relevé ce défi et fière de son profil malgré ses trente-neuf ans. « Je verrais bien Margot Vilas dans ce style de pantalons. Plus mince que moi et plus grande que Mme Hart, wow ! »

Priée de venir chercher sa création, sa cliente en avait été ravie.

— Vous n'auriez pas d'objection à ce que j'offre ce modèle à d'autres clientes ?

— Au contraire !

— Vous connaissez mon amie Margot ?

— Margot Vilas ?

— Oui, oui. J'avais le goût de lui en tailler un pour son anniversaire…

— Quelle bonne idée ! Allez-y, ma chère Gaby !

De là à suggérer à Mme Hart que Margot l'accompagne à Sainte-Adèle, il n'y avait qu'un pas, et Gaby l'avait franchi.

— J'imagine déjà le plaisir que nous allons avoir toutes les cinq, annonça la veuve Hart.

— Cinq !

— J'ai aussi invité Mlles Sicotte et Ouimet, que vous connaissez bien.

Le 27 décembre au matin, comme les routes étaient impraticables, quatre Montréalaises déterminées à s'amuser prirent le *P'tit Train du*

Nord pour se rendre à Sainte-Adèle. Gaby avait proposé à ses compagnes de voyage de passer deux jours et une nuit au Chalet Cochand, avant de se rendre à celui de Mme Hart.

— Nulle part ailleurs, on ne peut trouver une aussi bonne table. De délicieuses fondues et des vins haut de gamme, en plus des pâtisseries que seul le chef sait faire…

Pour avoir dégusté les meilleurs cépages d'Europe, Margot s'était permis d'en douter.

— Raison de plus pour venir apprécier par toi-même, lui avait rétorqué Gaby.

Les invitées de Mme Hart avaient l'habitude de se prêter allégrement aux fantaisies de Gaby. Ne s'en étaient-elles pas diverties lors du grand défilé du *Ritz Carlton* ? Aussi, elles en gardaient d'excellents souvenirs. À bord du *P'tit Train du Nord*, elles en relataient certaines anecdotes. Mlle Ouimet se moquait cavalièrement d'un des mannequins impro-visés, qui avait trébuché sur la scène. Mlle Sicotte rigolait aux frais de Mlle Whitley, qui avait fendu sa robe avant la fin du défilé. Par prudence et respect pour ses clientes, Gaby taisait les quolibets qui lui venaient à l'esprit, ne s'octroyant le droit de les exprimer que devant sa sœur.

Sur le chemin de Sainte-Marguerite-du-Lac-Masson, des traî-neaux bondés de joyeux lurons et des carrioles tirées par des chevaux aux harnais parés de clochettes semaient la frénésie sur leur passage. Les voyageurs furent nombreux à descendre à la gare, non loin du restaurant-chalet Cochand. Des services de tout acabit les attendaient. Entassées dans la carriole aux sièges recouverts de peaux de mouton, les Montréalaises chantaient des airs de Noël que les piétons repre-naient à cœur joie.

Un défi fut lancé à Gaby :

— Tu es capable de les enterrer… Vas-y avec la chanson *Jingle Bells*, insista Mlle Sicotte, secondée par ses compagnes.

— … jingle bells, jingle all the way! Oh, what fun it is to ride in a one horse open sleigh. Oh! Jingle bells, jingle bells, jingle all the way! Oh, what fun it is to ride in a one horse open sleigh, entonna aussitôt Gaby à gorge déployée.

Des passants suivirent la carriole en chantant jusqu'à la porte du Chalet Cochand.

Plusieurs y entrèrent, désireux de poursuivre ce concert improvisé.

— Ça promet, dit Margot, qui avait maintes fois voyagé avec Gaby.

— Qu'est-ce que tu veux dire? s'inquiéta Mlle Sicotte.

— Ce n'est pas ici qu'on va dormir tout notre soûl. Gaby est intense dans tout ce qu'elle fait. Quand elle décide de s'amuser, tenez-vous bien, rien ne peut l'arrêter.

Après plus d'une heure de chants de Noël, les voyageuses réclamèrent du temps pour se reposer et se pomponner avant le souper. Gaby fut donc contrainte de remercier les choristes et de les laisser partir. Les Montréalaises gagnèrent leurs chambres respectives. Un repas festif se préparait à leur attention. Sa robe de soirée suspendue, Gaby se laissa choir sur le lit, ivre de joie. Le sommeil l'emporta, jusqu'au moment où elle crut entendre frapper à la porte.

« C'est toi, James? Entre, je t'en prie. Il y a si longtemps que je te cherche! »

Éveillée en sursaut, Gaby constata qu'elle sortait d'un rêve et se précipita vers la porte. Elle ne put cacher sa déception en apercevant Margot.

— Tu viens? Tout le monde est à table.

Habitée par le merveilleux rêve qu'elle venait de faire, Gaby aurait préféré le reprendre là où il avait été interrompu.

— Je croyais ouvrir à James… dans mon rêve.

— Désolée, Gaby. Mais fais vite, on t'attend.

— Pourquoi m'attendre?

— Parce qu'on ne peut plus se passer de toi, tu es notre boute-en-train.

Gaby se leva, fixa son miroir puis ferma les yeux. « James, je me suis sauvée de Montréal pour t'oublier. Pourquoi m'as-tu suivie jusqu'ici? Pour nourrir mon espoir de te retrouver ou pour me dire adieu? Je ne comprends plus. Tous les messages que je t'ai adressés sont restés sans réponse. Je retournerais à New Rochelle que j'en reviendrais aussi bredouille, puisque le maire n'a pas daigné venir à mon aide; du moins, c'est ce que j'en conclus. Mais peut-être que le bataillon que tu dirigeais a été déplacé. Aurais-tu été démis de tes fonctions? À moins que tu aies déserté pour venir à moi. Loin de l'armée. Loin de la guerre. Dans mes bras. Oui, c'est ça. Tu me cherches, James. Tu me trouveras. Grand-maman Zoé, guidez-le jusqu'à moi. »

Galvanisée par cette perspective, Gaby enfila sa robe de soirée rouge, plaça un peigne serti de pierres précieuses dans son chignon et, perchée sur ses talons hauts, elle fit une entrée fracassante dans la salle à manger. Sautillant et battant la mesure, elle entonna *Les Anges dans nos campagnes*. Tous les convives se levèrent pour mêler leurs *Gloria* aux siens. D'une table voisine, une voix de ténor s'éleva pour chanter deux autres couplets. Les refrains alternaient avec de plus en plus d'entrain, puis un garçon d'une dizaine d'années vint se placer au milieu de la salle et sa voix fit vibrer les murs du chalet :

> *Cherchons tous l'heureux village*
> *Qui l'a vu naître sous ses toits*
> *Offrons-lui le tendre hommage*
> *Et de nos cœurs et de nos voix*

À la reprise du refrain, Gaby ne put émettre le moindre son. À ces paroles cent fois entendues et autant de fois chantées, elle avait substitué les siennes : « *Cherchons tous l'heureux village, le village de James…* »

Du revers de la main, elle tenta d'éponger ses larmes sans que personne en soit témoin. Margot la déjoua.

— Qu'est-ce qui t'arrive ? murmura-t-elle à son oreille.

— Ça va aller, Margot. Je vais me ressaisir, promit-elle en prenant place à la table.

— On va le retrouver, ton amoureux. Compte sur moi.

— À moins qu'il ne soit déjà à ma recherche, susurra Gaby, puisant dans cette perspective l'allégresse qui s'imposait en cette soirée.

— Ce n'est pas impossible, dit Margot qui aurait décroché la lune pour que son amie retrouve sa bonne humeur.

Sur les pentes de ski, les demoiselles Ouimet et Sicotte, toutes deux prénommées Jacqueline, avaient donné lieu à maints quiproquos. Novices dans ce sport, elles attendaient de Gaby la formation qui leur faisait défaut. Du haut de la pente, l'entraîneur Bernier s'était payé leur tête.

— Prends la droite, Jacqueline ! Non ! Pas toi ! Jacqueline Ouimet.

Avant d'en arriver à un accident, une entente avait été conclue : désormais, ce serait « Jacky » Ouimet, laissant à Mlle Sicotte son véritable prénom.

Les soupers bien arrosés et les soirées dansantes s'étaient déroulés au diapason de leurs randonnées en ski. Résolue à oublier, pour une soirée, les hommes de sa vie, Gaby n'avait laissé passer aucune valse et aucun set carré, et ce, jusqu'au petit matin.

Invités par la veuve Hart à partager leur dernier repas, M. et Mme Nelson, emmitouflés dans leurs manteaux de chat sauvage, arrivèrent les bras chargés. Monsieur accepta sans réticence de confier son sac à l'hôtesse, alors que Madame tenait sa boîte si précieusement contre elle que personne n'insista pour la lui prendre.

— C'est fragile ? lui demanda Gaby.

— Plus que fragile, répondit Mme Nelson, résolument mystérieuse.

— Juste le temps de retirer votre manteau et vos bottes, offrit Margot, les bras tendus.

Mme Nelson préféra déposer elle-même son précieux contenant sur le plancher.

Gaby crut voir bouger la boîte. Une fois. Puis une autre fois.

— Vaut-il mieux ne pas trop l'approcher ? questionna-t-elle.

Mme Nelson afficha un sourire complaisant et, débarrassée de son lourd manteau et de ses chaussures agrafées tout au long du mollet, elle entrouvrit le carton avec précaution, sous les regards impatients de la maisonnée.

— Ils dorment, mes petits chéris. Je vais les laisser dedans pour le moment, chuchota-t-elle.

— Je peux voir ? la supplia Gaby.

Mme Nelson hésita puis émit une condition :

— Promettez-moi de ne pas les toucher.

Gaby avança sur la pointe des pieds et se pencha, interloquée.

— Qu'est-ce que c'est ?

— Ils n'ont que deux mois…

L'une après l'autre, Jacqueline, Jacky et Margot jetèrent un coup d'œil aux mystérieux « petits chéris ».

— Ils viennent de Pékin, de révéler M. Nelson d'un air fripon. Ils étaient les préférés de la cour impériale chinoise.

— Un jour, un officier britannique en a rapporté chez lui et en a offert un à la reine Victoria, ajouta son épouse avec une fierté indéniable.

Avides d'en apprendre davantage, les quatre Montréalaises furent contrariées quand, de la cuisine, Mme Hart les pria de prendre place à la table. Gaby se fit tirer l'oreille.

— Vous leur avez donné des noms ? demanda-t-elle à Mme Nelson.

— Oui, mais c'est temporaire, le temps qu'on découvre leur caractère…

L'hôtesse et ses invités attendaient Gaby et Mme Nelson pour lever leur coupe de champagne.

— Je m'excuse, dit Gaby, se hâtant de saisir la sienne. Je souhaite à chacun de vous que son plus grand désir se réalise dans les mois qui viennent, lança-t-elle, les joues brûlantes d'émotion.

Margot lui tapa un clin d'œil complice. L'allégresse donna le ton à l'heure qui suivit. Les deux Jacqueline, Margot et Gaby avaient apporté un mets qu'elles avaient concocté avec grand soin. Au moment de passer au dessert, Gaby avoua :

— Je suis meilleure pour goûter que pour cuisiner, craignant que son plum-pudding manque de scotch.

— Au contraire, je le trouve très…

Un geignement vint interrompre Mme Nelson, qui se précipita vers ses « petits chéris ».

De la boîte, elle sortit une boule de poil fauve qu'elle colla à son cou en marmonnant des mots tendres. L'autre, toute blanche avec une collerette autour du cou, trouva sa place sur l'épaule opposée.

— Vous me permettez, Mme Hart ? demanda Mme Nelson, désireuse de les emmener à la table avec elle.

L'hôtesse acquiesça d'un signe de la tête.

— Trop mignons, susurra Gaby, s'offrant à dégager la dame d'un de ses « petits chéris ».

Le jeune pékinois blanc tenait dans le creux de sa main. Ses yeux foncés et brillants et son museau très court de la forme d'une truffe noire la séduisirent. Conquise par cette petite bête réputée pour sa docilité et sa fidélité, Gaby ignora sont assiette de dessert à moitié remplie devant elle.

— Ces petits chiens ne demandent que de l'amour. Ils ne griffent jamais et ne s'attaquent jamais aux meubles. Mon mari peut en témoigner.

— Ça ne doit pas être facile à trouver, présuma Gaby.

— À qui le dites-vous! Mon épouse et moi sommes les rares au Québec à en faire l'élevage, déclara M. Nelson.

— Ils doivent être assez dispendieux…

— Sauf si on leur trouvait un parent adoptif qui les mérite… comme celui à qui nous avons donné deux beaux labradors.

— Un parent adoptif? Je le suis déjà pour un garçon qui aura bientôt quinze ans, s'écria Gaby.

Autour d'elle, que des regards ébahis. Désarmée, Margot observait son amie. « Je ne peux pas croire qu'elle va s'amouracher d'un chiot, occupée comme elle l'est. Ce serait bien la première fois qu'elle sacrifierait sa liberté… L'amour d'un homme lui manquerait au point de se tourner vers un animal ? »

— Je serais prête à l'adopter, déclara Gaby, d'un ton suppliant.

— On ne peut pas les séparer. Ils ne survivraient pas, lui apprit M. Nelson.

— On a perdu leur mère la semaine dernière, expliqua son épouse, au bord des larmes.

— Je ne demanderais pas mieux que de les prendre tous les deux…

Margot crut le moment opportun de ramener son amie à la réalité. Éva, Donio, Jean et Marcelle en faisaient partie. Aussi, fallait-il lui rappeler son caractère bouillonnant, son besoin de liberté, son goût pour les voyages et ses horaires chargés ?

— Je le sais bien, mais je sens une envie folle d'avoir une petite bête comme ça, lui apprit Gaby, la main sur son plexus solaire.

Se tournant vers le couple Nelson, elle implora la faveur de les minoucher jusqu'à leur départ.

— Vous pouvez prendre le temps d'y penser, suggéra leur propriétaire. Nous vous les rapporterons demain si vous les voulez toujours.

Ce soir-là, Gaby étonna toutes ses compagnes de voyage en gagnant son lit la première. Non pour y dormir, mais pour mieux réfléchir. « Si j'étais sorcière, je saurais si la présence de petits chiens comme eux consolerait Éva de devoir reporter son mariage à la fin de la guerre. Si Jean les aimerait. Si Donio m'approuverait. Si Marcelle les tolérerait autour d'elle. Je risque de me compliquer la vie et celles de toute la maisonnée… Pourquoi serais-je si triste de partir sans eux ? Seulement parce qu'ils me distrairaient de James ? Et si j'avais des nouvelles de lui à mon retour à la maison ? S'il m'invitait à New York ? Serais-je encore contente d'avoir adopté mes petits pékinois ? » Les mêmes questions tourbillonnèrent dans sa tête sans qu'une autre solution que celle d'y renoncer se manifeste.

À la gare Windsor, des claquements de talons sur le plancher résonnèrent d'un bout à l'autre du hall. Un homme dans la quarantaine maugréait en additionnant les minutes de retard du train. Gaby devait en descendre. Donio avait promis de la ramener à leur domicile.

— Avoir su, j'aurais pris le temps de conduire des clients à leur hôtel. Éva doit être sur les nerfs, sans compter qu'elle va geler dans mon auto, marmonna-t-il.

Il allait sortir pour remettre le chauffage dans sa voiture quand il entendit le vrombissement d'un train et ses trois sifflements.

— J'espère qu'elle ne l'a pas raté…

Une voix perça le chahut des voyageurs qui se hâtaient à la sortie des wagons.

— Donio! Donio! Viens nous aider.

Empêtrées dans leurs bagages, les quatre skieuses avaient du mal à gravir l'escalier.

— J'arrive, Gaby.

— Tiens, prends une des malles de Margot.

— Qu'as-tu fait des tiennes?

— C'est Jacky et Jacqueline qui les transportent.

— Mais qu'est-ce que tu traînes alors dans cette boîte?

— Des orphelins…

Donio n'avait pas le cœur à la blague. Il s'empressa de libérer les deux Jacqueline des bagages de sa sœur et somma Gaby de ne pas étirer ses au revoir. Éva commençait à s'impatienter.

— Elle s'en vient, enfin? demanda cette dernière quand Donio ouvrit la portière.

— Enfin, oui.

— J'ai hâte! Fouineuse comme elle est, elle n'est pas au bout de ses surprises…

Donio proposa à Gaby de placer sa boîte dans le coffre de sa voiture avec ses malles.

— Je dois la garder avec moi. Je vais monter en arrière et je vais la placer sur le siège près de moi.

— Éva y est déjà installée, rétorqua Donio.

— Elle s'assoira en avant avec toi.

— Elle ne le pourrait pas…

— Mais pourquoi ?

Donio ouvrit la portière arrière suffisamment grand pour que Gaby distingue un large panier d'osier placé près de sa sœur. Dedans, le châle de Louise-Zoé.

— Quelle drôle d'idée ! Tu pensais que j'aurais besoin de ce châle pour me réchauffer ? lança Gaby, amusée.

— Ce n'est pas pour toi, mais pour… devine qui.

— On jouera aux devinettes quand tu m'auras laissé ta place.

Un gémissement parvint de la boîte trouée de Gaby.

— Qu'est-ce que tu as là-dedans ? s'effraya Éva.

— Tu le sauras une fois rentrée à la maison. File sur le siège avant, s'il te plaît.

Éva se soumit à la directive de sa sœur et Donio fut prié de les conduire à la maison sans plus tarder.

Dans la cuisine, sous le regard ébahi de Marcelle, les sœurs Bernier tirèrent au sort pour savoir qui des deux ouvrirait sa boîte la première. Éva fut désignée, mais elle tint tout d'abord à exposer son préambule à Gaby.

— J'ai cru que leur présence… compenserait l'éloignement de ton amoureux et pour le peu d'empressement du mien à fixer la date de notre mariage.

Gaby pouffa de rire.

— J'avais la même intention en adoptant ces…

— Des chiens ? Non ! Pas des chiens… avec mes chatons ! s'exclama Éva, dépitée.

Après un silence lourd de regrets, résolue à charmer la maisonnée, Gaby sortit les pékinois de leur cachette.

— Ce ne sont pas des chiots ordinaires. Je vais vous expliquer…

Les réactions des témoins furent éprouvantes. Marcelle ne voulait pas d'animaux dans sa cuisine. Donio les trouvait mignons, mais pas assez pour s'engager à en prendre soin, et Éva faisait la moue.

— Je ne peux pas croire que vous ne les trouvez pas beaux !

— Ce n'est pas ça. J'avais préparé un beau plan pour ton retour, déclara Éva. Je nous voyais assises toutes deux sur la banquette arrière, avec chacune notre minet dans les bras… Comme lorsque nous en avons rapporté de Chambly pour nous consoler de notre déménagement à Montréal.

Sa déroute méritait bien que Gaby demande à voir les petites bêtes. Avec minutie, elle tira de leur confort deux boules de poil blanc emmaillotées dans le châle de Louise-Zoé.

— Ce n'est pas possible, s'écria-t-elle, époustouflée. Regardez ! Ils se ressemblent tellement, tous les quatre. On dirait des frérots.

Les pékinois s'approchèrent des persans, les reniflèrent et commencèrent à les taquiner.

Éva y vit un miracle.

— Nous sommes vraiment faites pour vivre ensemble, dit Gaby en lui ouvrant les bras.

— Je gage que vos nouveaux adoptés vont s'entendre comme les doigts de la main, prophétisa Donio. Mais avez-vous pensé où les loger ?

Les sœurs Bernier échangèrent des regards inquiets. Marcelle refusait que les chatons soient laissés libres sur l'étage, Éva ne se résignait pas à les enfermer à longueur de jour dans sa chambre et Gaby non plus.

— À moins que chaque matin, avant de descendre au salon de couture, nous les enfermions tous les quatre dans la chambre de Jean, suggéra Éva. Il ne l'occupe que quelques jours par mois depuis qu'il est pensionnaire. On va le lui demander, il devrait venir souper avec nous.

— Il nous manque une pièce, soupira Gaby.

— Emmenez-les avec vous au salon de couture, blagua Donio. Il me semble entendre les couturières pousser des cris à tout moment parce qu'un des chats leur griffe les jambes ou grimpe sur leurs genoux. Pire encore, les chiots qui essaient d'enterrer ta voix, Gaby, aussitôt que tu te mets à turluter. Ça va être joli dans votre Salon !

Aucune riposte ne vint. Éva se campa dans une chaise pour bercer ses chatons, Gaby se retira dans sa chambre pour vider ses valises, ses deux pékinois sur les talons. Ils ne la quittèrent pas d'un doigt, de la cuisine à la salle de bain, du salon à la salle à manger. Donio s'amusait du spectacle.

— Tu n'auras pas besoin de balayer le plancher aussi souvent, Marcelle ; avec leurs poils, les chiots emportent tout dans la chambre de Gaby. De vraies vadrouilles ! fit-il remarquer.

Pour célébrer la nouvelle année et l'heureuse tournure des événements, Gaby invita la maisonnée au restaurant *Café Martin*. Le menu du souper de la fête des Rois avait été publié dans les journaux bien avant Noël.

— Rodolphe Funk, le chef cuisinier, n'a rien à envier aux grands chefs européens, affirma Gaby, exhibant devant Marcelle une de ces publicités qui fouettaient l'appétit.

— Cocktail de homard ! Escalopes viennoises accompagnées d'un Beaujolais Chauvenet ! Une omelette surprise pour dessert arrosée de Grapy d'Anjou ! s'étonna la fidèle et dévouée servante des Bernier.

Éva fut la seule à ne pas s'emballer de l'invitation de sa sœur. Pour cause, elle jugeait prématuré de laisser leurs nouveaux locataires seuls dans la maison. « Je n'avais pas prévu que Marcelle pourrait s'absenter en même temps que nous… Si je pouvais trouver un autre prétexte que celui de m'occuper de nos nouveaux amis pour ne pas les accompagner… »

— C'est l'occasion de sortir nos plus beaux atours, et vous, monsieur, de nous faire honneur, lança Gaby.

— Tu ne vas quand même pas me demander de passer chez le barbier ?

— Non, mais tu vas porter un pantalon pressé.

— Je n'en ai pas.

Marcelle le corrigea.

— Tu en as trois prêts à porter, dans ton placard.

Éva tournait en rond.

— J'ai envie d'emmener mes petits persans. Bien emmaillotés dans le châle de grand-mère, ils pourront continuer de dormir en toute sécurité, dit-elle d'une voix à peine audible.

— Tu ne commenceras pas à les traîner partout avec toi, la prévint son frère. Les restaurants ne sont pas faits pour les animaux.

Gaby, qui avait vu nombre de clients, tant en Europe qu'à New York, se présenter avec leurs animaux de compagnie dans les lieux publics, se garda bien d'ouvrir la bouche.

Un appel téléphonique de Jean vint prévenir Marcelle de ne pas lui garder à souper :

— Je suis invité à manger chez mon ami Louis, et son père offre de nous reconduire au collège pour huit heures.

— C'est bien. Mais attends une minute. Je pense qu'Éva avait quelque chose à te demander.

— Je ne suis pas prête à l'aborder, susurra-t-elle, priant sa sœur de la remplacer.

Un silence parfait s'installa autour de Gaby qui, la question posée, afficha une mimique embarrassée et se limita à des « Je comprends ».

— Puis, il accepte de prêter sa chambre à nos bébés ? demanda Éva après que sa sœur eut raccroché.

À l'aube de ses quinze ans, Jean Taupier, ironique à ses heures, avait rappelé à Gaby qu'un grand grenier était disponible dans cette maison et il lui suggérait de l'utiliser pour ses « pensionnaires ».

— Il me semble que tu lui avais promis de le garder verrouillé tant il avait peur des fantômes, riposta Éva, désarmée.

— Il n'est plus un enfant…

— Qu'est-ce qu'on va faire ?

— Tu embarres tes chatons dans ta chambre et j'en fais autant pour mes pékinois, le temps que nous allions souper.

Le trajet de la maison au *Café Martin*, situé au 2175, rue de la Montagne, se faisait aisément à pied. Il ne fallait pas tarder à s'y rendre en cette soirée de la fête des Rois mages.

— Pour vous et vos invités, Mlle Gaby, on a toujours une table, fit savoir le placier d'une voix charmeuse.

Le menu impressionna la tablée Bernier. En apéritif, un *Harvey's Reine Victoria Amontillado*. Des hors-d'œuvre au choix : saumon fumé, cocktail de crevettes ou de homard, œufs farcis. Un potage de crème portugaise ou d'Argenteuil précédait les entrées de poulet Eugénie ou de ris de veau Saint-Germain avec lesquelles conviendrait un *Red Flag Chauvenet*. Les spécialités de la maison consistaient en un tournedos Rossini, du poulet Flamingo, des escalopes viennoises et des rognons à la diable.

— Rien que pour tenter le diable, je prendrai des rognons, annonça Donio.

Quelle ne fut pas la surprise d'Éva de trouver au menu un fromage Oka en plus des cheddars, roqueforts, camemberts et canadiens.

Conseil du chef Funk : les déguster avec un *Châteauneuf-du-Pape de Salavert*.

Sans attendre que les trois femmes en aient exprimé le désir, le serveur leur apporta une bouteille de Montclair Richelieu.

— C'est la reine des eaux de table, déclara le serveur au complet et cravate, une serviette blanche repliée sur l'avant-bras.

Comme proposé, Gaby se fit servir un *Red Flag Chauvenet* avec les entrées, un *Pontet-Canet de Cruse* pour accompagner son plat de résistance, un *Châteauneuf-du-Pape* pour les fromages et du *Grapy d'Anjou* avec le dessert. Éva et Marcelle se limitèrent à une coupe de *Beaujolais Chauvenet*. Donio adopta les choix de Gaby et, pour clore ce festin en beauté, il dégusta une chartreuse verte.

Trois heures de douce volupté pendant lesquelles taquineries amicales et rêves d'avenir firent échec à toutes préoccupations.

— C'est agréable de penser qu'à partir de maintenant, même si nous quittons tous la maison, quelqu'un sera là pour nous accueillir, à notre retour, dit Éva, pressant le pas vers la demeure familiale de la rue Drummond.

Quelque peu éméché, Donio avançait clopin-clopant en turlutant *La Lune de miel* de La Bolduc, sa chanson préférée, pour taquiner Gaby :

Pour les hommes j'ai chanté toutes sortes de vérités
Mais mes dames depuis quelqu'temps,
Vous changez c'est effrayant...
Les ch'veux courts, des pantalons,
On dirait des vrais garçons.
Y en a qui sont pas gênées, partout on les voit fumer
Quand un homme vient de s'marier,
sa femme c'est plein d'qualités
Mais la lune de miel passée c'est rien qu'des défauts qu'elle a
Mais malgré tous ses défauts, la femme y a rien de plus beau
Qu'elle soit laide ou une beauté,
les hommes peuvent jamais s'en passer.

Feignant de ne pas l'entendre, Gaby, une cigarette à la main, causait avec Marcelle, humant avec bonheur l'air froid de ce début janvier. Elles avaient à peine franchi le seuil de leur résidence quand Éva, du haut de l'escalier, les pria de se hâter.

— Tes petites bêtes se lamentent dans ta chambre, Gaby.

— Ce n'est ni la première ni la dernière fois !

Marcelle grogna.

— Ne crains pas. Dès qu'ils sentent ma présence, ils deviennent de petits agneaux.

— Je l'espère… Tout le monde dans cette maison a besoin de passer de bonnes nuits.

Autour de minuit, tirés abruptement de leur sommeil par les aboiements des pékinois à la porte de la chambre d'Éva, Marcelle et Donio sortirent de leur chambre, furieux contre Gaby, qu'ils allaient invectiver, mais qu'ils ne trouvèrent ni dans la cuisine ni dans sa chambre. Sa disparition les inquiéta. Donio descendit au salon de couture et en remonta bredouille. Éva trouva le manteau d'hiver de Gaby suspendu dans le placard de sa chambre. Marcelle nota que ses bottes étaient bien sur le tapis de l'entrée. Donio alla voir sous son lit.

— Elle ne peut pas s'être cachée là pour nous jouer un tour, émit Éva.

— On ne sait jamais avec elle…

— Ce ne serait pas à son avantage, riposta Marcelle.

Libres de toute surveillance, chiots et chatons faisaient la fête dans le panier d'osier, au risque de déchirer le châle de Louise-Zoé. Éva le leur enleva juste à temps. Elle venait d'enfermer les pékinois dans la chambre de Gaby quand cette dernière, la mine déconfite, fit gémir sur ses gonds la porte donnant accès à l'escalier du grenier. Pressée de s'expliquer, elle raconta que Blanco et Bruno, ses pékinois, s'étaient entêtés à dormir dans ses draps, la contraignant à l'immobilité. La suggestion émise par Jean, la veille, de les installer au grenier pour la nuit lui avait semblé tout à coup pertinente. Sur la pointe des pieds, ses chiots dans les bras, elle avait tiré une clé de sous son matelas, attrapé une vieille couverture de laine et s'était dirigée vers le grenier dont la porte était demeurée verrouillée. Avant qu'elle parvienne à la débarrer, Blanco et Bruno s'étaient échappés, avaient dévalé l'escalier en toute hâte et s'étaient mis à aboyer devant la chambre d'Éva, réclamant de rejoindre leurs amis persans.

— Fais-en ce que tu veux de tes bibittes à poil…, mais débarrasse-nous-en, ordonna Donio.

Après s'être excusée, Gaby reprit ses pékinois et les remonta au grenier. « Qu'est-ce qui m'a pris d'adopter des chiens sans soupçonner une minute qu'ils viendraient brimer ma liberté ? Ma sacro-sainte liberté… Si j'avais pu en donner un à ma sœur, ce serait déjà plus facile. Mais non ! Il a fallu qu'elle ajoute deux chats à notre maisonnée. »

Même si ses chatons ronronnaient dans leur panier, Éva n'arrivait pas à s'endormir. Gaby tardait à revenir à sa chambre et elle s'en inquiétait. À pas feutrés, une chandelle à la main, elle s'engagea dans l'escalier du grenier dont elle poussa la porte délicatement. « Je n'en reviens pas », se dit-elle en découvrant sa sœur allongée sur de vieux coussins remisés, ses chiots collés à son ventre. « Demain, je lui offrirai de les héberger, la nuit, avec mes chatons » décida-t-elle.

Le retour au travail fut alourdi par un manque de sommeil qui se lisait sur le visage des sœurs Bernier. Aussi, elles n'attendirent pas d'être questionnées avant d'en révéler la cause avec un humour qui masquait leurs soucis réels. À point nommé, Diana MacDougall Laing s'amena, comme toujours, avec son petit teckel sous le bras. Les sœurs Bernier furent priées d'aller chercher pékinois et persans et de les présenter aux ouvrières et à Mᵐᵉ MacDougall. Une belle demi-heure d'amusement pour chacune d'elles ! Une façon aussi inopinée que charmante de commencer la nouvelle année.

De nouvelles clientes se présentèrent au cours des deux premiers mois de l'an 1941, dont Mᵐᵉ George C. Marler, qui venait d'Ottawa pour se faire habiller par Gaby, et Mᵐᵉ Jules Timmins, de la dynastie minière, accompagnée de ses trois filles, qui firent une entrée remarquée au *Salon Gaby Bernier*. Julia et Joan Timmins avaient pour sœur la distinguée Mme Wilfrid T. Trenholme de *Elmhurst Dairy*, une des laiteries les plus réputées de la région montréalaise. Mme Trenholme adorait les chevaux de course. De fil en aiguille, elle apprit à Gaby qu'elle était la propriétaire de plusieurs coursiers de Blue Bonnets. Leurs noms étaient familiers à celle qui, maintes fois, avait ponté sur l'un d'eux.

— J'ai toujours gagné mon pari, lui apprit Gaby, avec une fierté qui plut à la jeune dame.

— Je suis étonnée, mais ravie d'apprendre que nous avons une passion en commun. Votre père était…

— Non. Ce n'est pas mon père qui m'a initiée à l'équitation. Je n'avais que huit ans quand il est décédé. C'est un éleveur de Chambly qui a eu la générosité de me l'enseigner. J'adorais ça !

Visiblement chagrinée et faute de trouver une parole pertinente, Mme Trenholme aborda la raison de sa visite :

— J'ai appris que vous aviez créé un modèle de pantalon très confortable qui pourrait être porté comme jodhpur…

— Je l'ai confectionné principalement pour skier, mais il s'agit seulement de serrer davantage la jambe, du genou au pied, pour en faire un jodhpur confortable et de belle apparence.

— Je prévois me rendre en Angleterre au début d'avril. Est-ce que ça vous laisse suffisamment de temps pour les essayages et la confection finale ?

— Amplement ! Dans une semaine, on peut tout régler.

— Mais je devrai revenir quelques fois pour les essayages, non ? Je suis très occupée…

— Une seule fois, Mme Trenholme. Vous verrez.

La cliente reconduite à la sortie avec une courtoisie de bon aloi, Gaby se préparait à dessiner le patron du jodhpur lorsqu'Éva l'en empêcha.

— Le notaire Leroux veut te voir.

Me Lionel Leroux avait été choisi pour s'occuper des affaires des sœurs Bernier, et il venait leur porter un exemplaire d'un contrat à étudier avant de le signer. Mais sa visite visait aussi à commander une robe de mariée pour sa fille cadette.

— Elle habille comme les deux autres, mais elle voudrait se marier en bleu. Avez-vous une idée de la robe que vous pourriez lui confectionner… un peu différente de celles de ses sœurs aînées ?

— J'y réfléchis et je lui téléphonerai quand j'aurai des choix à lui présenter.

« Heureusement que je n'ai plus à m'occuper de Blanco et Bruno. Un ange, cette Marcelle. Je n'aurais jamais pensé qu'elle se serait emmourachée de nos "petits chéris" au point d'en faire ses animaux de compagnie. Où a-t-elle bien pu apprendre comment les discipliner ? Par instinct, peut-être. Comme la couture, pour moi. »

Embêtée devant trois tâches à mener de front, Gaby s'attaqua d'abord à la conception du jodhpur, reportant à la soirée l'étude des documents du notaire, et au lendemain, la création de la robe pour la demoiselle Leroux.

Sous la somme des occupations, février filait à la vitesse de l'éclair. Les contrats étaient respectés, les ententes avec le notaire Leroux, consignées, les poilus à quatre pattes, adoptés, non seulement par Marcelle, mais aussi par Donio. « Il ne manque plus qu'un signe de James pour que je sois profondément heureuse. Que devient-il ? Je ne peux me faire à l'idée qu'il soit décédé. Je le sens vivre en moi. Lui est-il possible de communiquer avec moi ? Roosevelt a prononcé un long discours au début de janvier sur les quatre libertés. Celle de s'exprimer fut l'une des premières à être promise. Je m'appuie sur cet engagement pour garder espoir… »

Seule dans sa salle de coupe, en fin de soirée, branchée sur sa chaîne de radio préférée, Gaby fredonnait *Pour t'avoir au clair de lune*, interprété par Tino Rossi, quand un arrêt subit de la mélodie fit place à une nouvelle de dernière heure. « La première chansonnière du Québec, auteure, compositrice et interprète, est décédée à Montréal ce matin même. Mary Rose Anna Travers, surnommée La Bolduc, n'est plus. Celle qui, par son optimisme, a incité des milliers d'auditeurs à garder courage en ces années difficiles a succombé aux ravages du cancer... »

Catastrophée, Gaby ferma la radio, s'affala dans un fauteuil de la salle d'attente et pleura sans retenue. Cette chanteuse dont elle avait tant aimé les turlutes était née en juin, tout comme elle, et ne pourrait célébrer ses quarante-sept ans. À peine deux ans plus tôt, elle semblait triompher d'une tumeur maligne. Pleine d'énergie, elle avait composé de nouveaux airs et enregistré de nouveaux disques. À l'invitation de Jean Grimaldi et en compagnie d'Olivier Guimond, elle avait fait partie de la troupe de Comédie canadienne qui avait effectué une tournée en Nouvelle-Angleterre. Cela avait été sa dernière.

Ce décès suscita chez Gaby une remise en question de ses priorités. « J'entrerai dans la quarantaine en juin prochain. Une étape qui, jusqu'à ce soir, ne m'a jamais inquiétée. Mais si je devais mourir à quarante-six ans, moi aussi, qu'est-ce que je souhaiterais avoir réalisé ? » À ses anciennes ambitions, Gaby ajouta : « Vivre un grand amour avec James et partir en voyage dans l'Arctique sur les traces de mon cousin, le capitaine Bernier. »

Le lendemain matin, la gorge nouée, l'équipe de couturières partageait la tristesse de Gaby. Avec leur assentiment, elle fit descendre le gramophone dans la salle de couture et fit entendre tous les enregistrements de La Bolduc acquis au fil des années. Habituée à turluter plusieurs de ses chansons, elle les reprit, oubliant pour quelques heures le deuil qui l'affectait.

Les nouvelles afférentes à la guerre faisaient état de milliers de morts au combat. « Ma peine n'est qu'une goutte d'eau dans l'océan, comparée à celle des fiancées, des mamans et des enfants qui ne reverront jamais l'être cher », se dit Gaby en feuilletant le journal que son amie Margot Vilas lui apporta en soirée.

— Explique-moi ce qu'on entend par cette aide que les Forces britanniques réclament des États-Unis ? lui demanda-t-elle.

— La semaine dernière, on réclamait des petits porte-avions, des frégates et des escorteurs.

— Pas question d'armée ?

— Je ne le croirais pas.

— Si j'envoyais une autre lettre à James…, une lettre différente…, crois-tu que j'aurais plus de chance d'avoir une réponse ?

— Différente ?

— Oui. Avec ma photo, celles de certaines de mes créations et un résumé de mes années de carrière.

— Ce n'est pas bête. Si jamais il avait reçu tes lettres précédentes et qu'il ne t'avait pas répondu parce qu'il ne se souvient pas de toi… Il a bien pu danser avec des dizaines de filles depuis tant d'années.

— Ça ne se peut pas qu'il m'ait oubliée. Tu ne nous as pas vus sur la piste de danse et à la fin de la dernière soirée…

— Je te laisse préparer tes envois en toute tranquillité, dit Margot, quittant son amie, non sans lui donner une chaude accolade.

UNE INDISCRÉTION DE MARGOT

Je n'ai jamais vu mon amie Gaby dans un tel état, elle, d'un naturel si indépendant. À moins qu'elle entretienne un jardin secret auquel je n'ai jamais eu accès, même si je suis sa meilleure amie? Pour la première fois, je ne peux lui livrer le fond de ma pensée. Elle n'accepterait surtout pas que je l'accuse de courir après des chimères, et ce, depuis notre passage à la New Rochelle. Elle a cru reconnaître James et elle a même imaginé que la réciproque était probable. Je pense que sa réaction était celle d'une personne qui ne veut pas s'avouer sa peine d'amour. Elle l'a encore dans la peau, son Pit Lépine. Sinon, pourquoi refuserait-elle toujours d'en parler? Je crains qu'elle ne puisse s'attacher à un autre homme…, même pas à ce flirteur rencontré il y a plus de vingt ans et dont elle rêve au détriment de sa joie de vivre, de son avenir et de sa carrière. Elle aura besoin de mon accompagnement si jamais elle s'aventure à retourner aux États-Unis pour le trouver ou le retrouver.

CHAPITRE II

J'aurais tant aimé vivre ce congé de Pâques dans les bras de James. Comme dans mes rêves nocturnes. Des rêves que je ne peux raconter à personne, surtout pas à ma sœur, tant ils sont érotiques. J'y vois un signe de mon amoureux en attendant nos retrouvailles. S'il est vrai que nos cerveaux sont comme de petites centrales électriques qui communiquent entre elles par-delà des distances, James pense à moi. Il n'a cessé de penser à moi depuis notre merveilleux été à Kennebunk. Il me désire plus encore qu'il me l'a laissé voir il y a vingt ans... À moins qu'il soit marié, comme m'a fait penser Margot. Un jour, je saurai si ses rêves ressemblaient aux miens. Je n'en serais pas surprise. Depuis que j'ai pris la résolution de ne plus me laisser abattre par son absence, je suis plus heureuse et plus productive. Je l'ai choisi comme leitmotiv. Je tiens à ce qu'il soit fier de moi quand il découvrira mes créations. Mes proches aimeraient bien que je tourne la page sur « mon Américain » et que je m'intéresse à ces galants messieurs qui me font la cour. Je le devine dans leur regard lorsqu'il en est question. Mais une petite voix intérieure me dit de ne pas y renoncer.

Fantaisiste, Gaby Bernier ? Assurément ! Éva ? Nul ne l'aurait cru avant ce dimanche de Pâques 1941.

— J'aurais besoin de beaux rubans étroits et soyeux, longs d'au moins douze pouces chacun. Une paire de roses et une paire de bleus, avait-elle quêté, quelques semaines avant ce congé pascal, prête à se servir dans les réserves de Gaby.

— Laisse-moi voir. Pour qui ou pour quoi, ces rubans? Tu ne vas tout de même pas te faire des tresses!

— J'ai passé l'âge, voyons!

— Tu veux garnir une de tes vieilles robes pour charmer ton Paul?

De rigolade en rigolade, Éva était parvenue à garder secret l'usage de ces rubans.

— Tu le sauras d'ici le lundi de Pâques, avait-elle promis pour mater la curiosité de Gaby.

À son retour de l'office du Vendredi saint, Éva s'enferma dans sa chambre, en sortit une quinzaine de minutes plus tard avec un colis dans les bras et fila vers l'extérieur d'un pas pressé.

— Il n'y a pas de service postal aujourd'hui, lui cria Marcelle, du haut de l'escalier.

Éva fit la sourde oreille. Ni Gaby ni Donio, questionnés sur-le-champ, ne parvinrent à percer le mystère. Par contre, tout en prétendant ne rien savoir, Jean affichait un sourire narquois.

Entrée juste avant le souper, Éva invita ses proches à la rejoindre au salon, où elle les accueillit d'un air solennel, une boîte sur les genoux.

— J'attendais cette veillée pascale pour vous présenter, toilettés, poudrés et baptisés, Neige et Fripon, clama-t-elle en les tirant l'un après l'autre de leur cachette.

Le sourire moqueur de Donio, le silence étonné de Gaby et l'air critique de Marcelle l'offusquèrent. Jean fut le seul à applaudir son geste.

— On les a trouvés ensemble, leurs noms. Ils sont beaux, hein?

— Très beaux ! J'aurais dû réfléchir davantage avant de baptiser mes pékinois, avoua Gaby.

— Trop tard ! Ça fait plus de deux mois qu'ils répondent à Blanco et Bruno, fit remarquer Jean.

— Ils sont adorables, mes chiots, non ? Ils ne demandent qu'à jouer.

— Je prendrais bien deux autres persans à leur place, avoua Jean.

Le climat se prêtait au dévoilement des contrariétés refoulées depuis l'intronisation des quatre animaux au domicile des Bernier. Donio osa exprimer ses doléances :

— J'ai l'impression de vivre avec quatre enfants dans la maison… sans même avoir été consulté.

Cet aveu inculpa d'autant plus les sœurs Bernier que Donio avait toujours été clair sur son choix de vie : célibataire et sans enfants.

— Je ne pensais pas qu'ils égaieraient la maison à ce point. Je me sentais si seule après le décès de votre mère…, riposta Marcelle, qui s'était vertement opposée à leur venue, mais qui s'attachait de plus en plus aux « petits chéris », comme les désignait Mme Hart.

— Je les aimerais peut-être si vous teniez toujours ma porte de chambre fermée, dit Jean. C'est fâchant de retrouver du poil partout… et, pire encore, mes travaux déchiquetés sur le plancher.

Tous se retournèrent vers Gaby. Comme Éva descendait ses chatons avec elle le matin, elle fut forcée d'en attribuer la faute aux pékinois.

— Je pensais qu'ils étaient un peu de ta famille, eux aussi. C'est pour ça que je les laissais aller dans ta chambre.

— Ma vraie famille, c'est mon frère, rétorqua Jean.

Gaby ne parvint pas à dissimuler sa peine et Jean en fut troublé.

— Puis, tout de suite après, c'est toi et vous trois. Je vous dois tellement !

Jean avait quitté l'enfance sans que Gaby, accaparée par le travail et ses soucis amoureux des dix derniers mois, en prenne conscience. Elle s'était un peu trop reposée sur les réussites scolaires et sportives du jeune, sur son affabilité et sa joie de vivre. Mère adoptive, elle le serait de moins en moins. Ce constat la chagrina. «Et pourtant, n'est-ce pas ce que j'ai toujours souhaité pour lui? J'avais à cœur de lui donner tous les outils pour réussir sa vie, près de moi ou loin de moi. Je ne peux exiger que son affection pour moi soit à la mesure de mon attachement pour lui. Qu'il m'ait appelée "maman" à quelques reprises au cours des dix dernières années ne signifie pas qu'il entretiendra un lien filial avec moi le reste de sa vie. Donner… sans attendre de retour, est plus difficile que je ne l'aurais cru.»

Une autre révélation de Jean la tira de ses jongleries :

— Travailler en affaires, dans différents pays du monde, m'inté-resserait.

— J'espère que tu n'iras pas risquer ta vie dans les pays en guerre, s'inquiéta Éva.

— Je ne refuserais pas d'y aller si on me le demandait.

— Je te comprends, dit Donio, qui avait dû enterrer son rêve de devenir soldat.

Son tour était venu de faire part à Jean de ses aspirations de jeunesse. Tous deux se tapèrent dans la main pour sacrer leur similitude.

Éva et Marcelle échangèrent des regards empreints d'appréhension. Gaby demeura silencieuse. Déterminée à ne pas contrecarrer les ambitions de son protégé, elle en anticipait déjà les renoncements. La pensée de voir Jean s'éloigner si tôt de sa famille adoptive l'affligeait. «Aurai-je au moins l'occasion de vivre d'autres beaux moments avec lui avant qu'il s'engage sur la route de sa destinée d'adulte? Qu'il est difficile d'honorer chacune de ses responsabilités avec la même ferveur et la même rigueur! Il me semblait avoir atteint un certain équilibre entre ma tête et mon cœur. Au seuil de la quarantaine, je dois reconnaître que mon travail et ma quête de relation amoureuse ont prédominé.

Comment ne pas le déplorer même si je considère que les regrets empoisonnent l'existence ? Comment tout concilier ? Il faudrait que j'accorde plus de temps à la réflexion dans ma vie. »

L'année scolaire tirait à sa fin lorsque Gaby, ramenant Jean de la *Westmount High School,* un vendredi de fin mai, lui fit une proposition inopinée.

— Aimerais-tu m'accompagner lors de mon prochain voyage ?

Jean s'esclaffa, assuré que Gaby badinait.

— Un voyage que tu n'as probablement jamais envisagé de faire, Jean. Un voyage que je ferais pour la première fois, moi aussi.

— En train ou en bateau ? demanda-t-il, se plaisant à entretenir la rigolade.

— Les deux.

— Quand même pas en avion…, ajouta Jean, ironique.

— En avion aussi, jeune homme.

— Tu blagues, Gaby.

— Tu verras bien. Je t'invite à souper chez Ernest pour en discuter…

— Le restaurant tout près de ton Salon ? Mais c'est chic, là…

— Et pourquoi pas ? Il n'y a pas de meilleur restaurant spécialisé en gastronomie française et italienne, mon cher Jean.

— Tu es bien excitée, Gaby. Qu'est-ce qui t'arrive ?

— Tu le sauras bientôt. Je te donne vingt minutes pour troquer ton costume de collégien pour ton complet des grandes sorties.

Deux merveilleux souvenirs dansaient dans la tête de Gaby : la visite guidée de Jean sur l'*Île-de-France* et leur dîner dans la salle à manger du 9ᵉ étage du magasin Eaton, alors que l'orphelin n'avait pas encore dix ans. Depuis, il était parvenu à dépasser la taille de Gaby. Ses traits, plus virils et plus affirmés, faisaient ressortir la générosité de sa chevelure châtaine. Lorsqu'il sortit de sa chambre, élégant et quelque peu timide, Gaby fit deux pas vers lui, et le pria d'accrocher son bras au sien.

— Comme on fait dans la haute société, lui dit-elle. Un jour, ce sera une jolie demoiselle…, que tu auras choisie, qui t'accompagnera.

Les joues en feu, Jean se soumit à l'initiation de sa mère adoptive.

— Tu as commencé à les regarder ?

— Tu crois que j'en ai le temps ?

— Pas besoin de temps pour trouver quelqu'un de son goût.

Le jeune homme hocha la tête, manifestement désireux de changer de propos.

— Qu'est-ce qui presse le plus pour toi ? Manger ou savoir où j'ai l'intention de t'emmener ?

— Les deux peuvent se faire en même temps…, comme les études et le béguin pour une fille, répondit Jean avec fierté.

Gaby reconnut sa vivacité d'esprit et l'en félicita.

Dès le début du repas, Jean prouva qu'il avait appris les bonnes manières en public. Sitôt le choix des mets terminé, Gaby révéla :

— Je dois d'abord te dire que ce voyage, j'avais prévu le faire sans toi. Mais en t'écoutant parler de tes rêves d'avenir, j'ai cru que tu y trouverais beaucoup d'intérêt. Nous partirions en juillet… vers le Grand Nord.

— Voir les immenses glaciers ? Wow !

— Oui. Sur les traces d'un Bernier, célèbre explorateur de l'Arctique.

— Ton oncle ?

— Non. Un cousin. Mon père, ma mère et lui descendaient tous de Jacques Bernier, dit Jean de Paris.

— Tes parents étaient cousins ? Pourtant, il n'y a pas d'infirmité dans ta famille !

Gaby précisa que même si quatre générations de Bernier avaient peuplé les régions de Montmagny et L'Islet, là où Elzéar et Séneville s'étaient rencontrés, la consanguinité avait pu être responsable de la mort de sept de ses frères et sœurs en très bas âge.

Jean baissa les yeux, happé par une tristesse qu'elle attribua à son sort d'orphelin.

— Ça fait longtemps qu'il est mort, ton papa ?

— J'avais huit ans.

— Et moi, trois. Presque pareil… C'est pour ça que tu m'as emmené vivre chez toi. Tu voulais…

— Pas remplacer tes parents, c'est impossible. Je voulais t'apporter un bonheur plus grand que ta peine.

Jean baissa les yeux, habité par une émotion qu'il n'arrivait pas à nommer. La perte de son père et la détresse de sa mère endeuillée et malade avaient alourdi son enfance sans le fermer à d'éventuels enchantements. Son cœur était demeuré ouvert à l'amour, son esprit, à la découverte.

— T'as réussi, Gaby. Sans la famille Bernier, je ne sais pas ce que je serais devenu, moi.

— Tu avais déjà l'étoffe d'un gagnant, Jean. Il ne nous restait plus qu'à t'offrir les conditions pour le demeurer.

De si touchantes paroles réclamaient des instants de silence. « Plus il vieillit, plus il m'impressionne. C'est comme si nous étions frère et sœur. Même goût d'apprendre, de découvrir, de voyager. Mais cette aventure dans le Grand Nord québécois n'est pas sans risque. S'il fallait qu'elle tourne mal… »

— Je dois te prévenir… À lui seul, le trajet entre Montréal et Fort-Chimo sera déjà une aventure. Je veux le faire en avion ou en hydravion.

— C'est possible, ça ? questionna Jean, euphorique.

— Mon amie Margot Vilas s'occupe de nous trouver un transporteur privé. Elle a des contacts que je n'ai pas.

— Wow !

— On devra peut-être se hasarder sur la rivière Koksoak. On écrit qu'elle est marquée par un verrou sous-marin, de sorte qu'il faut attendre la marée haute pour la traverser. Par contre, dans la région d'Ungava, les marées peuvent atteindre jusqu'à quarante-cinq pieds d'amplitude.

— J'ai vraiment hâte de voir ça. Ça doit couper le souffle. J'imagine qu'il n'y a pas beaucoup de gars de mon âge qui ont l'occasion de voir de tels phénomènes de la nature.

— Tu n'as pas peur de…

— Mourir ? Hé ! Mourir là ou ailleurs, c'est mourir. Quant aux blessures, elles en valent peut-être la peine. Si notre heure n'est pas arrivée, tout ira bien.

— On dit que la pêche est fabuleuse à Fort-Chimo…

— Je ne voudrais pas manquer ça !

— Quand je t'aurai tout expliqué concernant ce voyage, et si tu en as toujours le goût, il faudrait en discuter avec ton frère…, suggéra Gaby.

— Je veux bien lui en parler, mais je n'ai pas de permission à lui demander.

— Je le sais, mais par égard pour ta vraie famille…

La crainte que Charles désapprouve cette aventure fit hésiter Jean un instant, puis il adopta la suggestion de Gaby.

L'ambiance du restaurant, l'excellence des mets et l'exposé de Gaby charmèrent le jeune Taupier. Apprendre que le capitaine Bernier avait brûlé de cette passion de découvrir une région inexplorée au point d'être prêt à y laisser sa peau émut le jeune homme.

— Mais pourquoi ton cousin tenait-il tant à se rendre au pôle Nord plutôt qu'ailleurs ?

Gaby sortit de son sac à main un texte reçu du capitaine Bernier par l'entremise de son épouse.

— Ma mère l'avait conservé dans son coffret de papiers précieux… Je vais te lire une partie de cette conférence qu'il avait prononcée en décembre 1909 devant le prestigieux *Empire Club of Canada* en présence du premier ministre Laurier :

Je voulais avoir l'honneur d'atteindre le pôle pour le Canada et en même temps de découvrir et d'annexer les îles au nom du Canada. Elles sont à nous. Elles nous ont été données par la Grande-Bretagne, le 1er septembre 1880. Nous les avons annexées et nous voulons que des gens s'y établissent. Je suis heureux que vous soyez d'accord avec moi, car le progrès n'avance pas seulement vers l'ouest, mais aussi vers le nord. L'immigration s'en va vers le soleil couchant. C'est naturel de suivre la lumière et de chercher à savoir ce qu'il y a sous la terre.

De nouveau le silence. Puis Jean demanda si dans la lignée des Taupier se trouvait quelqu'un de l'envergure du capitaine Bernier.

— Oui. Ton grand-père, le Dr Taupier. C'est un homme qui a travaillé dans l'ombre, mais qui n'est pas moins admirable. Des vies, il en a sauvé ! Il se rendait auprès des malades, jour et nuit, et, souvent, sans même toucher un sou. En plus de ça, bien des gens ne l'ont pas su, mais il a beaucoup aidé notre famille après la mort de papa.

— C'est pour ça que tu as voulu prendre soin de nous à ton tour ?

— Entre autres.

— Qu'est-ce que tu veux dire ?

— Par reconnaissance aussi envers ton père, qui nous gâtait beaucoup, Éva et moi. Je n'oublierai jamais toutes ces fois où il m'apportait des articles de journaux ou de magazines consacrés à Coco Chanel, mon idole, comme tu le sais. Il s'est montré très généreux envers notre mère aussi.

— … Parti bien trop vite, papa. J'aurais tant aimé le connaître vraiment.

— Il m'est souvent arrivé de trouver la vie injuste à son égard, dit Gaby, taisant le chagrin que son amour pour Séneville lui avait causé.

— Au moins, tu étais sur mon chemin… Sans parler de Donio et d'Éva. Je vous dois dix ans de… de chance.

— Et ça ne s'arrêtera pas là, promit Gaby après avoir payé l'addition.

Les journaux rapportaient qu'à la mi-avril, grâce à l'aval du gouvernement danois en exil, les Américains avaient installé des troupes au Groenland et qu'ils prévoyaient en installer aussi à Fort-Chimo. Donio, plongé dans la lecture de *La Patrie*, y allait de ses prédictions :

— Les États-Unis se préparent à déployer d'autres troupes en Atlantique Nord. Ils se rapprochent tranquillement et sournoisement de l'Europe. Je te gage, Gaby, que dans moins d'un an, Roosevelt demandera une déclaration de guerre au Congrès.

— C'est une chose d'aller chez les Esquimaux, mais j'aimerais encore mieux me rendre au Groenland, murmura Gaby, happée par l'éventualité d'y retrouver James.

Donio laissa tomber son journal sur ses genoux.

— Je te parle des États-Unis et tu me baragouines quelque chose au sujet du Groenland !

— J'aimerais y aller.

— As-tu idée de la distance entre le Québec et ce pays ?

— Pas si loin que ça du Canada. Il doit bien y avoir une piste d'atterrissage puisque les Américains y ont installé des troupes.

— C'est encore ton soldat qui te fait déraisonner ? Ma pauvre Gaby…

— Ça paraît que tu n'as jamais vraiment aimé.

— Tu es entourée de gens qui t'aiment, qui t'admirent. Tu ne manques de rien. Tu pratiques un métier que tu adores. Tu n'as qu'à te changer les idées quand son souvenir te passe par la tête.

— Ce n'est pas que dans la tête que ça se passe. Bonne nuit, Donio.

Comme elle le faisait chaque fois que la détresse voulait l'envahir, Gaby retourna à son Salon. En quête d'apaisement, elle aspira une bonne bouffée de nicotine, promena son regard sur les rouleaux de tissu qui garnissaient ses étagères et s'enthousiasma à l'idée d'apporter des cadeaux aux Esquimaux. « Je ne vois pas ce qui leur conviendrait. À moins que je leur donne l'occasion de m'apprendre des choses, de m'émerveiller. » Donner lui avait toujours procuré le meilleur des réconforts. Gaby sortit de sous une pile de rouleaux, le livre que Jean avait rapporté de la bibliothèque. Une illustration capta son attention. Une quinzaine d'Esquimaux, adultes et enfants, posaient, assis dans l'herbe, autour d'une hutte. Il lui fut difficile de distinguer leurs vêtements. Sur une autre, prise en 1900, des femmes autochtones, debout devant leur cabane, portaient des robes à la jupe et aux manches longues, et deux d'entre elles étaient coiffées : l'une, d'un voile à carreaux, l'autre, d'un capuchon. Elles n'étaient pas très grandes, mais rondelettes. « Des jupes de couleurs vives, avec un élastique à la taille, agencées à des foulards de différentes teintes pourraient leur faire plaisir. » Un tableau indiquait une température moyenne autour de 17°C à Fort-Chimo en juillet. « Un coton tissé serré serait confortable, tant pour les adultes que pour les enfants », jugea Gaby qui, sans perdre un instant, déroula une pièce de coton vert sur sa table et, snip, snip, snip, elle y coupa quatre jupes de taille moyenne. Des restes de tissus fleuris seraient convertis en voiles ou en écharpes, au goût des bénéficiaires. Il était une heure du matin lorsque Gaby, heureuse des cadeaux qu'elle avait prévu offrir aux familles de Fort-Chimo, put aller dormir. Il ne restait plus qu'à confier la couture de ces pièces aux ouvrières, le lendemain.

Leur étonnement ne se fit pas attendre. Habituées à des confections de première qualité, elles questionnèrent Éva, qui dut elle-même interroger sa sœur. S'ensuivit un élan de générosité de la part des trente employées du *Salon Gaby Bernier*. Des chaussettes, des mitaines, des tuques de toutes dimensions et de toutes couleurs s'ajoutèrent aux bagages de Gaby. Présumant qu'elle aurait de l'espace dans ceux de Jean, elle accepta tout ce qui lui était apporté.

« Au point où j'en suis, il faut que Margot nous trouve quelqu'un pour nous emmener à Fort-Chimo cette année. J'aurai beaucoup de sacs avec tout ce que je veux apporter à ces familles…, sans compter ceux de Jean et les miens. »

Ce matin du 12 juin 1941, Gaby recevait encore des dons pour les Esquimaux de Fort-Chimo. « Je n'aurai jamais reçu autant de cadeaux pour mon anniversaire. Tout ce que je peux donner, c'est comme si je le recevais en double. »

Au cœur de la matinée, Margot Vilas se présenta, triomphante, à la salle de coupe de son amie.

— Tu te souvenais de ma date de naissance ? lança Gaby à la blague.

— Et comment ! Je ne t'ai pas apporté de fleurs, mais regarde. Je les ai ! Je les ai ! s'écria-t-elle, brandissant une enveloppe qui semblait être attendue.

Éva crut qu'elle apportait enfin une missive de James.

Gaby lui sauta au cou.

— Je ne remercierai jamais assez le ciel de t'avoir mise sur ma route. Ça a été difficile ?

— Non. Il fallait seulement attendre que mon ami Bob revienne à la base de Saint-Hubert.

Avec une frénésie exceptionnelle, Gaby sortit les deux billets de l'enveloppe. Elle ne tarda pas à exprimer son étonnement.

— C'est donc bien cher !

— Tu m'as demandé de te trouver un transporteur privé qui t'emmènerait en toute sécurité à Fort-Chimo. Tu ne m'as jamais mis de limite de prix. J'annule ?

— Il n'en est pas question !

Margot lui expliqua que ce n'était pas dispendieux compte tenu du temps et de l'expertise de l'aviateur, qui venait tout juste de moderniser son petit avion à hélices, un des rares transporteurs civils qui étaient adaptés à toutes températures et à toutes altitudes.

Pilote d'expérience, Bob Smith s'était inspiré des recherches de l'Américain Reed et avait troqué les hélices en bois pour des hélices en métal, offrant plus de résistance, un meilleur équilibre et un rendement nettement supérieur.

— Sans compter, ma chère amie, que le carburant coûte les yeux de la tête, lui rappela Margot.

— En réalité, ça se compare avantageusement à mes voyages en Europe, reconnut Gaby.

Il lui tardait que Jean termine ses examens de fin d'année. Le départ pour Fort-Chimo étant devancé au 2 juillet, le jeune homme devrait suivre des cours de natation intensifs.

Gaby en avait fait la promesse à Charles. Informé des dangers que présentait la rivière Koksoak, ce dernier en avait fait une condition incontournable à son acquiescement. Les deux frères Taupier devraient donc reporter au mois d'août leur séjour au camp scout.

Les contrats de robes de mariée s'étant raréfiés, les sœurs Bernier décidèrent de fermer le Salon pour tout le mois de juillet. N'eût été l'invitation de son amoureux à l'accompagner à Plattsburgh, Éva se serait opposée à cette fermeture. Les raisons affluaient :

— Nos clientes sont habituées de pouvoir profiter de nos services à longueur d'année… Ces vacances vont nous coûter cher sans un sou de revenu du Salon. Puis…

— Je gage que tu te sens mal à l'aise d'aller sur une plage, lança Gaby.

— Devant tout le monde…

— Surtout au vu de ton Paul.

Éva ne pouvait le nier. Gaby lui offrit alors de lui confectionner des maillots de bain qui l'avantageraient. La culotte cuissard remplacée par une jupette de style frou-frou ravit Éva.

— Je vais faire des jalouses !

— Ce sera une belle occasion de faire de la publicité pour notre Salon.

— Tu crois que les femmes vont venir des États pour un maillot de bain ?

— Au moins la moitié des baigneurs des États viennent du Québec…

La possibilité de croiser des clientes du Salon indisposait Éva, qui avait toujours porté des tenues créées par sa sœur pour enjoliver sa silhouette.

— Tu as aimé le panorama du lac des Deux Montagnes ? Tu vas adorer Plattsburgh. C'est là qu'on trouve la plus grande plage d'eau douce des États-Unis. Les vues sur le lac Champlain et sur les montagnes vertes du Vermont sont magnifiques.

Août 1941. Une effervescence sans précédent régnait chez les Bernier. Les deux voyageurs, de retour sains et saufs de Fort-Chimo, relataient à qui mieux mieux leurs aventures de juillet. Jean se montrait volubile.

— Les guides nous emmenaient en face du campement au milieu de la rivière, nous plaçaient dans le courant et nous laissaient dériver. La première fois, j'ai eu la peur de ma vie. Mais je me suis vite emballé quand j'ai vu arriver, aussitôt ma ligne à l'eau, une kyrielle de gros poissons pouvant peser plus de dix livres, hein Gaby?

— Absolument! Le guide disait que c'étaient des *Arctic Char*, précisa Gaby.

— Des ombles chevaliers, devina Donio, qui se tordait de jalousie.

— Tant que la marée restait basse, ça mordait à tous les coups.

— Tu te rappelles, Jean, quand notre barque a dérivé sur le bord de la rivière?

— T'aurais dû voir ça, Donio! C'est là qu'on a pu pêcher les plus beaux saumons au monde. Je n'en revenais pas d'entendre le guide parler de *dog food*.

— Ils nourrissent leurs chiens avec du saumon, s'esclaffa Donio. Un vrai scandale!

À Éva, qui s'inquiétait de leur confort dans l'avion, le récit du jeune homme donna la chair de poule. Les turbulences lui avaient fait craindre la mort à plus d'une reprise. Gaby souriait.

— Je pense que tu as eu peur, toi aussi, mais tu n'as pas voulu le faire voir, allégua Jean.

— Ça, c'est bien Gaby! Toujours au-dessus de ses affaires, reconnut Donio, qui multiplia les taquineries, les dirigeant surtout vers sa sœur.

— Bonne nuit, tout le monde, rétorqua-t-elle, préférant les laisser finir la soirée entre eux.

« Quel garçon aimable et intelligent que ce Jean Taupier ! Je le sens beaucoup plus près de moi, se dit Gaby, sur le point de se mettre au lit. Avoir partagé les mêmes émotions et les mêmes découvertes nous a placés sur un pied d'égalité. J'ai pu anticiper ce qu'il sera devenu à l'âge adulte. Un homme responsable et discret, mais non moins ambitieux et plein de confiance en lui. Ce sont là de beaux outils pour une vie épanouie. »

Résolue à savourer ce voyage jusqu'à la dernière seconde, Gaby avait pu résister à l'envie de prendre connaissance de son courrier avant de se retirer dans sa chambre. Elle n'eut pas à ouvrir les enveloppes pour comprendre que James ne lui avait pas répondu. « À moins qu'Éva en ait placé d'autres dans le salon de couture. » Elle s'y rendit discrètement. « On croirait que je suis partie hier. Rien n'a changé ici pendant mon absence. » Une odeur vint caresser ses narines. Un heureux mariage de muguet et de rose. Gaby poussa la porte de la salle de coupe. Un peu de lumière suffisait pour découvrir, au milieu de la table, un magnifique bouquet. Au ruban de satin « rouge Gaby » qui ornait le pot, une petite enveloppe était brochée.

À ma meilleure amie

À l'intérieur, un feuillet enguirlandé de vert et de bleu.

En espérant que tu as fait un excellent voyage.
J'ai hâte que tu me le racontes.
Une découverte en amène souvent une autre...

Margot Vilas

Il était presque minuit. Trop tard pour téléphoner. Une agitation peu commune s'empara de Gaby et elle se rendit dans la chambre de sa sœur.

— Éva ! Réveille-toi. Il faut que je te parle.

Tirée d'un sommeil profond, Éva grogna.

— Qu'est-ce que t'as encore ?

— Qu'est-ce que Margot t'a dit quand elle est venue porter les fleurs ?

— Rien de spécial. Laisse-moi dormir.

Gaby sortit de sa chambre en traînant les pieds. La chaleur de cette nuit d'août l'incommodait. Sa fenêtre donnant sur le soleil levant, cette pièce devenait inhabitable l'été, à moins qu'on ne garde les volets fermés. Ce qui n'avait pas été fait en son absence. « Dans ma prochaine maison, je serai plus attentive au choix de ma chambre », se promit-elle, résolue à prendre quelques heures de repos malgré tout.

Pour célébrer le retour de sa sœur et de Jean, Donio avait tu ses inquiétudes. La nouvelle réglementation fédérale qui interdisait l'achat d'essence entre sept heures du soir et sept heures du matin en semaine et toute la journée du dimanche l'obligeait à refuser de conduire des clients en région éloignée, lui entraînant ainsi une perte de profits considérable, sans compter les dommages causés à sa réputation. Il avait tenté d'utiliser une carte de crédit, mais elle lui avait été refusée. De plus, le prix de l'essence venait de grimper à trente cents, une augmentation d'un sou le gallon. La seule autre option demeurait l'achat d'une voiture moins gourmande, par conséquent moins luxueuse, mais il ne s'y résignait pas.

Les restrictions se multipliaient de toutes parts. La vente de pain tranché et d'emballages multicolores était interdite. Une cueillette des graisses animales était organisée pour diminuer l'importation des huiles végétales. Un arrêté en Conseil venait de décréter que la soie grège serait mise exclusivement au service des équipements de guerre. Donio craignait que ces réglementations touchent aussi le secteur alimentaire. Depuis le décès de sa mère, il se sentait investi de la responsabilité de protéger ses sœurs. Son sommeil en était affecté.

Le cliquetis venant de la cuisine et les grincements de la radio entremêlés réveillèrent Gaby. De la porte de sa chambre entrouverte, elle aperçut Donio, l'oreille collée au porte-voix de l'appareil.

— Qu'est-ce qui se passe ? lui demanda-t-elle, intriguée.

— Chut ! Des nouvelles des États…

L'estomac crispé, le visage tendu, Gaby s'approcha de son frère.

— Une autre décision de Roosevelt qui va mettre le feu aux poudres.

De fait, le président des États-Unis avait annoncé sa décision de geler les avoirs japonais et de mettre un embargo sur le pétrole en réaction à l'occupation japonaise en Indochine. La nouvelle fit resurgir les inquiétudes de Gaby. Lors de son passage à Fort-Chimo, elle avait croisé des émissaires américains venus explorer les lieux dans le but d'y installer une base militaire à brève échéance. Attristée pour ce peuple autochtone bientôt privé de sa tranquillité, elle avait échangé avec quelques Américains qui affirmaient, au contraire, que ce petit aéroport créerait plus de richesse dans la région. De fil en aiguille, elle avait posé la question qui lui brûlait les lèvres :

— *Do you know James McKinley ?*

— *The Major McKinley ?*

— *Yes.*

— *Maybe*, avait répondu l'un.

— *He's in United States Army Rangers, I think*, avait ajouté l'autre.

Du coup, elle l'avait prié de lui porter un message. De son sac à main, elle avait tiré crayon et papier, griffonné quelques lignes, et l'avait remis à l'officier, qui l'avait prévenue :

— *I will try but I can't promise anything…*

« Je crois que la Providence a mis la bonne personne sur ma route, cette fois. » Le lendemain, elle était retournée saluer l'officier américain et lui avait confié une enveloppe portant son adresse postale… à l'intention de James.

La position des États-Unis plongea Gaby dans un imbroglio de sentiments. L'espoir, aussitôt né, se heurtait aux plus dramatiques perspectives. « Je dois retourner à la case zéro. Mon cerveau et mon cœur doivent être totalement libérés de toute attente. Sinon, je ne pourrai me concentrer sur mon travail et je risque de tout gâter. »

Le 4 août au matin, deux heures avant que les premières couturières se présentent au travail après un mois de vacances, Gaby avait placé la magnifique gerbe de fleurs dans la salle d'attente de son salon de couture. C'est dans cette pièce qu'elle allait accueillir chacune de ses ouvrières, les remercier de leur fidélité et les mettre au défi de faire un pied de nez à la grisaille semée par la guerre.

La dernière entrée venait de prendre place devant sa machine à coudre quand Gaby s'expliqua :

— Plusieurs salons de couture ferment en Europe, quelques-uns aux États-Unis et au Québec, mais le nôtre restera prospère. Je ne couperai le salaire de personne, mais j'ai besoin de chacune de vous pour continuer de servir nos clientes et en recruter de nouvelles. Ensemble, nous allons rivaliser d'ingéniosité pour faire chic à bon prix. Vos suggestions seront toujours les bienvenues.

Éva croyait rêver. « Qu'est-ce qui, dans son voyage à Fort-Chimo, a bien pu lui apporter une telle humilité ? Une telle humanité ? »

— Vous vous souvenez, poursuivit Gaby, des créations qu'ensemble on a préparées pour les femmes esquimaudes ? Des vêtements et des chaussures que vous avez recueillis pour leurs enfants ? Vous auriez dû voir tous ces regards émerveillés. J'étais fière d'avoir pu leur offrir ces cadeaux. Mais, aujourd'hui, je peux vous dire que ce n'était rien, comparé à ce que ces gens m'ont apporté.

Le souffle retenu, l'oreille tendue, la trentaine de femmes attendaient la suite avec impatience.

— La vraie recette du bonheur… Dans la privation, dans l'isolement comme dans la maladie, ils sont soudés entre eux. Habitués à vivre l'instant présent, à cueillir la moindre parcelle de contentement, ils s'émerveillent de tout et de rien.

L'émoi et le goût de réfléchir portaient au silence.

— Dans notre métier, particulièrement, nous avons le privilège de semer du bonheur autour de nous, de susciter l'émerveillement par notre créativité et notre solidarité. Nous allons commencer dès ce matin : je vous propose une nouvelle mode pour les robes du bal de la *St. Andrew*. Des robes en chiffon, mais ennoblies par un boléro transparent, une écharpe de fourrure ou un ceinturon de paillettes. Nous allons offrir un rabais sur les accessoires de notre boutique *Etcetera*.

— Et les robes de mariée ?

— Par souci d'économie et pour l'originalité, elles seront de soie synthétique, mais recouvertes d'une dentelle de coton sur toute la longueur. Une encolure carrée avec de toutes petites manches qui coifferont l'épaule ; une jupe en forme de feuilles de lotus et dont la dentelle dépassera d'une dizaine de pouces pour former une couronne sur le plancher. Pas de longues traînes comme par le passé. Selon la saison, une écharpe de voile ou de lapin blanc pourrait compléter la tenue.

— Du jamais vu ! s'écria une des plus anciennes couturières.

— Le mariage passé, la dame n'aura qu'à ajuster la dentelle à la longueur de la robe et la porter à un bal, avec ou sans l'écharpe. Donnez-moi une minute…

Gaby courut chercher dans sa salle de coupe les trois esquisses qu'elle avait dessinées la veille. Une confection pour petite, moyenne et forte tailles, à exposer dans la vitrine. Viendraient s'y ajouter les modèles de robes de mariée annoncés plus tôt. Gaby déplora le manque d'espace dans cette vitrine qui ne se prêtait guère à plus de quatre mannequins. «Je devrai trouver une solution…»

Le ronronnement des machines reprit avec une ferveur inégalée. Les petites mains s'affairaient déjà à coudre des paillettes sur des bandes de soie destinées aux ceinturons des robes de bal. Gaby fit la liste des accessoires à renouveler : fourrure de lapin blanc, paillettes multicolores, perles, rouleaux de dentelle… et la liste s'allongeait. L'aide de Donio se fit sentir pour apporter toute cette marchandise au Salon.

— Tu as une auto maintenant, répliqua-t-il, se plaisant à l'étriver.

— Oui, mais j'aurai des choses trop lourdes à rapporter…

— Puis des secrets à me confier ?

Gaby se contenta de sourire.

À peine engagés sur la rue Sherbrooke en direction du magasin de tissus de M. Louis, Gaby entra tout de go dans le vif du sujet. Avant de la déposer à la porte du magasin, Donio avait appris qu'elle avait été profondément touchée par le mode de vie des habitants de la région de Fort-Chimo, qu'elle avait encore plus d'admiration pour le capitaine Bernier et qu'elle s'était bien préparée à un éloignement de Jean.

— Es-tu parvenue à sortir le soldat américain de ta tête ?

— Pour la xième fois, je te répète que James est sergent-major et non simple soldat.

— Qu'est-ce que ça change ?

— Les responsabilités, voyons !

— Sur ce ton-là, tu es en train de répondre à ma question. Qui donc a déjà écrit : « Ce que tu fuis te poursuit ? »

— Je m'en fous.

Gaby sortit de la voiture, claqua la portière sans se retourner.

M. Louis, égal à lui-même, l'accueillit avec courtoisie, mais sans diligence.

— Il y a des lunes que nous n'avons pas causé ensemble… comme avant. D'ailleurs, j'aimerais savoir pourquoi vous chargez toujours votre sœur de venir faire vos achats. Comme si vous cherchiez à me fuir, belle Gaby.

« Vous m'énervez avec vos questions et vos petites manières », lui aurait-elle répondu si elle ne lui était pas redevable de nombre de faveurs. Au voyage à Paris s'étaient ajoutés des rabais considérables sur ses achats depuis près de quinze ans.

— M. Louis, vous m'excuserez, c'est que j'ai pris du retard ; mon Salon a été fermé pendant tout le mois de juillet.

— Ne me faites pas croire que vous vendez autant qu'avant la guerre.

— Je vends beaucoup, mais pas au même prix. Avec des tissus moins dispendieux. Puis la *St. Andrew* approche. Dans moins de cinq mois… sans compter les mariages à l'automne.

— J'avais l'impression que les mariages se faisaient rares et que les mariées se contentaient de robes de noces déjà portées, ces années-ci.

— Vous savez comme moi que, pour toutes sortes de raisons, bien des hommes sont refusés dans l'armée ; les pieds plats, les doigts éboutés, les oreilles de sourds… Ça ne veut pas dire que ces gens-là ne trouvent pas à se marier.

M. Louis posa un regard langoureux sur sa cliente.

— Et vous, Mlle Gaby ?

— Je n'ai pas le temps d'y penser, allégua-t-elle, pressée d'exposer la liste de ses achats.

Le moment venu d'acquitter sa facture, Gaby, présentant le total des billets, sentit la main de M. Louis envelopper la sienne avec une ferveur étrange.

— Ma belle Gaby, vous viendrez me payer plus tard…, dans le temps des Fêtes, dit-il.

— Je préfère tout régler maintenant. Je n'aime pas avoir de dettes. Je peux vous visiter par simple courtoisie, M. Louis.

Alors qu'elle passait le seuil de sa boutique, Gaby crut entendre une riposte, mais elle ne comprit pas un mot.

« Qu'est-ce qui lui a pris ? Moi qui croyais qu'il ne s'intéressait qu'aux… Il pourrait presque être mon père… »

La mimique de Gaby intrigua Donio.

— Allons! Qu'est-ce que tu attends? lança-t-elle, impatiente.

— Tu n'as rien à rapporter?

Troublée par le comportement de M. Louis, Gaby avait oublié tous ses achats sur le comptoir. «Ce serait donc ça qu'il marmonnait quand je suis sortie», comprit-elle, priant Donio d'aller les récupérer.

Le tout tassé dans la voiture, le conducteur démarra en trombe.

— Est-ce assez vite pour vous, ça, baronne?

Gaby, sur le point de s'indigner et de sermonner son frère, se prêta à son jeu.

— Quand tu viens de passer un mois à jouer à la mère avec un garçon de quinze ans, tu ne te défais pas de tes manies en quelques heures…

— Puis, t'as aimé ce jeu?

Les non-dits de Gaby trahissaient un bonheur mitigé.

— Même si j'ai toujours su qu'il n'était que de passage dans ma vie, j'ai eu du mal à entendre Jean m'en parler ouvertement. Les épreuves de son enfance l'ont rendu mature avant l'âge. Je n'ai plus qu'un an pour pratiquer le détachement.

— D'avec un autre aussi…

— Avec personne d'autre que Jean, Donio Bernier, riposta-t-elle, présumant qu'il faisait allusion à James.

— Peut-être avec ton grand frère.

Avec un calme déconcertant, il lui apprit qu'en son absence, il avait été secoué par un accident cardiaque. Gaby ne pouvait imaginer la brisure de ce trio fraternel qu'ils vivaient depuis… toujours. Ses souvenirs remontaient à l'époque où, ayant fugué de l'école, elle avait trouvé auprès de lui refuge et consolation.

— Tu devrais prendre de plus petits repas, suggéra-t-elle, affligée.

— Tu sais que je n'ai pas de talent pour les privations. Puis, vaut mieux profiter de la vie tandis qu'on l'a. Ça se pourrait bien que ce soit le néant après notre mort.

— Éva aurait de la peine si elle t'entendait.

— Jamais je ne lui avouerais que je ne crois pas en un autre monde.

— Tu fais bien.

— Et toi ?

— Ça dépend des jours. Par moments, je gagne à croire que notre âme survivra.

— Veux-tu bien me dire où tu m'emmènes, Margot ?

— Regarde bien les maisons de chaque côté de la rue, lui recommanda son amie, avançant lentement vers une direction demeurée secrète. Cette maison appartient à la famille Pérodeau.

— Narcisse Pérodeau ? L'ancien lieutenant-gouverneur du Québec ?

Margot le lui confirma et lui apprit aussi qu'Yvonne, la fille de M. Pérodeau, vivait au 1640 de la rue Sherbrooke Ouest avec son époux Frank McKenna, notaire et associé de M. Pérodeau dans l'entreprise *Stuart, Cox, McKenna et Pérodeau* ; que Lady LeBlanc, veuve de Mᵉ LeBlanc, vivait au 1814 de la même rue ; que la fille de Mᵉ LeBlanc avait épousé Arthur, le fils de Narcisse Pérodeau ; qu'au 1836, c'était la demeure de l'honorable Charles Archer de la Cour supérieure, dont la fille Pauline avait épousé Mᵉ Georges Vanier, un militaire haut gradé.

— La crème de la société ! s'exclama Gaby, qui avait confectionné des robes de bal, des trousseaux et des garde-robes de voyages pour les dames de la haute société de Montréal, dont les Molson, McDougall, Dawes, Kellam, Shaughnessy, Caverhill et Berkovich.

La voiture de Margot ralentit puis s'immobilisa devant le 1669.

— Quelle chic demeure !

— C'est la résidence des Cuddy. Le propriétaire a été un agent immobilier riche et célèbre avant de se lancer dans le commerce de la porcelaine et de la verrerie. Cette famille est apparentée aux Pérodeau, Yvonne est leur belle-sœur.

— Mais j'ai deux clientes du nom de Cuddy : Lorraine et sa mère, Estelle.

— Tu n'es jamais venue ici pour prendre leurs mensurations ?

— Non. Elles viennent toujours au Salon. Des femmes charmantes, chaleureuses et pétillantes. Elles disent descendre de Brennan McKenna, roi d'Irlande. De grandes dames ! Je crois que M. Cuddy est décédé…

Margot, une fidèle cliente de sa boutique de porcelaine, le lui confirma.

— Deux personnes dans une si grande maison…

— Tu penses qu'elle serait à vendre ?

— Tout probablement. Te verrais-tu réaménager ton salon de couture ici ?

— Je rêve moins que par le passé, Margot. Je ne crois pas avoir le budget pour me payer une maison de ce style dans un des quartiers les plus cossus de Montréal, sur la « 5e avenue du Canada », comme certains désignent la rue Sherbrooke.

Gaby taisait d'autres réticences personnelles.

— Je peux m'informer, si tu veux.

Un hochement de tête de la part de Gaby. Margot n'allait pas précipiter les choses.

— Et la maison jumelle, juste à côté, sais-tu qui l'habite ? se fit-elle demander.

— Elle a appartenu à Sir Pierre-Évariste LeBlanc. Sa veuve est décédée il y a une dizaine d'années.

Le retour au salon de couture se fit en silence.

Vue de l'extérieur, la maison plaisait beaucoup à Gaby, mais… « Comment me sentirais-je dans l'environnement des Pérodeau et des LeBlanc ? Qu'en diront Éva et Donio ? Encore faudrait-il que je sois sûre que ce château est à vendre. Mais à quel prix ? »

Sans attendre plus d'une semaine, Gaby se présenta à la Ville de Montréal pour consulter les archives. Ce qu'elle y apprit la renversa. Le terrain sur lequel avaient été construites ces maisons jumelles avait été la propriété des Sulpiciens. Ceux-là mêmes qui avaient cédé à Marguerite Bourgeoys les deux tours qu'ils avaient érigées. Arrivée de Troyes en 1653, première enseignante de l'île de Montréal, Marguerite avait initié les petites Amérindiennes à l'art du rouet et de la dentelle en plus de leur apprendre des prières et des hymnes. Plus encore, ce sont ces mêmes religieux qui, à Oka, avaient fait construire le chemin de croix, les quatre oratoires et les trois petites chapelles que la famille Bernier avait visités avant le décès de Séneville. « Il y a là trop de coïncidences pour que je ne m'intéresse pas à cette maison », se dit Gaby. Cette superbe résidence avait été achetée des Sulpiciens par Charles E. Smith, qui l'avait revendue à James Robertson, lequel l'avait à son tour revendue à un riche architecte de Montréal, James Seath-Smith, un industriel prospère.

Tout de go, Gaby joignit Margot au téléphone :

— Avec ce que je viens de découvrir, si cette maison est à vendre, je veux l'acheter. Il me restera à convaincre Donio et Éva.

En fin de matinée, une dame d'une élégance remarquable se présenta au salon de couture.

— Vous avez souvent habillé ma fille, Mlle Gaby. Mon mari avait un grand magasin dans le Vieux-Montréal.

— Vous ne seriez pas la mère de Laurice Courey ?

— Vous avez une bonne mémoire, Mlle Gaby !

Gaby et Éva s'entendaient très bien avec Laurice Courey. Lorsque les sœurs Bernier étaient en congé, elles invitaient Laurice avec qui elles s'initiaient à la cuisine libanaise. Les épices utilisées par Mlle Laurice dégageaient un fumet dont toute la maisonnée raffolait. Marcelle cédait sa place avec bonheur, troquant son tablier contre un cahier, dans lequel elle notait tout ce que Laurice utilisait. Elle avait vite été prévenue de la difficulté de se procurer de telles épices fraîches à Montréal.

— On croirait ses plats aromatisés de parfums de femmes, disait Donio.

— Bouf ! Tu m'as toujours dit que je faisais les meilleurs plats au monde, rétorquait Marcelle, jouant l'envieuse.

— Je me gave autant de ta cuisine que des parfums de femmes, ma chère Marcelle.

Celui que Mme Courey portait ce jour-là semait autour d'elle un arôme de muguet. Gaby lui en fit compliment.

— Après trois ans de deuil, je peux me permettre quelques coquetteries, dit la dame, une jouissance dans le regard.

— Une robe de bal pour la *St. Andrew*, par exemple ? suggéra Gaby, spontanément complice.

Fidèle à ses nouvelles orientations, Gaby lui proposa une robe en chiffon portée avec un boléro transparent ou une écharpe de fourrure. La veuve grimaça.

— Ou avec un ceinturon de paillettes, si vous préférez.

Mme Courey dodelina de la tête puis confia, les mains en parenthèses autour de sa bouche :

— J'aimerais qu'on dise de la robe que vous allez m'offrir : « C'est la plus belle de toutes les créations Bernier. »

Gaby demeura sans voix, le regard figé d'étonnement.

— Je vous laisse y penser ? Téléphonez-moi quand vous aurez imaginé le chef-d'œuvre.

« Si je m'attendais à ça ! Décidément, cette dame a bien l'intention de rattraper le temps perdu. »

Gaby referma la porte derrière sa cliente, non sans prendre le temps de humer une bouffée d'air qui fouetta son envie de sortir. Le temps d'en informer Éva, elle partit marcher vers le fleuve. L'impression de n'avoir pas assez d'une tête pour trouver une solution à chacun de ses soucis alourdissait sa marche. À l'approche du Saint-Laurent, une brise vivifiante caressa son visage. Elle s'en laissa imprégner, consciente du bien-être qu'elle pouvait ressentir en dépit du silence de James, des responsabilités inhérentes à son travail et des appréhensions que lui inspiraient ses proches. Soudain, les exigences de Mme Courey lui apparurent comme un cadeau de la vie. N'avait-elle pas constaté, à maintes reprises, que l'acte créateur lui apportait un baume à nul autre comparable ? « La plus belle des robes de bal jamais conçues au Salon de Gaby Bernier est sur le point de voir le jour. Son style est là, dans ma tête. De plus en plus clair… Il vient de me réchauffer le cœur. Pure délectation. »

En après-midi, Gaby se hâta de compléter des modèles de robes pour Molly et pour sa sœur. Elle anticipait le moment où elle se retrouverait seule sur cet étage. La sérénité de sa salle de coupe stimulait son imaginaire. Le crépuscule apportait avec lui une ferveur tranquille. Tout ce qu'il fallait pour guider sa main sur une feuille de papier. S'y dessina… « Une des créations les plus romantiques jamais confectionnées », songea Gaby. Une robe de chiffon de soie brune étagée, finie à la main, avec une écharpe longue de plusieurs verges, nouée deux fois autour de la taille et drapée flatteusement autour des hanches. « Je n'ai qu'à libérer mon esprit de toute crainte et de toute réserve pour que l'inspiration vienne », voulut-elle se souvenir.

Une semaine plus tard, couturières et petites mains avaient terminé la robe de bal de Mme Courey. Leur admiration n'avait pas de mots. Priée de se rendre au 1524 de la rue Drummond, la veuve Courey s'étonna d'apprendre que déjà une tenue lui serait suggérée. Pour ne pas l'indisposer, advenant que cette robe ne lui plaise pas, Gaby en avait revêtu un des mannequins exposés dans la vitrine, assurée ainsi de la vendre.

— Mlle Gaby! Comme je suis distraite! Quand je suis venue la semaine dernière, je n'ai pas remarqué le petit bijou de robe brune, là, dans votre vitrine.

— Vous l'auriez achetée?

— J'ai manqué ma chance. Je sais que vous ne faites jamais deux tenues identiques.

— Aimeriez-vous l'essayer?

— S'il fallait qu'elle m'aille, j'aurais encore plus de peine…

Gaby dévêtit le mannequin et invita Mme Courey à la suivre à la salle d'essayage.

— Mais elle n'est pas déjà promise à quelqu'un d'autre?

— C'est à vous que je l'ai promise à la suite de votre visite. Ne m'aviez-vous pas demandé de vous confectionner la plus belle robe de bal signée Gaby Bernier?

Béate d'admiration, Mme Courey promenait son regard tantôt sur Gaby, tantôt sur sa création.

— Je n'en ai jamais vu d'aussi chic et d'aussi originale, murmura-t-elle.

Une construction de la qualité du 1669 était évaluée par la Ville de Montréal à 19 500 dollars. Consulté par Gaby, le notaire Leroux avait déclaré qu'il était de mise que son prix sur le marché soit doublé. Il fallait donc envisager un investissement minimal de 40 000 dollars, incluant les frais du notaire et l'aménagement. « L'environnement et l'architecture de cette maison toute de pierre grise m'attirent, sans compter que je ne détesterais pas posséder la maison jumelle des LeBlanc. C'est comme si j'achetais la leur. Un pied de nez à celui qui nous a mis à la rue après la mort de papa», songea Gaby, disposée à la visiter.

Mme Sarsfield Cuddy et sa fille l'accueillirent avec une courtoisie digne de celle dont la mère avait toujours fait preuve en tant que cliente du salon de couture.

— La pensée que notre maison serait habitée par une des plus grandes créatrices de mode au Québec serait tout un honneur pour nous. Sans compter que je pourrais m'y retrouver chaque fois que je vous achèterais une nouvelle confection.

Un sourire timide sur les lèvres, Gaby imagina à l'instant même la réaction de la dame advenant que des modifications soient apportées à leur demeure. Le décor des Cuddy était à la fois riche et sobre. «Un exploit», pensa Gaby. Contrastaient de magnifiques escaliers et des cheminées en acajou sculpté. Des vitraux dignes des œuvres de Guido Nincheri surplombaient les fenêtres. Gaby fut à ce point séduite par ces décors qu'elle visita le reste de la maison comme si elle lui appartenait déjà. Autour de la cheminée et montant jusqu'au plafond, elle installerait une plaque en miroir, rappelant Chanel. La pièce située à droite de l'entrée servirait de salle de réception. Il ne lui manquerait plus que les rideaux de velours «rouge Bernier». Au premier étage, juste au-dessus de la salle de réception, son atelier. Des photos de ses mariées en orneraient les murs. À côté de son atelier, un bar bien garni.

Le deuxième étage aussi emballa Gaby. «Ce serait plus que parfait. Le plus beau domicile jamais habité par les Bernier», constata-t-elle. Un autre étage offrait une possibilité de rendement. «Je pourrais le louer à M. Peck. Il se cherche justement un local pour travailler ses fourrures», se rappela-t-elle puisqu'elle avait recours à ses services depuis près de deux ans.

Les relations entre Gaby Bernier et cet homme étaient empreintes de respect et d'admiration. Se complétant l'un l'autre, ils travaillaient bien en équipe. Doux et facile à vivre, M. Peck comparaît Gaby à de la dynamite tant elle lui proposait des créations originales et intelligentes. Tous deux se distinguaient pour la minutie de leur travail : les coutures devaient toujours être surjetées ou couvertes de soie, les vestons, empesés à la perfection, les manches, tournées à la bonne longueur et au bon angle, et l'ourlet, ingénieusement dissimulé. Pour Hans Peck, Gaby était une star, et pour Gaby, Peck était un véritable artiste.

— Mme Cuddy, je vais y réfléchir sérieusement, dit Gaby après avoir visité cette somptueuse résidence.

« Mes chances de gagner l'approbation de mon frère et de ma sœur sont minces. J'entends déjà Donio essayer de m'en dissuader ("On n'a pas besoin d'une si grande maison"), et Éva crier au scandale ("On va passer pour de vrais bourgeois"). Comment les convaincre ? »

UNE INDISCRÉTION DE JEAN

Mon voyage avec Gaby à Fort-Chimo m'a apporté plus que tout ce que j'ai reçu depuis ma première année d'école. À ses côtés, j'ai appris à dominer mes peurs, à apprivoiser l'inconnu, à nourrir mon émerveillement, à ne pas juger selon les apparences, et quoi encore!

Que d'aspects de sa personnalité m'étaient demeurés étrangers! Elle me donnait tout ce qu'il y avait de meilleur et je le recevais comme si cela m'était dû. Je ne me questionnais pas à son sujet. Je croyais la connaître. En vérité, je ne la connais que depuis ce voyage où je l'ai vue agir en toutes sortes de circonstances avec une assurance et une dignité impressionnantes. Son humour, toujours de bon goût, nous a sauvés de la panique dans les moments difficiles. J'ai été témoin de la subtilité dont elle est capable. Surtout quand notre pilote a tenté de la séduire. C'est alors que j'ai éprouvé mon premier sentiment de jalousie. Avoir vingt ans de plus, c'est moi qui la demanderais en mariage, cette belle Gaby Bernier!

CHAPITRE III

Je dois avouer que je cache plus d'un secret. Le plus gros est celui de mon profond besoin d'être aimée. Le plus récent, je le tiens de ma grand-maman, Louise-Zoé, qui m'avait prédit que l'année de mes quarante ans serait tout simplement magique. Que tous mes vœux seraient exaucés à compter du 12 juin 1941. Que notre trio Bernier demeure toujours aussi solidaire et que je retrouve James comptaient parmi les plus chers. Cette fois, ma grand-maman était dans l'erreur, je crois. Après six mois de foi en cette croyance au sujet de James, je dois reconnaître qu'elle ne m'a pas toujours été bénéfique. Les attentes qu'elle m'a créées m'ont causé plus de déceptions que de réjouissances. Moi qui ai toujours aimé la vie, je me suis mise à lui faire des reproches chaque fois que j'étais contrariée. Un de ces beaux matins d'automne, j'ai décidé que mes quarante ans ne se termineraient pas comme ils avaient commencé. Que j'allais reprendre ma vie en main. Faire arriver les choses au lieu d'attendre qu'elles viennent à moi. Entre autres, poursuivre ma recherche de James en ne tenant pas pour acquis que je lui manque et que nous tomberons dans les bras l'un de l'autre.. si jamais nous nous retrouvons.

L'oreille collée sur la radio qu'elle venait de se procurer, Gaby n'avait pas entendu les toc-toc-toc à la porte dans sa salle de coupe. Happée par la voix feutrée et sensuelle de Félix Leclerc, elle griffonnait les mots qui lui permettraient de fredonner allègrement cette chanson qui la remuait, l'hypnotisait même. Inspirée par le décor enchanteur de Vaudreuil, cette sérénade se prêtait à qui espère l'être aimé. Adossé à la cloison, Donio écouta sa sœur l'interpréter, des trémolos dans la voix.

> *Notre sentier près du ruisseau*
> *Est déchiré par les labours*
> *Si tu venais, dis-moi le jour,*
> *Je t'attendrai sous le bouleau*
>
> *Les nids sont vides et décousus*
> *Le vent du nord chasse les feuilles*
> *Les alouettes ne volent plus*
> *Ne dansent plus les écureuils*
> *Même les pas de tes sabots*
> *Sont agrandis en flaques d'eau*
>
> *Notre sentier près du ruisseau*
> *Est déchiré par les labours*
> *Si tu venais, fixe le jour,*
> *Je guetterai sous le bouleau*
>
> *J'ai réparé un nid d'oiseau,*
> *Je l'ai cousu de feuilles mortes*
> *Mais si tu vois sur tous les clos*
> *Les rendez-vous de noirs corbeaux*
> *Vas-tu jeter aux flaques d'eau*
> *Tes souvenirs et tes sabots ?*
> *Tu peux pleurer près du ruisseau,*
> *Tu peux briser tout mon amour*
> *Oublie l'été, oublie le jour,*
> *Oublie mon nom et…*

Les dernières paroles de Gaby se perdirent dans un sanglot. Elle s'accroupit sur le plancher, gémissante, le visage caché entre ses mains.

Donio avança doucement, s'assit près de sa sœur et, d'une caresse sur sa chevelure, annonça sa présence.

— Ça n'a pas de bon sens de se faire tant souffrir pour un homme…

Ces paroles semblèrent attiser le chagrin de sa sœur.

— Tu l'as connu il y a plus de vingt ans et tu ne l'as jamais revu. Essaie de te raisonner un peu, ma pauvre Gaby.

— J'essaie, mais je n'y arrive pas.

— Tu as réussi à oublier Pit, non ?

— Avec le temps, oui.

— Même si tu l'as aimé pendant plus de dix ans…

— Je me demande maintenant si je ne l'ai pas aimé davantage pour ce qu'il représentait que pour ce qu'il était.

— Tu m'étonnes.

Gaby se redressa, épongea ses joues du revers de ses manches de chemise, leva le menton et fit à son frère un aveu troublant :

— Je sais que ça peut paraître anormal, mais c'est comme si j'étais possédée par James.

Donio, qui n'avait jamais su délivrer une femme de ses tourments intérieurs, tenta d'y aller d'un peu d'humour.

— Ne dis pas ça devant Éva, elle va courir chercher un exorciste…, lança-t-il, sitôt inquiet de la réaction de sa sœur, qui ne se déridait pas.

— Je n'avais pas pensé à cette solution.

— Tu n'es pas sérieuse, Gaby.

— Tu me comprendrais si tu savais tout ce qui me trotte dans la tête ces semaines-ci.

— En rapport avec ton fantôme d'amoureux ?

Dépitée par la frivolité des propos de son frère, Gaby se leva, résolue à lui fausser compagnie. Il tenta de s'en excuser, mais elle fit la sourde oreille, prit son manteau et sortit. Une lune mi-dévoilée dirigeait sa lumière bleutée vers le faîte d'un arbre qui disputait au vent ses dernières feuilles. « Il s'acharne inutilement, ce pauvre érable. Tôt ou tard, il sera complètement dépouillé. Et si mon combat pour oublier James était aussi futile ? Si je me sens impuissante à le sortir de mon cœur, je pourrais peut-être à tout le moins m'en libérer l'esprit... en l'occupant au maximum. Par un nouveau projet... »

Elle marcha encore longtemps le long du fleuve qui s'offrait à la lune en toute docilité, ondulant sous ses reflets argentés. « Un fantôme d'amoureux », avait échappé Donio. « Et s'il avait raison ? Me pardonnerai-je d'avoir nourri des chimères alors que j'ai tant de belles choses à vivre ? Je devrais pouvoir compter sur vingt autres années de création, de voyages et de plaisirs... si je tourne la page sur James et tous les rêves qu'il m'a inspirés. »

Gaby fit demi-tour et, le pas résolu, elle entra à la maison, ébahie d'y trouver Donio et Éva, causant encore au salon.

— Vous veillez tard ce soir. Qu'est-ce que vous attendez pour aller vous reposer ?

— Il ne faut jamais se coucher sur une dispute, répondit Donio. Notre mère nous l'a répété tant de fois...

— Dois-je comprendre que vous comptez sur moi pour vous aider à régler vos petites chicanes ?

Donio se leva, lui tendit la main et s'excusa de sa maladresse.

— Je te l'ai déjà dit : je n'ai pas le tour de consoler les femmes. Pire encore, je les insulte. Pardonne-moi...

— Tu fais ton possible, dit-elle, sereine.

— On dirait que le climat de guerre qui afflige une partie de la planète nous habite à notre insu, dit Éva.

— Le contrôle du gouvernement King sur le commerce et les salaires en est un exemple, confirma Donio. Pour lui, y a qu'une chose qui compte : serrer la ceinture des civils du monde entier pour investir dans la guerre.

— Par chance que notre clergé nous fait penser de prier et de se mortifier pour qu'elle cesse, cette guerre, murmura Éva.

— Encore faut-il croire aux mérites, rétorqua Donio, regrettant aussitôt d'avoir blessé sa sœur.

L'enthousiasme de Gaby narguait la nudité des arbres. De retour d'une sortie de fin d'après-midi, elle avait raté le souper familial, mais fut ravie de retrouver son frère et sa sœur encore attablés.

— Vous êtes là ! Ça ne peut tomber mieux ! J'aimerais discuter de quelque chose avec vous. Attendez-moi une minute.

Gaby passa à sa chambre puis en ressortit, une tablette de papier sous le bras et, dans la main, une photographie qu'elle plaça au milieu de la table. Éva et Donio l'examinèrent à tour de rôle, questionnant du regard les intentions de leur sœur.

— C'est le genre de maison qui doit appartenir à un riche bourgeois anglophone du *Golden Square Mile*, présuma Donio.

— Tu as vu juste. C'est la propriété de la veuve Cuddy.

— Une de nos plus élégantes clientes ? demanda Éva.

— Tout à fait. C'est là qu'elle habitait avec son mari et sa fille Lorraine.

— Elle n'y habite plus, saisit Donio.

— Non. Cette maison est trop grande pour deux femmes seules. Mais elle ne le serait pas trop pour nous, osa Gaby.

D'abord ébahis, Donio et sa sœur la bombardèrent de questions. Une description passionnée de chaque pièce de cette demeure les envoûta… le temps d'un rêve. L'inaccessibilité du prix sauta vite aux yeux d'Éva. Les objections fusèrent.

— J'en ai parlé à Me Leroux, révéla Gaby. Je suis capable d'en payer la moitié sans problème. Le reste, selon vos moyens…

— Ce qui veut dire…

— Il resterait dix mille dollars à couvrir chacun, Donio. Sinon, les dames Cuddy sont ouvertes à un arrangement pour cette partie.

— Quelle sorte d'arrangement? s'inquiéta Éva.

— Des versements mensuels. Aussi, comme la maison est suffisamment grande, on pourrait en louer une partie. J'ai approché M. Peck, il se cherche un local. Il serait très pratique pour nous d'avoir notre tailleur dans l'édifice.

Sans attendre leur réaction, Gaby détacha une feuille de sa tablette et y dessina les divisions du rez-de-chaussée.

— Les deux chambres du rez-de-chaussée, je les transformerais en une grande salle de réception pour nos clientes. Celles du premier étage seraient aménagées à la Coco Chanel. On y ferait passer la cheminée du foyer jusqu'au plafond.

— Et nous? Où nous installerais-tu? lança Éva, anticipant une déception.

— Juste au-dessus de notre salon de haute couture. Un bel escalier intérieur nous y conduirait. Nous y attendraient des chambres à coucher comme on n'en a jamais eu.

Autour de la table, les mimiques mendiaient des précisions.

— Un foyer non seulement dans le salon, mais dans chacune des chambres.

Éblouis, Éva et Donio restèrent sans voix. Confiante en leur acquiescement, Gaby respecta ce silence… qui fut interrompu par une réflexion d'Éva.

— Est-ce nécessaire de vivre dans un tel luxe pour être heureux ?

— Il n'y a pas de honte à s'entourer de beautés quand on les a gagnées. Il faut y voir aussi de nombreux avantages pour notre entreprise.

Aucune autre réplique ne vint. Gaby n'en fut pas fâchée. « Ils ont trouvé matière à réflexion dans mes derniers propos », conclut-elle.

— Éva, nous avons rendez-vous chez le notaire demain en fin d'avant-midi, annonça Gaby, ce 2 décembre 1941.

— Donio aussi ?

— Bien sûr !

Une frénésie rarement éprouvée habitait Gaby depuis qu'elle avait obtenu la collaboration des siens pour l'achat du 1669 de la rue Sherbrooke Ouest. Pour cause, l'engouement pour cette maison, la décoration, les nouveaux meubles, l'organisation du salon de couture, mais plus encore la surprise qu'elle préparait à sa sœur. Pour ce faire, la complicité de son frère était requise et elle l'avait gagnée sans trop d'insistance.

Les gros flocons de neige qui tourbillonnaient dans l'espace avant de se fondre au pare-brise de la voiture de Donio ajoutaient à l'euphorie de Gaby. « Tout s'harmonise. Jusqu'à la météo qui le prophétise tant elle est féérique », pensait la créatrice de mode, qui avait passé plus d'un mois à consulter, réfléchir et calculer.

Me Leroux, dont la réputation n'était plus à faire en raison de son engagement dans diverses fondations et œuvres charitables, attendait le trio Bernier. Les dames Cuddy s'étaient présentées une demi-heure plus tôt pour vérifier l'exactitude des documents. L'accueil fut des plus courtois. L'élégance de ses sœurs avait fait comprendre à Donio la pertinence de revêtir une tenue de ville pour cet événement, et il se présenta dans le complet acheté pour les funérailles de sa mère. La belle Gaby avait revêtu un tailleur gris rayé blanc sur une blouse de soie noire. Éva en portait un marine tout neuf sur une blouse blanche, créations de sa sœur spécialement confectionnées pour les sorties du temps des Fêtes.

— Tu ne m'en voudras pas de l'étrenner aujourd'hui ? C'est pour rendre hommage à la Vierge Marie que j'ai tant priée afin que nous fassions un bon coup avec cet achat.

— Avant la fin de la journée, tu te verras exaucée, lui avait assuré Gaby.

Le protocole d'accueil terminé, le notaire entreprit la lecture du libellé du contrat, mais il fut vite interrompu par Éva :

— Je crois qu'il y a une erreur, Me Leroux.

Gaby et Donio, les yeux baissés, ne dirent mot. Un sourire complice sur les lèvres, le notaire lui apprit que, tel que stipulé, Gaby était désignée comme propriétaire de tout ce qui concernait le commerce et que le reste de la maison devenait la propriété d'Éva Bernier.

Estomaquée, les mains croisées sur sa poitrine, Éva comprit les allusions de sa sœur.

— Il faudra m'expliquer pourquoi tu as fait ça, Gaby, parvint-elle à verbaliser, avant de laisser le notaire poursuivre son exposé.

Une entente fut conclue pour que la prise de possession se fasse dès janvier 1942 de sorte que les travaux de restructuration soient terminés avant le déménagement. D'autre part, Mme Estelle Cuddy et sa fille Lorraine avaient déjà réservé leur domicile aux appartements *Le Château*, au 1321 de la rue Sherbrooke Ouest, à quelques pas de l'hôtel *Ritz Carlton*.

— Nous sommes fières de remettre notre propriété entre vos mains, Mesdames Bernier, vous qui, depuis vingt-cinq ans, habillez le gratin de la société montréalaise, témoigna la veuve Cuddy.

Après que les signataires eurent échangé des souhaits cordiaux, Gaby annonça aux siens qu'une réservation avait été faite pour le dîner dans un restaurant très spécial, à l'angle des rues Saint-Grégoire et Saint-Hubert.

— Une de nos clientes en raffole, justifia-t-elle.

— Mais notre travail…, lui rappela sa sœur.

— Nos ouvrières ont été informées du programme de notre journée. Chacune connaît bien sa tâche.

— Et moi? Mes clients? Ma paie? plaida Donio, faussement ennuyé.

— Tu te reprendras en soirée. Ce n'est pas tous les jours qu'on devient propriétaire d'une maison comparable à celle de feu M^e LeBlanc!

— L'honnêteté et le travail bien accompli sont toujours récompensés, clama Éva. Cela dit, j'ai bien hâte de savoir pourquoi tu as mis la moitié de la maison à mon nom.

Affamé, Donio réclama de Gaby qu'elle lui donne tout de go l'adresse du restaurant « spécial ».

— Au 753, rue Saint-Grégoire. Un superbe édifice encadré de deux tourelles.

— Son nom?

— *Au lutin qui bouffe.*

— Pas très raffiné comme nom de restaurant, grogna Éva.

— Il ne faut pas s'y fier, tu verras.

Quelle ne fut pas leur surprise en y entrant d'apercevoir des convives assis à une table encombrée de bouteilles de bière et, tout près, une plus petite sur laquelle un cochonnet, un ruban rouge au cou, tétait le biberon de lait qu'une cliente lui servait. Éva fit un pas derrière, Donio s'esclaffa pendant que Gaby réclamait une table en retrait du spectacle.

— Vous nous ferez signe si vos invités désirent donner le biberon à notre vedette du jour, dit le serveur.

— Ma sœur n'apprécierait pas, monsieur.

Conduites dans un espace plus discret, les dames Bernier finirent par s'impatienter d'attendre Donio, qu'elles découvrirent amusé par le spectacle et souhaitant y prendre part. Irritée, Éva sortit du restaurant sans attendre les autres. « Il me fait honte, lui, parfois. Je veux bien qu'il ait travaillé sur une ferme après la mort de papa, mais ce n'est pas une raison pour garder des manières de colon quand ça fait trente ans qu'il vit en ville. »

— À cause de tes caprices de sainte-nitouche, on ne dînera pas avant une heure encore, maugréa Donio en la rejoignant sur le trottoir.

— Pourquoi aller si loin et pour trouver moins bien quand on a tout près de chez nous notre impeccable *Café Martin* ? On y est si bien reçu et la cuisine est excellente, fit valoir Éva, ignorant les propos de son frère.

Le geste brusque et le pied lourd sur l'accélérateur, Donio reprit la route vers le 2175, rue de la Montagne. Le personnel, d'une courtoisie indéfectible, octroya aux Bernier la table longeant une fenêtre. Avant même de consulter le menu, Éva avait décidé de s'offrir une crème portugaise, un tournedos Rossini et, pour dessert, une charlotte russe. Non moins affamée, Gaby réclama les mêmes choix. Donio tardant à les rejoindre, Éva crut opportun d'exprimer le doute qui la hantait depuis leur passage chez le notaire Leroux :

— On dirait que Donio n'est pas content que tu aies mis une grande partie de la maison à mon nom…

— Tu te trompes, Éva. Quand le moment s'y prêtera, je t'expliquerai comment Donio et moi en sommes venus là.

— Il était dans le coup ? Toi, Gaby, j'ai l'impression que tu prends plaisir à me faire languir.

— Pas du tout, Éva. C'est que ce n'est pas banal tout ça, et je veux t'en parler devant Donio.

— Tu me fais peur, Gaby.

— Tu n'as aucune crainte à avoir. J'ai fait ça en regard du passé, mais aussi de l'avenir. C'est ma façon de te remercier de tout ce que tu as apporté à la réussite de notre entreprise.

— Mais ce n'est pas le passé qui m'inquiète, Gaby.

Donio prit place et, comme à l'habitude, il commanda du foie de veau.

— Je m'apprêtais à répondre aux questions de notre sœur quant à notre nouvelle propriété, l'informa Gaby. Nous tenons à ce qu'elle puisse se présenter devant son futur époux avec une dot respectable, n'est-ce pas, Donio ?

— C'est de mise…

— Une dot ? Dans mon cas, je crois que ce n'est pas nécessaire. Encore moins utile !

— Éva, on ne sait pas ce que la vie nous réserve. Pour en avoir discuté avec Mᵉ Leroux, ce serait sage que tu fasses un contrat de mariage en séparation de biens. Donc, il t'en faut, des biens, renchérit Gaby.

— Et si Gaby mourait subitement, tu ne resterais pas les mains vides, fit remarquer Donio.

Abasourdie par tant de précautions à prendre alors qu'elle faisait totalement confiance à son fiancé et en l'avenir, Éva s'avoua déçue de la tournure des événements.

— Ministre des Finances pour le Salon, d'accord, mais j'ai peur d'insulter mon Paul en lui parlant d'un contrat de mariage en séparation de biens. Il prend toujours les devants pour tout payer…, comme il le faisait avec sa première femme.

— Je ne veux que te protéger, comme tu l'as fait dans l'administration de notre salon de couture. Plus encore, je voudrais t'avantager advenant le jour où toi et ton fiancé auriez le goût de venir habiter un étage de notre nouvelle résidence.

— À vous entendre, on dirait que vous ne faites pas confiance à Paul.

— Je prendrais un époux que je signerais le même genre de contrat, affirma Gaby.

Le plat principal venant d'être servi, la conversation glissa vers la saveur des mets. Éva demeura silencieuse, scrutant les regards de sa sœur et de son frère. Elle n'était pas sans savoir qu'une complicité s'installait souvent entre eux et qu'ils l'en excluaient… parfois. Le temps de la préparer à certains événements, croyait-elle. Une idée lui traversa l'esprit : Gaby aurait-elle eu des nouvelles de James? Préparerait-elle ses absences, advenant qu'il l'invite à aller la rejoindre aux États-Unis ou ailleurs?

— Tu es bien songeuse, Éva. Tes nouvelles acquisitions te pèseraient-elles déjà sur le dos? lui demanda Donio.

— C'est une grosse responsabilité que vous m'avez donnée…

— Tu sais bien que tu pourras toujours compter sur moi… Tant que je serai vivant, en tout cas.

Son regard implora semblable promesse de la part de Gaby.

— Sur moi aussi, d'autant plus que je suis ta copropriétaire.

— Et si…

Donio l'interrompit :

— « Pourquoi te faire du souci, femme de peu de foi? »

Ces paroles de Jésus, tirées du *Nouveau Testament*, ramenèrent la joie non seulement autour de la table, mais aussi dans le cœur de Marcelle, confidente de Gaby, qui les attendait à la maison.

— Vous m'aurez fait voyager, vous autres, dit-elle !

— Tu seras folle de la modernité de ta nouvelle cuisine, prophétisa Gaby.

Gaby avait obtenu l'acquiescement de sa sœur pour que la nouvelle du déménagement ne soit annoncée à ses couturières que le 22 décembre. Elle le regretta après avoir appris, à dix jours de Noël, que les États-Unis et le Canada avaient déclaré la guerre au Japon. L'enthousiasme qu'elle avait anticipé pour ce moment fut difficile à recréer. « Je dois me concentrer sur les avantages que notre nouveau salon de couture apportera à tout notre personnel », se répéta-t-elle, cinq minutes avant d'adresser la parole à ses collaboratrices.

— La salle de couture étant plus grande, ce sera l'occasion d'ajouter des machines à coudre plus récentes et des fers à repasser plus délicats, moins lourds. L'usage de textiles comme l'acétate l'exige. Deux des murs de notre salle d'accueil seront couverts de miroirs. Et si vous avez la possibilité de m'apporter des photos des mariées que nous avons habillées depuis 1927, j'en serai très heureuse. Je veux en afficher le plus grand nombre possible.

Éva prit ensuite la parole pour révéler qu'au 1669, il y aurait toujours des fleurs fraîches dans la salle d'accueil et que des toiles de grands artistes seraient accrochées aux murs…

— À mesure que nos moyens financiers nous le permettront, précisa-t-elle.

— Comme le fait Nolin, cette grande couturière maintenant au service de *Holt Renfrew* ? demanda l'une des couturières plus âgées.

Pour y être allée en éclaireur, Éva l'admit. Cet aveu ouvrit la porte à des échanges entre les sœurs Bernier et leurs couturières quant à la concurrence de plus en plus menaçante dans le monde de la mode montréalaise. Raoul-Jean Fouré, Français d'origine, avait épousé Margaret Mount, fille d'une des grandes familles bourgeoises bien établies au Québec. Il était entré dans la mode en chaussant des vedettes comme Sacha Guitry, Mistinguett et les sœurs Dolly pour ensuite installer son studio de couture au 1390, Sherbrooke Ouest.

— Vous ne craignez pas qu'on perde des clientes en emménageant non loin de M. Fouré ? s'inquiéta Mme Landry.

— Je crois que sa clientèle vient davantage de Laval et d'Outremont. Aussi, il ne travaille que dans des tissus somptueux, ce qui n'est pas à la portée de plusieurs de nos clientes, fit remarquer Gaby.

— J'ai su qu'il préparait une collection thématique… Du jamais vu, qui surprendra bien des femmes lors de son défilé annuel, dit Mlle Landreville.

La nouvelle interpella Gaby. Elle vint tout près de regretter de ne pas s'y être lancée avant lui, de n'en avoir même pas eu l'idée. Mais, devant ses ouvrières, elle ne devait jamais vaciller.

— Je préfère rester fidèle à la ligne directrice de notre entreprise. Nous allons continuer de créer des modèles exclusifs et adaptés à chaque budget, tant pour nos clientes francophones qu'anglophones, répondit-elle.

Une autre couturière releva le cas d'Yvette Brillon :

— Si je ne me trompe pas, elle a organisé des présentations de ses chapeaux à l'hôtel *Ritz Carlton* au cours des trois dernières années.

— J'admire cette chapelière, déclara Gaby. Non seulement pour ses talents pour la vente et la création, mais aussi pour son bon jugement en décoration. Vous devriez voir ses locaux aménagés en Art déco au 1280 de la rue Saint-Denis.

En fait, Yvette Brillon, l'illustre modiste qui avait ouvert une boutique de chapeaux en 1933, partageait un idéal et un passé apparentés à ceux de Gaby. Née en 1907, elle n'avait pas douze ans quand elle avait été engagée comme apprentie chez une modiste. De 1922 à 1933, elle avait travaillé au *Palais des Modes*, un chic magasin de la rue Sainte-Catherine où elle avait appris les secrets du métier. Ce commerce de chapeaux employait près d'une dizaine de chapelières et desservait une clientèle choisie. Comme Gaby et Coco, Mme Brillon multipliait les miroirs aux cadres dorés, les chaises capitonnées et les vitrines aguichantes.

Témoin silencieux, Éva émit, au terme de sa réflexion :

— Mme Ida Desmarais restera toujours une de nos principales compétitrices…

Ayant eu l'insigne privilège de donner un premier emploi à Angelina di Bello, la notoriété de Mme Desmarais croissait tant et si bien qu'en 1940, son Salon de couture comptait une quarantaine d'employées.

— Il n'y a qu'une façon de ne pas se laisser abattre par la concurrence, c'est d'en tirer profit. L'utiliser comme une rampe de lancement, rétorqua Gaby, consciente que rien n'était acquis.

La tenue d'un plébiscite contre la conscription, annoncée en janvier, avait rassemblé plus de dix mille personnes au marché Saint-Jacques. Les propos disgracieux de quelques auditeurs anglophones avaient semé la bagarre, coin Ontario et Amherst. Policiers et civils avaient subi des blessures lors de cette escarmouche.

— Si les jeunes sont prêts à défendre leur patrie, ils ne sont pas prêts à défendre celle des marchands de caoutchouc du Singapour, celle des trafiquants d'opium de Hong Kong, celle des raffineurs de pétrole de l'Irak, celle des négociants en coton d'Égypte et des Indes…, avait clamé Gérard Filion.

Henri Bourassa avait alors prédit que peu importe le résultat du plébiscite, si cette guerre se prolongeait, la conscription s'imposerait. Cette loi, adoptée en première lecture à la Chambre des communes à la fin février, devait être soumise aux électeurs le 27 avril.

C'est dans cette atmosphère de division que les Bernier avaient emménagé au 1669 de la rue Sherbrooke. Ce changement de domicile les avait ravis, ainsi que leur fidèle servante, mais il avait grandement perturbé les chats d'Éva. Après trois jours de disparition et de recherches infructueuses sur tous les étages de la maison, Neige et Fripon demeurant introuvables, l'état de leur maîtresse devint alarmant. Éva refusait de manger.

— Comment voulez-vous que j'avale une bouchée quand je sais que mes pauvres petites bêtes sont en train de mourir de faim?

— Peut-être pas, Éva. Ils sont si mignons que quelqu'un, les croyant abandonnés, a bien pu les adopter, dit Marcelle.

Loin de la soulager, cette éventualité aggrava le chagrin d'Éva.

— C'était mes enfants... La vie est trop cruelle!

— Je viens d'avoir une idée, lança Donio. Attendez-moi ici.

— Où vas-tu? lui demanda Éva alors qu'il dévalait les escaliers à toute vitesse.

Les trois femmes réunies autour de la table se perdaient en conjectures.

— J'espère qu'il ne va pas en acheter d'autres, dit Marcelle.

— Il sait bien que nos animaux de compagnie sont aussi irremplaçables que les humains qu'on a aimés, soutint Éva.

Gaby se rendit à la fenêtre donnant sur la rue Sherbrooke, à l'affût de la direction que son frère allait prendre. Il lui avait échappé ou... était-ce lui qui frappait avec son pied à la porte de leur domicile? Marcelle courut ouvrir... à Donio, qui, le sourire vainqueur, portait une boîte qu'il déposa avec délicatesse sur les genoux d'Éva. Neige et Fripon s'étaient réfugiés dans cette boîte, y trouvant un peu de l'odeur de leur maîtresse dans le déshabillé qu'elle y avait laissé. Dans le brouhaha de l'aménagement des trois étages supérieurs, les Bernier et leur servante n'avaient pas tendu l'oreille vers le sous-sol où ils lançaient les cartons vidés de leur contenu.

Éva, accroupie près de ses deux protégés qui s'empiffraient de nourriture fraîche, se perdait en remerciements, tantôt envers son frère, tantôt envers la Vierge Marie, qu'elle avait priée de lui ramener ses deux félins. Les retrouvailles furent émouvantes.

À moins d'un mois de Pâques, les commandes étaient toutes livrées pour ce grand jour, mais certains trousseaux de mariées n'étaient pas terminés. La salle de couture avait tout d'une ruche d'abeilles : le zèle des ouvrières, le ronronnement des machines à coudre, la sonnerie du téléphone, les allées et venues des clientes…

Margot Vilas fut à même de le constater lorsqu'elle s'y présenta avec un projet en tête pour la propriétaire de ce nouveau Salon. Les compliments d'usage formulés, elle supplia Gaby de l'accompagner à New York pendant le congé pascal.

— Ça me plairait beaucoup, mais j'ai encore trop de travail.

— Pas vrai ! Je ne me résigne pas à manquer le défilé des chapeaux, confessa Margot, dépitée. Tu devrais voir ce déploiement sur la *Fifth Avenue* ! Il s'étend de la *49th Street* à la *57th Street*.

Cette tradition datait du milieu du XIXᵉ siècle lorsqu'après la messe de Pâques, les membres de l'élite new-yorkaise paradaient dans la rue en exhibant leurs nouvelles tenues.

— Le déménagement nous a bouffé beaucoup de temps, justifia Gaby.

— Et d'heures de sommeil aussi, je le sais. Tu aurais tellement besoin de quelques jours de repos. Tu as les yeux cernés jusqu'au cou !

— Tu penses qu'en voyage… avec toi… je pourrais dormir ?

— Oui. Dans l'auto… en allant et revenant. Je n'ai pas besoin de copilote pour me rendre à New York.

Gaby le savait pour avoir déjà fait ce trajet avec elle. Un autre argument lui vint à l'esprit :

— Ça ne te fait pas peur d'aller aux États-Unis alors que le Congrès a déclaré la guerre au Japon ?

— Absolument pas ! Ça se passe sur les autres continents.

Étant venue saluer Margot, Éva se tenait non loin. Témoin discret de cet entretien, elle fit deux pas et, l'index pointé vers le ciel, elle les prévenait de son ingérence.

— Comme tu ne viens pas à l'église pendant les jours saints, tu ne manquerais rien de bien important, Gaby. En partant jeudi matin, ou même mercredi soir, ça vous ferait de belles petites vacances.

— Tu es aussi fatiguée que moi, Éva…

— Ne te fais pas de soucis pour moi. Paul me réserve une surprise… Il vient me chercher samedi midi, précisa-t-elle, une jouissance anticipée dans le regard.

Jean avait déjà annoncé qu'il allait passer le congé de Pâques avec son frère Charles du côté d'Ottawa. Donio allait poursuivre sa routine quotidienne dans les rues les plus cossues de la ville et Marcelle avait prévu visiter sa parenté à Chambly.

— Mais qui va nourrir nos petites bêtes ? s'inquiéta soudain Éva.

— À moins qu'on demande ce service à la petite-fille de Lady LeBlanc, ironisa Gaby, avant de lui apprendre que Donio avait offert d'en prendre soin.

— Il fait semblant d'être indifférent devant nous, mais il aime autant tes persans que mes pékinois. Marcelle me l'a dit.

Margot, ayant scruté mimiques et propos, pouvait anticiper la réponse de Gaby.

— Je passe te prendre à cinq heures trente le mercredi précédant la fin de semaine de Pâques. J'aurai un petit lunch qu'on dégustera en route.

L'excitation se fraya un chemin à travers les préoccupations que ce déménagement avait causées à Gaby. Les couturières parties, les sœurs Bernier se penchèrent sur leur agenda, y notant la liste des contrats signés, les dates d'essayage et de livraison pour les trois semaines précédant le congé pascal.

Une fébrilité commune décuplait leur ardeur au travail.

— Je parie qu'on va devancer notre échéancier, prophétisait Gaby quand Donio entra en rafale, un papier à la main.

— C'est pour toi, Gaby, annonça-t-il, à bout de souffle, les sourcils en arcade.

L'adresse référant à la rue Drummond avait été corrigée par le maître de la poste. Au moins trois sceaux s'entrecroisaient près des timbres. Les doigts tremblants de Gaby s'attaquèrent au rabat. Il résistait. La première paire de ciseaux trouvée sur la table découpa une lisière de papier qui permit de retirer le carton et d'y découvrir une signature… Gaby ferma les yeux, porta à sa poitrine les mots tant rêvés. James déclarait avoir reçu ses trois lettres en même temps, tout récemment.

I'm waiting for you as soon as possible.

Suivaient le numéro de téléphone et l'adresse d'un hôtel sur Broadway à New York.

Une relecture s'imposait, les larmes ayant brouillé sa vue. Gaby tendit la lettre à son frère.

— Regarde ça, balbutia-t-elle avant de se jeter dans ses bras.

Tous deux demeurèrent ainsi enlacés le temps qu'un peu de calme chemine à travers ce flux d'émotions. Pour une rare fois dans sa vie, Donio évoquait le miracle, et Gaby, le paradis sur terre. Le goût de devancer la date de son voyage à New York avec Margot effleura son esprit. « *As soon as possible* », avait écrit James. Les États-Unis ayant déclaré la guerre au Japon, aurait-il été informé d'une prochaine mobilisation ? Et s'il devait partir dans quelques jours ? L'urgence de trouver des réponses à ces questions la déconcentra totalement de son travail. Assise à sa table de coupe, la tête nichée entre ses mains, elle assistait, impuissante, au combat de sa raison contre son cœur.

— Si tu montais avec moi à l'étage et que tu essayais de le joindre au téléphone ? lui suggéra Donio.

Gaby épongea son visage et emboîta le pas à son frère. Des sentiments vieux d'une trentaine d'années surgirent dans sa mémoire. Donio, le protecteur vers qui elle s'était tournée après un renvoi de l'école, le jour de l'anniversaire de sa mère ; il l'avait consolée et accompagnée à la maison pour lui épargner de trop vifs reproches de la part de Séneville. Le jugement aussi robuste que sa musculature, Donio dégageait une assurance que Gaby avait perdue en recevant le courrier de James. Aussi fut-elle impressionnée de le voir composer le numéro de téléphone et de l'entendre demander, dans un anglais hésitant, à parler à M. James McKinley.

Les secondes n'en finissaient plus de s'additionner.

— *Hello Mr McKinley! I'm Gaby Bernier's brother. She wishes spoke to you. Is that OK?*

Ravi, Donio déposa le combiné dans la main de sa sœur et se retira dans sa chambre. Rarement dans sa vie il avait autant prié. Assis sur le bord de son lit, il dodelinait de la tête en récitant le *Notre Père* qui, par miracle, avait surgi dans sa mémoire sans une seule faille. Il le répéta sans compter… jusqu'à ce que Gaby vienne frapper à sa porte.

— Je n'ai pas de mots pour te remercier, dit-elle, le regard lumineux.

Puis, elle tint à le rassurer :

— James sera à New York. Il m'attendra à l'hôtel… à compter du Jeudi saint.

Donio se laissa choir sur son lit, les bras en croix, le cœur content. Gaby voulut s'asseoir à ses côtés, mais il se releva aussitôt et dit :

— C'est bien ça, p'tite sœur ! Je m'en vais travailler maintenant. Et toi ?

— Pas tout de suite. J'ai besoin d'un peu de temps pour croire à ce qui arrive et retrouver mon calme.

Gaby s'enferma dans sa chambre et en verrouilla la porte. Allongée sur son lit, elle fut assaillie de doutes. « En vingt-trois ans, James a dû changer. Si son apparence s'était gâtée avec le temps ? S'il me trouvait moins séduisante ? Si la flamme qu'il a ravivée en moi il y a deux ans s'évanouissait en sa présence ? Je n'aurais jamais imaginé que les grands bonheurs puissent être aussi angoissants que les épreuves », constata-t-elle, incapable de retourner à son travail.

Derrière ses paupières closes défilaient des scénarios, les uns redoutables, les autres paradisiaques. « Il faut que j'arrête d'y penser. Et le meilleur moyen, c'est de me lancer dans la création d'un nouveau modèle… de robe ou de tailleur. » Cette décision la propulsa vers sa salle de coupe. Le temps que les idées viennent, elle s'alluma une cigarette et, placée devant ses étagères de tissus, elle sut qu'elle allait créer pour elle-même, cette fois. Une jupe soyeuse à hauteur des genoux, de couleur marine, avec une chemise blanche, dont les épaules et le haut de la poitrine seraient taillés dans une pièce de dentelle aux motifs juste assez ajourés pour fouetter l'imaginaire et la convoitise de James. Pour en réaliser la finition, Gaby allait avoir besoin d'une de ses meilleures petites mains : une dizaine de boutons du corsage à couvrir et des boutonnières en forme de demi-lune à confectionner. La contribution d'Éva, la spécialiste de la broderie, s'avérerait aussi essentielle. « Elle cherchera sûrement à savoir qui a commandé un modèle de chemisier aussi indécent. La désapprobation ne tardera pas à venir. Je ne veux aucun commentaire, lui dirai-je. »

La confection terminée, quelle ne fut pas la surprise de Gaby d'entendre sa sœur lui chuchoter, en lui remettant la blouse :

— Pas une employée ne sait que c'est toi qui vas la porter…, pour ne pas faire jaser.

— Comment as-tu deviné ?

— Après quarante ans de vie commune, je t'entends penser.

Gaby retint un fou rire.

— Aimerais-tu porter une toilette toute neuve pour Pâques, toi aussi ?

— Ce n'est pas nécessaire, Gaby. Je vais faire un nouvel agencement de robe et de veston et ce sera tout comme… Mon Paul ne remarque pas beaucoup ce genre de chose.

— Et si je te rapportais de beaux bijoux de New York, ça te plairait ?

— Je préférerais un foulard ou un beau châle. Celui de grand-mère Louise-Zoé est pas mal usé.

— C'est ma faute. J'en ai abusé. Quand il recouvre mes épaules, c'est comme si tous les saints du ciel me protégeaient.

— Je ne te savais pas si croyante, Gaby ! dit Éva, non moins charmée qu'ironique.

Les deux voyageuses avaient franchi les frontières de l'État de New York sur le coup de minuit et avaient filé vers la ville en ce petit matin du Jeudi saint. La dernière heure avait été pathétique pour Margot, qui avait repris le volant. Les longs soupirs de Gaby trahissaient ses ravages intimes.

— Je continue ou on retourne à Montréal ?

— On y va, Margot. Il doit déjà dormir. J'aurai besoin d'en faire autant si je veux être présentable à l'heure du dîner.

— Tu peux commencer tout de suite. Je n'ai pas besoin de guide.

— J'en serais incapable. Plus on s'approche de Broadway, plus j'ai le cœur qui s'emballe…

— Je suis sûre qu'après une bonne nuit, tu seras plus calme.

La gorge nouée, les genoux tremblants, Gaby frottait ses mains de glace l'une contre l'autre, sans pouvoir ouvrir la bouche. Une fraction d'elle-même dansant, et l'autre étant envahie par l'angoisse, tout repos lui était devenu impossible. Sur l'obscurité déployée devant elle, une image de James s'était installée, peignant son absence dans tout son être.

— Je ne pourrais pas vivre ça plus d'une fois, Margot. J'en mourrais, dit-elle en apercevant au loin une ville veillant sous les réverbères.

— À te voir aussi tourmentée, je ne t'envie plus, Gaby.

Un long silence les emmena aux portes de la ville de New York. Une impression de déjà-vu réconforta Gaby.

— Wow! s'écria-t-elle en apercevant le gigantesque hôtel *Nomad* à la croisée de Broadway et de la 28e rue. Je me croirais à Paris devant cet hôtel qui s'étend comme une pointe de gâteau illuminé entre deux grandes rues.

Margot s'esclaffa. Sa grande amie reprenait ses sens.

— Tu as une idée du nombre d'étages? lui demanda-t-elle.

— Une bonne dizaine…

Un doute vint à l'esprit de Gaby alors qu'elle et son amie allaient pénétrer dans l'hôtel.

— Attends une minute, Margot. Tout à coup ce n'est pas le bon hôtel…

— Tu ne vois pas l'enseigne ? Il n'y a pas d'erreur, voyons !

— Et si James n'est pas ici ?

— Il t'aurait prévenue.

— À la condition de ne pas avoir essayé de m'en informer après notre départ de Montréal. Je pense que je vais demander à la réception…

Margot n'eut pas le temps de l'en dissuader, que son amie s'était précipitée vers le comptoir de réception, lui laissant ses bagages dans les jambes. Le garçon vérifia d'abord la liste des derniers clients arrivés et recula de deux pages avant de pointer son index sur une page. Avec un accent très « *british* », il répéta le nom précisé par Gaby, qui se tourna vers son amie, les yeux comme des billes de cristal.

Les préparatifs de la mise au lit furent brefs et silencieux.

À huit heures et demie, Margot fut appelée à sortir du lit :

— Il nous reste peu de temps pour aller déjeuner.

Après grognements, bâillements et incitations au calme, Margot passa devant le miroir, résolue à ne pas perdre de temps à se pomponner.

— C'est juste pour aller manger, justifia-t-elle auprès de Gaby qui en semblait contrariée.

— Je veux bien croire que c'est pour le dîner qu'on a prévu s'habiller chic, mais quand même…

Pour avoir beaucoup voyagé, Margot avait une aisance que son amie ne partageait pas toujours. Revêtue d'un veston de toile blanche sur une robe de soie artificielle, elle nota la grimace à peine dissimulée sur le visage de la créatrice de mode, qui portait une jolie robe de lin vert pâle, des talons hauts et une broche de saphir dans les cheveux.

— Ce n'est pas vers quatre heures que tu dois retrouver James dans le petit salon bleu ?

— Oui, je le sais.

— Un peu plus et tu étrennais ta plus belle tenue pour aller déjeuner.

— Ma plus belle tenue ? Tu ne perds rien pour attendre la fin d'après-midi… Mon beau James en aura plein la vue…

— Je n'en doute pas.

Une faim de loup dirigea les deux Montréalaises d'un pas pressé vers la salle à manger… À première vue, aucune table ne semblait disponible. « Il est à peine passé neuf heures, pourtant », pensa Gaby, dépitée. Happée dans une spirale d'émotions, elle avait oublié que les touristes affluaient à New York lors du congé de Pâques.

— J'avais dit qu'il fallait se présenter de bonne heure, marmonna-t-elle à l'oreille de Margot.

Le placier leur dénicha une petite table le long d'un mur. L'appétit de Gaby déclina à mesure que montait sa curiosité, à l'affût des hommes qui allaient quitter la salle à manger. Moins de trente minutes après s'être attablée, Margot fut priée de se hâter un peu.

— Il n'y a rien qui presse, il me semble, riposta-t-elle.

— Il fait chaud, ici. J'aimerais sortir marcher dans le secteur…

— Ce que la nervosité peut faire ! ironisa Margot avec un flegme qui irrita son amie.

— Tu viendras me retrouver quand tu auras fini…

— Où ça ?

— Dans les alentours de l'hôtel.

Margot avait parcouru à deux reprises les rues avoisinantes quand elle décida de retourner au *Nomad Hotel*. « Où est-elle passée ? » se demanda-t-elle, croyant la trouver dans leur chambre. Bredouille, elle reprit l'ascenseur vers le hall d'entrée. Quelle ne fut pas sa surprise de la reconnaître de dos, assise près du foyer, causant avec un don Juan penché vers elle, le regard noyé dans le sien ! Il lui suffit de faire quelques pas vers eux pour saisir que l'échange se tenait en anglais. Soucieuse de ne pas les déranger, elle prit place dans un autre fauteuil, à une distance respectueuse. « Je rêve », se dit-elle lorsqu'elle aperçut soudain Gaby nicher ses mains dans celles de l'homme. « Si son James la voyait ! » Mimant la désinvolture, Margot s'approcha suffisamment pour être pressentie. Les joues en feu, Gaby libéra ses mains et tendit un bras vers son amie. L'émotion épongeait ses mots. L'homme se leva.

— *James McKinley. And you ?*

La stupéfaction gagna Margot. Ses jambes allaient céder… quand elle prit appui sur le fauteuil voisin de celui de Gaby.

— *She's Margot Vilas, my friend*, balbutia Gaby.

Le sergent-major sans uniforme se leva et, une main sur la poitrine, s'inclina devant Margot.

— *It's my pleasure*, dit-elle.

« Ce n'est pas ça qu'il convenait de dire ! Je suis si bouleversée que j'en perds mes mots », constata-t-elle, ne trouvant d'autre issue à sa maladresse que de s'en excuser auprès de Gaby et de remonter à sa chambre. Devant sa fenêtre se déployaient l'*Empire State Building* et le *Madison Square Garden*. « Si je pouvais savoir combien de temps elle mettra à revenir, j'irais bien me balader dans ce superbe jardin. J'y retrouverais plus vite mon équilibre qu'en me confinant ici à imaginer… » Trop anxieuse de connaître les circonstances et les menus détails de la rencontre fortuite de James et de Gaby, Margot ne se résignait pas à quitter l'hôtel. De long en large de la chambre, elle écrasait avec vigueur l'épaisse moquette qui se rebiffait sous ses pas…, tout comme les minutes qui défilaient, stériles. Gaby était quant à elle à cent lieues d'imaginer la soif de savoir qui tourmentait son amie.

Combien de temps Margot avait-elle attendu celle qui frappa à la porte… timidement et entra, non moins réservée ?

— Vous restera-t-il quelque chose à vous dire ce soir ? lança Margot à Gaby, impuissante à masquer son exaspération.

— James m'emmène danser, répondit-elle, tout de go.

— Excuse-moi, Gaby. Je ne me possédais plus, seule ici, ignorant tout de ce qui est arrivé depuis que tu as quitté la salle à manger. Je te sers un *drink* ?

— Non, merci, je suis déjà soûle…

Le temps que Margot se verse un verre de scotch, Gaby approcha les deux fauteuils l'un de l'autre et, le sourire ravageur, confia d'une voix duveteuse :

— J'allais franchir le seuil de l'hôtel quand un galant monsieur est venu m'ouvrir la porte. Me tournant vers lui pour l'en remercier, je suis restée figée sur place. Nos regards étaient comme des aimants. Ce bleu gris me parlait, il ne m'était pas inconnu. Puis, avec certitude, je sus que c'était lui qui m'avait fait chavirer à l'été 1919. Je suis revenue sur mes pas. Nous sommes demeurés là, debout l'un devant l'autre sans émettre le moindre son, je ne saurais dire combien de temps.

— Qui de vous deux a cassé la glace ?

— Devine !

— …

— C'est moi. Je n'ai eu qu'à murmurer « James » pour que nous tombions dans les bras l'un de l'autre. Nos corps aussi se sont reconnus. Je gardais les yeux fermés pour que rien ne vienne me distraire de la tiédeur de son souffle sur mon cou…, des battements de son cœur sur ma poitrine…, de la chaleur de ses mains sur mon dos…

Paupières baissées, Gaby revivait en silence la passion amoureuse qui, tel un ressac, l'avait envahie. James l'avait-il ressentie, pour que ses mains se posent sur ses épaules, montent jusqu'à sa gorge, ouvertes comme un lys ? Des balbutiements de tendresse, des soupirs lourds d'interdits puis, son bras posé à la taille de Gaby, James l'avait conduite près de l'âtre et, d'un geste princier, il l'avait invitée à s'asseoir. Genoux contre genoux, inclinés l'un vers l'autre, leurs corps avaient dessiné une voûte pour eux seuls, le lieu sacré de leurs échanges. Les paroles de James, la vibration de l'archet du violoniste à ses oreilles. Les siennes, nimbées de la souffrance d'une longue attente, avaient craint de faire naufrage dans un flot d'émotions.

— Puis ? L'as-tu trouvé aussi beau qu'à vingt ans, ton James ?

— Plus encore.

Le vide qu'avait laissé leur éloignement dans sa vie avait adouci ses traits, raffiné ses gestes et avivé ses sentiments pour la belle Montréalaise.

— Il m'a cherchée lui aussi. Dans mon étourderie de jeune femme de dix-huit ans, je n'avais pas pensé à ce moment-là que je pourrais vivre un grand amour avec cet homme, dit Gaby, taisant les motifs religieux de sa décision de ne pas lui laisser son adresse.

— Et maintenant, tu y crois ?

Gaby pinça les lèvres, le regard éloquent.

— Mais tu viens tout juste de le retrouver, Gaby !

— L'Amour avec un grand A ne demande pas de temps. C'est comme une certitude qui trouve son chemin dans une fraction de seconde. Comment te dire ? Dès que je l'ai reconnu, ce matin, c'est comme si j'avais vu notre quotidien dessiner des jours de bonheur sur une grande pièce de satin.

Margot demeura bouche bée. Elle constata que lors de ses nombreuses liaisons, éprise de liberté, elle ne s'était offerte qu'aux bonheurs éphémères, s'arrêtant aux frontières de la satiété. Intrépide citoyenne du monde, elle ne s'était jamais aventurée dans des engagements amoureux. Tant elle les avait autrefois redoutés, tant aujourd'hui elle en éprouvait un certain regret. De deux ans l'aînée de Gaby, elle détricota sa vie, déçue de ne pouvoir en remonter les mailles différemment. Plus sagement. Se laissant aller dans les recoins intimes de ses souvenirs, elle apprécia le silence qui s'était imposé entre elle et Gaby. Le temps coulait sans hâte, loin des scénarios anticipés. La fébrilité de la veille avait changé de visage.

D'un commun accord, Margot et son amie optèrent pour une marche au grand air. Le soleil de New York, plus généreux que celui de Montréal, leur distribuait ses rayons à plein ciel. Gaby humait les arômes de cannelle et de pain chaud qui glissaient vers la rue au passage des clients sortant des petits cafés. Un délice auquel Gaby ne put résister. L'achalandage força les deux Montréalaises à demeurer debout le temps qu'un New-Yorkais, séduit par leur élégance et leur langage, les invite à sa table. «Y a un p'tit Jésus pour tout le monde», pensa Gaby en notant que cet élégant monsieur dans la quarantaine n'avait de sourires que pour Margot. Aussi prétexta-t-elle un téléphone à faire pour regagner sa chambre. La solitude lui manquait follement. Étendue sur son lit, elle tenta de mettre de l'ordre dans ses pensées. «Le hasard m'a joué un mauvais tour. J'avais tellement souhaité porter ma dernière création pour nos retrouvailles! Dois-je comprendre que je n'avais pas à tant miser sur mon apparence pour impressionner James? Pour impressionner, tout court. La séduction emprunte des sentiers imprévisibles…»

Tirée abruptement du sommeil qui l'avait emportée, Gaby assista, muette, à la gestuelle frénétique de Margot.

— Tu n'en croiras pas tes oreilles, Gaby. Le beau Edward m'invite à danser ce soir.

— Edward… Je devrais le connaître?

— Celui qui nous a fait une place à sa table…

— Ah! J'avais oublié son nom. Eh bien! On ne pourrait pas demander mieux!

Soudain, un souci dans le regard de Margot… Plantée devant le placard où la majorité des cintres étaient consacrés aux vêtements de Gaby, elle marmonnait.

— Je ne m'attendais tellement pas à ça que… J'aurais dû… À moins que…

— Que quoi, Margot?

— Que tu me prêtes ta robe de velours noir et rouge.

— Je l'ai apportée pour demain soir. Je ne voudrais pas que James te voie avec.

Les deux amies laissèrent couler un silence chargé de réflexions.

— James t'a dit où vous iriez danser?

— Pas précisément, mais je sais que ce n'est pas loin du *Metropolitan Opera*.

— Tu viens de trouver la solution, Gaby. Edward et moi resterons dans la salle de bal de cet hôtel-ci.

Un hochement de tête, une moue retenue, un regard fuyant traduisaient une hésitation chez Gaby. « Comment révéler à celle qui a tant fait pour moi que l'idée même de prêter mes vêtements m'a toujours répugnée? »

— Tu ne crains pas qu'elle soit un peu serrée de la poitrine?

— Pas plus que pour toi.

— Hum…

— C'est en l'essayant que je vais le savoir, riposta Margot.

— Que vas-tu porter si elle est trop petite pour toi?

— Une nouvelle robe. Je vais vérifier tout de suite, comme ça j'aurai du temps pour aller m'en acheter une. Ce serait décevant, j'en ai plein ma garde-robe, ronchonna Margot.

Margot décrocha la robe de velours de Gaby, passa à la salle de bain et en sortit ravie.

— Regarde! Il me semblait que nous habillions pas mal pareil.

— La différence se voit à peine, concéda Gaby.

— Je te promets de faire bien attention aux brûlures de cigarette dans la salle de danse.

— Même s'il t'arrivait un accident, j'aurais toutes les raisons du monde de te le pardonner. C'est à toi que je dois ce qui m'arrive de si merveilleux.

— Et si Edward…

— Devenait ton amoureux?

— Ouais! Je le devrais à ta gourmandise, Gaby.

Dans les bras l'une de l'autre, les Montréalaises tournoyaient en riant de bon cœur.

Le moment venu d'aller rejoindre James dans le hall de l'hôtel, la nervosité de Gaby avait glissé sous l'impatience, et l'impatience sous l'exaltation. Élégante à souhait dans sa tenue de soie et de dentelle blanche, un peigne de nacre piqué dans sa chevelure pour dégager le côté droit de son visage, Gaby était passée et repassée devant le miroir de la chambre à en lasser Margot. « Une blague la calmerait peut-être. À moins qu'elle soit mal à l'aise de me dire… »

— Penses-tu revenir dormir ici cette nuit? lui avait-elle demandé, le regard espiègle.

— Comment veux-tu que je le sache? avait riposté Gaby, impuissante à masquer le désir qui la tenaillait.

— Tu dois obtenir la permission de ta grande sœur, ma p'tite!

— Comme si tu m'avais chaperonnée du temps de Pit…

— Tu fais bien de ne pas trop l'oublier, celui-là. Tu pourrais bien le retrouver sur ton chemin, ici, à New York.

— Je t'en prie, Margot!

Sur ces mots, Gaby avait quitté la chambre.

L'homme qui lui brûlait la peau et qui enflammait son cœur apparut dans le hall du *Nomad Hotel* avant même qu'elle ait à le chercher. Un vertige amoureux la jeta dans les bras de celui qui, en ce lointain juillet 1919, l'avait enlacée des nuits entières sur les pistes de danse. James se dégagea, porta son bras à la taille de sa déesse, et tous deux prirent place dans un taxi qui les conduisit là où, de nouveau ficelés l'un à l'autre, les amoureux reprirent le dernier pas de la dernière danse de la dernière nuit de juillet 1919 à Kennebunk. Sur le rythme endiablé des swings, ils rattrapèrent vingt-trois ans d'absence, de manque, de déni et de capitulation. La romance de leur premier amour s'accrocha à leurs pas de valse, emprunta le chemin de l'ivresse et se consuma dans un délire amoureux se jouant du lieu, de l'heure et des interdits. Abdication de la raison. Insouciance choisie. Promesses insensées. Jeunesse retrouvée. Bonheur exquis.

D'une paupière soulevée, Gaby vit que l'aube l'avait précédée. Elle l'attendait dans ce décor… inconnu. Un bleu cristal de mer encadrait d'imposantes tentures, couleur d'orage, que narguaient des franges dorées. Remuer ? Un risque. Ne tourner que la tête… doucement. Suffisamment pour découvrir… l'absence. La panique. Puis le déni. « J'oubliais que c'est James qui a dormi près de moi. Un mot de lui, quelque part dans la chambre. Dans sa chambre d'hôtel. C'est bien sa chambre d'hôtel. Je m'en souviens maintenant. » Un drap arraché au lit, en écharpe sur son corps frileux, Gaby souleva un pan du rideau. Sur la rue au bas de la fenêtre, la vie avait déjà emprunté de multiples formes. La poignée de la porte tourna. Un plateau à la main, James apportait le petit-déjeuner, à déguster dans l'intimité de cette chambre.

UNE INDISCRÉTION DE MARGOT

Gaby me donne des sueurs froides.

À bien y penser, elle est un peu responsable de mes gaffes. Pourquoi me l'avoir prêtée, sa robe de bal ? Elle n'était pas obligée. Je me serais débrouillée autrement.

Trouver du fil noir et une aiguille, ce n'est pas sorcier, mais réparer la faille de la couture, en plein milieu du corsage, sans que Gaby me voie, sans qu'elle le remarque… un exploit ! Je la connais, Gaby Bernier ! Elle veut tout voir, tout savoir et elle a le don d'y arriver. Il suffit que je m'installe avec sa robe sur mes genoux et l'aiguille à la main pour qu'elle arrive. Il est minuit. Je n'ai pas le choix. Je dois tenter ma chance. Dans sa valise, Gaby transporte toujours une petite trousse de couture. Je l'ai. Tout y est. Sous l'éclairage de la lampe de chevet, en couturière novice, je m'applique à camoufler la faille que la rondeur de ma poitrine a forcée. Après quinze bonnes minutes de labeur, j'estime avoir pas mal réussi. Dans son énervement, Gaby ne devrait pas noter les petits défauts qui persistent. La robe soigneusement replacée dans le placard, je peux enfin respirer à pleins poumons. Disposée à faire semblant de dormir, j'attends son retour d'une minute à l'autre.

Il est deux heures du matin et je n'ai pas encore fermé l'œil. Les heures s'empilent.

Le jour se lève, je suis toujours seule dans la chambre et je n'ai pas dormi.

CHAPITRE IV

Déjà entrée dans la quarantaine, je n'ai peut-être pas plus d'un quart de siècle à vivre. Que j'atteigne mes soixante-dix ans ou non, je veux que ma vie ait été fidèle à mon idéal. Couronnée de succès, bien sûr, mais pas seulement dans mon entreprise. Dans ma vie de famille aussi. Dans mes amitiés et mes amours, tout autant. Le respect de soi et des autres m'est prioritaire. Sur ce point, je m'attribue une bonne note. Les relations affectives m'apportent beaucoup et je ne crois pas avoir manqué de géné-rosité envers mes proches et mes amis. Des amours réussies…, je n'arrive pas à m'évaluer sur ce plan. Avec Pit, des hauts et des bas. Mais à quoi ou à qui les attribuer? À mon besoin de me sentir aimée et admirée? Je ne le sais pas. Quelque chose en moi s'oppose à ce que je creuse plus loin. Avec James? Un amour digne des contes de fées? Tout est là, mais comme si nous étions, lui et moi, conduits vers un avenir sur lequel nous avons peu de pouvoir, si nous en avons. Si j'étais croyante comme ma sœur, je dormirais peut-être mieux. L'abandon me serait plus facile. Mais quand je pense à des concepts comme la résignation, l'abstinence, les mérites, l'Immaculée Conception, ça me révolte. Plus encore les obligations, comme la confession et la génuflexion, l'interdiction de manger de la viande le vendredi. Je ferais mieux quand même de ne plus narguer Éva sur ces propos.

« Je voudrais que les heures s'additionnent sans que ce lundi prenne fin », souhaitait Gaby, reçue chez les parents de James pour son dernier souper à New York.

Bob et Judy McKinley habitaient une superbe maison sur *Columbus Avenue*, non loin du *Central Park*. De descendance canadienne-française par sa mère, Judy maîtrisait suffisamment sa langue maternelle pour que leurs échanges soient agréables. Parfaite bilingue, Gaby fut priée de ne s'adresser à Mme McKinley qu'en français.

— Ça me rend un peu nostalgique, mais je ne demande pas mieux que de le parler chaque fois que j'en ai la chance.

Élégante dame au port altier et à la démarche vigoureuse, Judy n'avait que sa chevelure d'un blanc bleuté pour faire preuve de ses soixante-huit ans. Épouse d'un militaire qui venait de prendre sa retraite, elle ne tarissait pas d'éloges pour les deux hommes de sa vie. Cette famille plutôt fortunée plaisait à Gaby. La coutellerie argentée, la verrerie de cristal et le chic des meubles lui rappelaient l'opulence de certaines maisons de Paris et celle dont elle rêvait pour sa nouvelle résidence de la rue Sherbrooke. « Les McKinley sont aussi friands d'élégance que moi », se plaisait-elle à croire. Cette affinité créa entre les deux femmes une ambiance favorable aux confidences.

— James est demeuré célibataire dans l'espoir de vous retrouver un jour, Mlle Bernier.

Gaby lui confia qu'à la fin de l'été 1919, par principe, par prudence et se trouvant trop jeune pour s'engager dans une relation avec un étranger, elle s'était interdit de donner son nom de famille et son adresse à cet homme qui l'avait portée au septième ciel sur les planchers de danse. James n'avait eu de piste de recherche que Montréal et l'âge approximatif de la charmante demoiselle qui l'avait ensorcelé.

— *We shall meet again, if God be willing*, lui avait-elle dit après leur dernière danse.

La volonté de retrouver Gaby n'avait jamais quitté James. Son travail d'instructeur dans l'armée américaine l'avait obligé à voyager à la grandeur des États-Unis, n'ayant comme pied-à-terre stable que le domicile de ses parents. Non informée de ce fait et ignorant l'adresse des McKinley, Gaby avait erré, confiant ses lettres à la case de la poste restante, jusqu'au jour où James, venu lui-même réclamer son courrier, s'était vu remettre les trois missives de Gaby Bernier.

Au cours de ce repas aux mets finement apprêtés, Gaby relata, devant les parents McKinley, l'épisode du mois d'août 1940, à New Rochelle. La mise en contexte établie, elle leur confia :

— Dès que j'ai entendu « *Go away!* », j'ai reconnu cette voix. C'était celle de James. Ses gestes, son port de tête, sa taille, tout concordait. Je venais d'apercevoir l'homme que j'aimais vraiment depuis vingt ans, mais il m'était encore inaccessible. Comme si une cloison transparente nous avait séparés l'un de l'autre. Je ne me souviens pas d'avoir vécu plus grande torture.

Puis, sa voix se cassa. Du revers de sa main, elle essuya une larme rebelle.

Le regard de James plongé dans celui de sa bien-aimée, les mots étaient superflus. Leur bonheur éclipsait les déceptions et les tourments du passé. Judy, impuissante à retenir ses pleurs, enveloppa la main de Gaby d'une tendresse maternelle. Bob, entraîné au contrôle de ses émotions, manifesta son empathie par quelques hochements de tête. Même regard que son fils : d'un bleu azuré, pénétrant et magnétique.

Le silence prenait son temps. Judy, la première à le rompre, releva la singulière parenté entre le toponyme de la petite ville où Gaby avait retrouvé James et celui que le navigateur italien Giovanni da Verrazano avait donné en découvrant ce qui était devenu New York.

— Il avait baptisé cette baie « Nouvelle-Angoulême », en l'honneur de François 1er, ex-duc d'Angoulême, pour le remercier d'avoir financé son voyage.

À l'instar de Mme McKinley, Gaby trouva dans cette similitude un autre présage de bonheur pour leur avenir.

La question de la crise économique fit ensuite l'objet d'entretiens entre les deux hommes. Un New-Yorkais sur cinq vivait de l'aide publique. Les bidonvilles pullulaient entre la 72e et la 110e rue.

— C'est à notre bon maire LaGuardia que nous devons tous les logements qu'il a fait construire pour nos pauvres, ajouta Judy.

Par contre, chez les démunis comme chez les plus nantis, la menace allemande semait un vent de panique. Plusieurs édifices avaient été barricadés pour les protéger de possibles bombardements. La construction à grande échelle de navires de guerre nourrissait cette angoisse collective. D'autre part, Bob déplorait la venue massive d'immigrants depuis une cinquantaine d'années. Les Polonais et les Russes dominaient dans le sud-est de Manhattan tandis qu'on retrouvait des Italiens et des Juifs un peu partout. Les Afro-Américains avaient fait apparaître les ghettos en se regroupant dans les quartiers de Harlem et de Bedford. D'où le sentiment qu'on avait usurpé à New York sa propre identité.

— Parmi ces immigrants, que d'artistes sont venus enrichir la vie culturelle de notre ville! nuança Judy en s'adressant à Gaby. Ils ont beaucoup contribué au développement du cinéma et des arts de la scène à New York.

— Je sais que sur le plan politique, les femmes américaines ont une bonne longueur d'avance sur les Canadiennes. Vous avez le droit de voter depuis vingt-cinq ans déjà.

— Avez-vous envisagé un jour de poursuivre votre carrière chez nous? lui demanda Judy, créant chez son fils un émoi qui ne passa pas inaperçu. Vous êtes encore jeune…

On n'entendit plus que le cliquetis des ustensiles dans les assiettes. Judy replongeait Gaby au creux du dilemme qui la tourmentait depuis que James, en matinée, l'avait incitée à y réfléchir. Le repas terminé, les amoureux annoncèrent leur désir de profiter en toute intimité des dernières heures qui leur étaient offertes avant que chacun retourne à ses responsabilités. Non sans quelques réticences, Margot avait accepté de ne quitter New York qu'au milieu de la soirée de ce lundi pascal.

Dans le majestueux hall du *Nomad Hôtel*, déchirée entre son amour et ses obligations, Gaby se réfugia dans les bras de James pour entendre les battements de son cœur… une autre fois, souhaitant que ce ne soit pas la dernière.

— Parle-moi, James. Je veux emporter ta voix avec moi, la graver dans ma mémoire à tout jamais.

Ses mains vinrent encadrer le visage de son amoureux. Son regard perdu dans celui de Gaby, il murmura sans faillir :

— Je t'attendrai, femme de ma vie. Reviens-moi très vite.

Après une longue étreinte, Gaby sortit et, sans se retourner, elle rejoignit Margot qui s'impatientait dans la voiture.

Les couturières s'étaient toutes mises au travail en ce mardi de Pâques, étonnées toutefois de ne voir qu'Éva sur le plancher. À une des petites mains qui souhaitait lui demander conseil, Éva avait répondu que sa sœur ne devrait pas tarder à descendre au Salon.

Entrée vers cinq heures, Gaby pourrait-elle se satisfaire de quatre heures de sommeil? «Elle a dû bambocher tout le temps passé à New York… Surtout si son James était aussi en feu qu'elle quand ils se sont retrouvés. Mais ce n'est pas le genre de choses qu'on peut dire à des employées. Il me faudra trouver une excuse acceptable si elle dort toute la matinée.»

Simulant la sérénité, Éva s'enquit des besoins de Germaine, la petite main en attente de conseils. Mademoiselle Margaret Rawlings, qui allait épouser un riche M. Hart, avait commandé un pantalon d'équitation pour le début de mai. Taillé dans un tissu extensible, tel que souhaité, il offrait plus de confort, mais représentait un gros défi pour la confection, dont la couture de la fermeture à glissière. Elle devait être solide, presque invisible et sans bavure. Prise au dépourvu,

Éva assigna la jeune couturière embêtée à la finition d'une dentelle, le temps qu'elle aille consulter Gaby.

Depuis leur déménagement, les sœurs Bernier avaient chargé Mme Landry de l'accueil des clientes.

— Je reviens dans quelques minutes, l'informa Éva.

Du premier étage, des éclats de rire et des fragments de conversation précipitèrent Éva vers son domicile. Elle y trouva sa sœur, son frère et Marcelle, attablés, savourant un café en rigolant… «Aux frais de Gaby et de ses anecdotes», présuma Éva, au bord de l'indignation. Elle n'avait pas encore ouvert la bouche que Gaby, les bras ouverts, se hâta de lui faire une accolade qui lui fit ravaler ses remontrances.

— Je vous raconterai le reste ce soir. Le travail m'attend, dit-elle en désignant son ministre des Finances qu'elle devança dans l'escalier en turlutant.

«Elle n'a que quatre heures de sommeil dans le corps et la voilà exubérante, légère comme une gazelle. Si c'est l'amour qui lui fait ça, je commence à douter de ce que je ressens pour mon Paul», se dit Éva. Déçue d'être écartée du *scoop* de sa fin de semaine à New York, elle assista béatement à la vibrante entrée de Gaby dans son salon de couture. Son enthousiasme enflamma les regards. Les oreilles étaient tendues.

— Notre créatrice de mode doit bien avoir une innovation à nous révéler, prétendaient les couturières, au fait qu'elle arrivait de New York.

Toutes savaient que la guerre affectait l'industrie de la mode en Europe et partout en Amérique. Toutes comprenaient que cette réalité avait incité Gaby à modifier les coutumes de son salon de couture. Les matières premières étant rares et chères, elle avait usé de créativité pour rendre les tissus bas de gamme élégants. Raccourcir les jupes à hauteur du genou, faire porter les manches au-dessus du coude constituait déjà une économie notable. À New York, même tendance.

— Je reviens d'un voyage… merveilleux, sur tous les plans, annonça Gaby. En ce qui nous concerne, j'ai découvert une fois de plus jusqu'où peuvent aller l'audace et l'imagination des stylistes new-yorkais. Comme nous, ils ont opté pour des jupes et des manches plus courtes. Mais, tenez-vous bien, ils créent des tenues et bricolent des chapeaux à partir de tentures récupérées. Il fallait y penser! Et ça se vend à des prix raisonnables.

La nouvelle inspira des échanges enthousiastes. Nombreuses étaient celles qui offrirent d'apporter au Salon les tentures et les couvre-lits mis de côté pour se conformer aux goûts du jour.

— On pourrait les utiliser pour confectionner des vestons pour dames et des cravates pour messieurs, suggéra Gaby.

— Quelle belle économie! s'écria Éva.

— Voulez-vous entendre encore plus original? Comme on utilise le nylon pour fabriquer de la toile de parachute et des pneus de bombardiers, les bas de soie synthétique ne sont presque plus accessibles tant ils sont rares et coûtent cher. Savez-vous ce que ces dames américaines ont imaginé? Elles se font peindre une fausse couture sur les jambes pour imiter le vrai bas de nylon.

Les rires fusèrent dans toute la salle.

— Pour en revenir à notre travail, nous allons habiller nos mannequins de modèles de robes qui s'adaptent bien aux différentes activités de nos clientes, tout en visant l'économie. Lignes droites dans des tissus de belle apparence, mais pas trop chers. Et, pour revenir aux tissus abandonnés, on pourrait aussi en tirer des jupes cintrées qui avantageraient toutes les tailles. J'ai bien hâte qu'on se lance dans cette nouvelle aventure. Vous n'oubliez pas non plus les fourrures récupérées. M. Peck en fait de petits bijoux.

— Peut-on savoir si vous avez acheté vos chaussures à New York? demanda une jeune couturière.

À la demande générale, Gaby parada avec ses souliers noirs à semelles compensées.

— C'est un peu moins féminin, mais c'est si confortable ! Sur Broadway, plusieurs boutiques en offraient du même modèle et d'autres avec des semelles compensées en bois.

Rayonnante, au-delà des découvertes réalisées pendant ce court séjour à New York, Gaby se dirigea vers la salle de coupe, laissant derrière elle soupçons et frustrations. Les ouvrières plus âgées juraient qu'elle vivait un grand amour. Leur curiosité non satisfaite, elles se tournèrent vers Éva, qui dut leur apprendre qu'elle n'en savait pas grand-chose.

— Gaby est entrée au petit matin…, se limita-t-elle à répondre, dépitée de ne pouvoir leur annoncer une nouvelle croustillante.

La porte de la salle de coupe sitôt fermée, Gaby entreprit la taille des modèles annoncés avec, sur les lèvres, un extrait de l'opérette *Un de la Canebière*, qui la hantait depuis ce moment où elle avait pris le chemin du retour vers Montréal, la veille au soir.

Près de la grève, souvenez-vous
Des voix de rêve chantaient pour nous
Minute brève du cher passé
Pas encore effacé
Le plus beau
De tous les tangos du monde
C'est celui
Que j'ai dansé dans vos bras
J'ai connu
D'autres tangos à la ronde
Mais mon cœur
N'oubliera pas celui-là

Son souvenir me poursuit jour et nuit
Et partout je ne pense qu'à lui
Car il m'a fait connaître l'amour
Pour toujours

Le plus beau
De tous les tangos du monde
C'est celui
Que j'ai dansé dans vos bras

Il est si tendre que nos deux corps
Rien qu'à l'entendre tremblent encore
Et sans attendre, pour nous griser
Venez, venez danser

Le plus beau
De tous les tangos du monde
C'est celui
Que j'ai dansé dans vos bras

Gaby aurait cru cette chanson composée pour elle et James, tant elle épousait leurs sentiments. « Je ferais mieux d'arrêter de me déhancher si je veux couper droit. Par chance que je fais un métier qui me permet de rêver… à mes amours comme à mes créations. Je ne peux m'empêcher de penser à James, qui doit retourner à un travail qui prépare aux combats, aux risques de mort. Emprisonné dans un uniforme qui évoque la cruauté, l'inhumanité et la souffrance, pourra-t-il penser à moi… quelquefois ? »

On frappait à sa porte. Par respect, la timide Germaine n'avait pas osé réclamer son aide dès son entrée dans la salle de coupe. Le pantalon de la cliente en main, elle exposa son essai, assurée de devoir tout recommencer.

— C'est le genre de tissu qui demande une parementure pour la pause des fermoirs comme pour la confection de boutonnières, lui expliqua sa patronne. On aurait dû te le dire, ajouta-t-elle avec une indulgence qui la réconforta.

La porte ne s'était pas refermée derrière Germaine qu'Éva en franchissait le seuil, friande de primeurs. Gaby dut la décevoir.

— Ce serait trop long et surtout pas convenable sur nos heures de travail… alors qu'on exige de nos couturières qu'elles ne perdent pas de temps à jacasser. Pour l'instant, je résume le tout en un mot : merveilleux ! Et toi, Éva ?

— Plutôt bien. À ce soir !

— Les trousseaux de mariées vont bon train ?

— Aucune inquiétude à avoir. Ils seront livrés à temps.

À deux pas de la sortie, Éva entendait déjà sa sœur recommencer à fredonner *Le plus beau de tous les tangos du monde…* « Ça saute aux yeux que les retrouvailles avec son soldat l'ont emballée. Je me demande si j'ai vraiment le goût d'entendre ses jubilations. Non pas que je préfère qu'elle soit malheureuse, loin de là, mais on croirait toujours que le même fruit goûte meilleur dans sa bouche que dans celle des autres. Au fond, je l'envie. Peut-être que si je m'y appliquais, je pourrais devenir comme elle. »

Ce soir du 7 avril 1942, au domicile des Bernier, Donio, Éva et Marcelle n'avaient d'oreille que pour Gaby. Après leur avoir partagé son admiration pour le couple McKinley, elle confia son dilemme :

— J'aurais vendu mon âme pour retrouver James. J'ai appris qu'il n'a jamais pu m'oublier et que, pour cette raison, il a refusé de se marier. Il a fait quelques tentatives de recherches, mais il ne savait même pas mon nom de famille, ni mon occupation… Quand je pense qu'il s'est promené ici à Montréal au début des années 1920 avec, à la main, un dessin me représentant, je me sens brisée de partout. C'est presque aussi douloureux maintenant de devoir vivre loin l'un de l'autre. Profiter de quelques jours de vacances pour le rejoindre à New York, c'est pensable mais trop peu satisfaisant.

— Gaby ! Tu ne penses pas aller vivre aux États, quand même ! On vient de s'installer dans la maison de tes rêves, lui rappela sa sœur.

Sans pouvoir prononcer un mot, les genoux tremblants, Gaby serrait, l'une contre l'autre, ses mains glacées.

Donio réfléchissait tout haut :

— Lui, venir vivre ici…, ce ne serait possible qu'à la condition de quitter l'armée.

— Admettons qu'en pleine période de guerre, ce n'est pas très réaliste, fit remarquer Marcelle.

— Elle doit bien achever, cette guerre ! soupira Éva. Patientons un peu. C'est ce que Paul me répète chaque fois que notre mariage est évoqué. La guerre finie, ton James pourrait venir habiter Montréal.

Les mots pour décrire le sentiment d'urgence qui la rongeait depuis leur première nuit d'amour à New York restaient coincés dans la gorge de Gaby. Une appréhension saisit Marcelle :

— Tu n'as quand même pas envisagé d'abandonner ton salon de couture ?

Gaby ne dit mot.

— Avec toute l'expérience que tu as maintenant et la clientèle que tu t'es montée, ce n'est pas le temps de mettre la clé dans la porte.

— Mon Dieu ! J'espère que non, s'écria Éva. Qu'est-ce que je deviendrais ?

— Tu deviendrais madame Paul Leblanc, riposta Donio, provoquant du coup les regards réprobateurs de ses sœurs.

Marcelle couvrit le malaise d'une question qui la hantait :

— Quand devez-vous vous revoir, Gaby ?

— Demain, si on le pouvait.

— C'est dommage que certaines amours apportent autant de souffrance que de bonheur. C'est si fréquent que je les ai toujours évitées, révéla cette femme de la fin cinquantaine, encore séduisante, pourtant.

— Comme je souhaiterais ne pas avoir besoin de dormir, murmura Gaby.

Des regards inquiets l'incitèrent à s'expliquer.

— Y a rien de plus douloureux que de voir son amoureux dans ses rêves et de découvrir… son absence en ouvrant les yeux.

— Tu as bien caché tes émois, ce matin, devant nos couturières, l'en félicita Éva.

— Je suis à la fois très heureuse et très nostalgique. C'est l'éloignement et la peur de le perdre qui font mal.

Éva se réjouit que personne ne lui demande si elle éprouvait les mêmes sentiments à l'égard de Paul. Avant que la question ne vienne, elle annonça son intention d'aller dormir. Tous firent de même, sauf Donio, qui préféra aller prendre l'air. Moins d'un quart d'heure plus tard, Gaby l'entendit rentrer. La tentation lui vint de lui faire savoir qu'elle ne dormait pas et qu'elle aimerait causer seule avec lui. N'était-il pas son confident, et ce, depuis leur enfance à Chambly? « Par contre, en matière d'amour, il n'est pas le meilleur conseiller. À vrai dire, Margot et Éva non plus. Les deux seules femmes qui s'y connaissaient ne sont plus là…, en apparence, du moins. Si j'avais la foi de ma sœur, je n'hésiterais pas un instant à implorer leur aide. Mais comment faire la distinction entre leurs réponses et mon imagination? Comment interpréter correctement ce que les grands croyants appellent des "signes de l'au-delà"? Plus jeune, je croyais fermement en votre pouvoir, grand-maman Louise-Zoé, et je ne doutais pas des preuves que vous m'en donniez. Si vous et maman êtes seulement passées à un autre mode d'existence, si vous demeurez en contact avec les terrestres et surtout avec ceux que vous avez aimés, je vous demande d'éclairer mes décisions et de me donner le courage de les respecter. »

Les pas de Donio vinrent jusqu'à sa chambre. Un murmure à sa porte :

— Tu dors, Gaby?

— …

— J'aimerais bien jaser avec toi quelques minutes.

— Tu as quelque chose à me dire?

— Oui. Je pense que ça te ferait du bien.

— Entre.

Tout de velours, Donio vint s'asseoir sur le bord de son lit. Gaby préféra maintenir l'obscurité.

— J'ai compris, p'tite sœur, que tu es tiraillée comme jamais dans ta vie. Je voudrais bien t'apporter un soulagement… Si j'avais plus de talent pour parler aux femmes, j'y arriverais peut-être, mais…

La tête supportée par son bras droit accoudé dans l'oreiller, Gaby attendait la suite en silence.

— J'ai pensé te rappeler quelque chose d'important…

Gaby se redressa et alluma sa lampe de chevet.

— C'est toi qui m'as appris, un jour, que rien ne t'apportait plus de réconfort dans la peine ou le doute que d'inventer un nouveau modèle ou de te lancer dans un nouveau projet.

— C'est vrai. J'avais oublié…

Le silence s'étira.

— Tu as toujours été et tu es encore sur ma route quand je suis dans la tourmente, Donio. Un vrai Bernier. Toujours un phare dans la mire. Mais toi? Tu m'as semblé préoccupé…

— Je pense avoir de la graine de militaire dans le cœur. Je suis hanté par cette guerre qui n'en finit plus de s'étendre. Tu savais que des torpilles ont explosé près de Saint-Jean de Terre-Neuve? Qui sait si elles ne se rendront pas jusque dans le Saint-Laurent! Je me verrais bien plus conduire un char d'assaut que mon taxi…

— En fait, c'est l'impuissance qui nous torture le plus, Donio.

Un échange de câlins mit fin à cet échange.

« Rien n'arrive pour rien », se répéta Gaby, transportée par l'inspiration née ce matin du 16 mai 1942. De sa marche matinale vers le fleuve, elle revint à grands pas pour s'enfermer dans sa salle de coupe, non pour tailler un vêtement, mais pour dessiner… Devant la vitrine de la bijouterie Pierre Cartier, au 653 de la *Fifth Avenue*, elle et James s'étaient attardés en avril dernier, happés par l'originalité et le génie des créations exposées. L'oiseau en cage, un bijou pour symboliser l'Occupation, l'avait sidérée. Aussi, lors de ce voyage, elle avait appris que Cartier utilisait non seulement l'or et l'argent, mais aussi le platine. Depuis une dizaine d'années, Gaby avait créé ses propres bijoux à partir de quelques-unes des antiquités de sa défunte mère. « Je suis prête à passer à autre chose : voir un artiste joaillier adopter mes modèles et en faire de petits chefs-d'œuvre. Je lui apporterai mes croquis quand je retournerai voir James. Qu'il est loin ce jour où je pourrai l'enlacer sans retenue ! »

— Gaby ! M. Peck veut te parler, l'informa Éva, la tirant de ses réflexions comme si elle l'avait sortie d'un coma.

Le galant, doux et courtois Hans Peck entra, déposa un baiser sur la main de Gaby, s'excusant de la déranger.

— Vous ne pouvez savoir comme j'ai été heureux d'apprendre que vous auriez un espace à me louer au deuxième étage de votre superbe propriété, Mlle Bernier !

— Ça ne vous fait pas peur de devenir mon collaborateur, M. Peck ?

— Pas du tout, chère dame. Il y a longtemps que je souhaite travailler avec une créatrice enthousiaste et ambitieuse comme vous. J'y gagnerai beaucoup, mais vous, Mlle Bernier ?

— Depuis nos toutes premières collaborations, j'ai remarqué la qualité de vos confections. Vous êtes un véritable artiste, M. Peck.

— Et vous, une vraie star, Mlle Bernier.

— Il était temps que vous veniez installer votre atelier tout près de mon salon de couture. Je vous confierai les clientes qui me demandent des confections dans des peaux aussi luxueuses que l'hermine, le vison ou le chinchilla.

— Vraiment! Mais vous savez aussi les travailler, Mlle Bernier. J'ai vu vos créations.

— Vous les réussirez mieux que moi et ça me laissera du temps pour travailler à d'autres projets.

Gaby le présenta à ses couturières avec une fierté inégalée. Tout de go, elle lui remit les clés de son logement.

— Quand vous serez bien installé, revenez me voir. J'ai déjà des confections à vous confier… et qui doivent être livrées pour l'automne prochain.

Un baume sur la détresse amoureuse de Gaby que l'arrivée de ce précieux collaborateur! Bien que certains aspects de sa personnalité soient aux antipodes de celle de James, sa présence lui était agréable. Si son amoureux incarnait la fermeté et l'estime de lui-même, M. Peck faisait preuve d'une grande douceur et d'une souplesse qui facilitaient son travail avec une femme fougueuse, fantaisiste et souvent impré-visible… comme elle l'était.

— C'est une soie, ce monsieur, dit-elle en passant dans la salle de couture, mieux disposée à poursuivre ses croquis de bijoux.

« Une soie…, c'est ce que les bijoux Gaby Bernier devraient évoquer. Lustrés, miroitants, souples d'apparence. Comme les ailes d'un oiseau. Prêtes à se déployer. Vers l'infini. Impérissable. Il devra s'élancer de la phalange à la jointure du doigt. Finement, en platine et perle… »

— Tu ne m'as pas entendue frapper?

— Pardonne-moi, Éva. J'étais dans un tout autre monde.

— Toujours celui de ton Américain…

— Pas tout à fait, Éva. Dans celui d'un New-Yorkais, oui. Le joaillier Cartier.

Éva recula d'un pas, la nuque cabrée.

— Tu ne trouves pas qu'on risque de s'éparpiller? On a déjà la boutique *Etcetera* qui offre des accessoires…, dont quelques bijoux.

— Tu as raison, Éva, de ne pas envisager d'un bon œil qu'on développe un autre volet à notre commerce. J'ai le goût de créer de nouveaux modèles de bijoux, d'abord pour le plaisir que m'apporte la création.

Éva fit la moue.

— Pour moi, créer, c'est comme repousser mes limites plus loin. Ouvrir un casier inoccupé de mon cerveau. Un petit coin de potentiel qui se serait perdu autrement.

— Tu n'auras pas assez d'une vie sur cet air-là, ma chère Gaby.

— J'aurai au moins exploité celle-ci de mon mieux, mais pas au maximum encore. Sois sûre, Éva, que si Cartier accepte de me les fabriquer, ce sera d'abord pour nous deux et nos amies, quitte à en placer quelques-uns griffés *Bernier-Cartier* dans la boutique *Etcetera*.

Éva opina de la tête, afficha un sourire sincère et quitta la salle de coupe, renonçant à lui exposer le but de sa visite. Retournée à sa table de ministre des Finances, elle croisa les doigts sur son cahier sans l'ouvrir. «Depuis son retour de New York, ma sœur est épanouie comme jamais. Ce n'est pas le temps de l'embêter avec mes prévisions budgétaires… Ça peut attendre. Elle est chanceuse d'avoir trouvé en elle un refuge à ses ennuis. Ma foi chrétienne devrait m'en offrir un… à la condition que je ne la perde pas. Certains jours, elle n'a que la vigueur d'un feu de chandelle. J'en attribue la cause au peu de temps que je consacre à la prière. Si j'y mettais autant d'heures que Gaby en met à la création, je pense que ça ferait une différence. Mais où trouver ce temps? Méditer au lieu de jouer aux cartes avec Donio et Marcelle? Mais j'aime tellement ça! Puis on rit comme des enfants… J'ai besoin de ça aussi. Me contenter de ne voir Paul que le dimanche après la messe ? Faire sauter nos soirées du samedi ? Non. Moins travailler au salon de couture ? Je ne vois pas d'autres moyens. Est-ce acceptable pour Gaby, elle qui fait chaque semaine des journées de dix ou douze heures sans rechigner ? Par contre, je ne prends pas d'aussi longs congés que ceux qu'elle se permet pour voyager ou pour aller voir son amoureux à New York. À moins que l'engagement du tailleur me fasse gagner du temps... Il est spécial, cet homme. Il me fait penser un peu à mon Paul, avec son visage angélique, sa voix toute de velours puis ses yeux, comment dire..., langoureux. Un peu plus et je mettrais une option sur lui, advenant que je perde mon Paul ! Aïe ! Tu es en train de déraper, Éva Bernier. On t'a toujours dit de te méfier de la folle du logis ! Tu vois où elle peut te conduire ? À deux pas du désir... impur. Le travail est vraiment le remède à tous les maux. »

Tirée de son introspection par l'apparition inopinée de Donio, Éva s'empressa d'ouvrir son livre de comptabilité.

— Ça ne pouvait tomber mieux, p'tite sœur, annonça-t-il en sourdine. J'aurais besoin que tu m'avances un p'tit dix... Un client veut que j'aille le conduire à Oka... dans une quinzaine de minutes. Ça prend une *tank* de gaz pleine pour l'aller seulement. Tu comprends ? Il faut que je revienne.

— À la condition que tu me le rembourses dès ton retour, exigea-t-elle, la bouche en mère supérieure.

— Dieu ! T'as bien les cordons serrés aujourd'hui !

— C'est normal, dans notre situation, quand on sait compter. Si tu gaspillais moins à te payer des poulettes, Donio, tu pourrais te mettre de l'argent de côté.

Jamais encore Éva n'avait osé lui reprocher ses libertinages. Offusqué, il l'envoya promener d'un geste de la main et se dirigea vers la salle de coupe.

— J'ai un voyage payant en vue, Gaby. Oka.

— Quand ?

— Là. Aussitôt que j'aurai trouvé un dix piastres pour gazer.

En moins de temps qu'il fallut pour le dire, Donio repartait à grands pas vers sa voiture, avec un billet de vingt dollars, qu'il brandit au nez d'Éva avant de l'enfouir dans sa poche. Un regret serra la gorge de sa jeune sœur. « Je n'ai même pas pensé qu'il devrait manger aussi. Puis, à bien y réfléchir, je n'ai pas à vouloir contrôler sa vie, il a quarante-cinq ans. C'est un gars au grand cœur, vaillant et respectueux. Ce qui me dérange, c'est de devoir admettre que mon propre frère encourage une forme de prostitution, avec les filles qu'il prend et laisse tomber à sa fantaisie. Il doit bien se souvenir que c'est péché… »

— Tu as pensé que j'avais oublié ta fête, Gaby, n'est-ce pas ? s'était exclamée Margot Vilas, le 13 juin, à la sortie du salon de couture.

— J'accepte des vœux d'anniversaire pendant toute l'octave…

— L'octave ?

— Les huit jours qui suivent le 12 juin. Comme dans la tradition chrétienne. L'octave de Pâques, par exemple.

— C'est Éva qui t'a appris ça ?

— Elle me le rappelle régulièrement, dit Gaby dans un éclat de rire.

Margot lui révéla qu'elle avait tardé à se manifester, lui réservant une surprise pour souligner ses quarante et un ans.

— Nous prenons le train samedi midi. Je t'emmène à Hull. Je ne t'en dis pas davantage.

— Heureusement que ce n'est pas sur mes heures de travail, parce que j'aurais refusé.

— Vous avez beaucoup de contrats ?

— Comme d'habitude, mais c'est que j'ai d'autres projets… Je t'en parlerai en cours de route.

Gaby tenta d'amorcer le sujet à bord du train, mais Margot lui suggéra fortement de faire un somme.

— Tu profiteras mieux de cette longue soirée si tu es reposée.

— Tu sais bien que, fatiguée, pas fatiguée, j'ai toujours une faim de loup.

— C'est que la soirée ne se terminera pas avec ton dessert…

— Tu es une fine mouche, Margot Vilas.

Sur ce, Gaby lui avait tourné le dos, ne tardant pas à ronfler, tant ses heures de sommeil avaient été réduites au cours de la semaine. Réveillée avant d'arriver à destination, Gaby, découvrant Margot endormie, avait repris son cahier de mots croisés en anglais. Cet exercice l'aidait à perfectionner la langue, soutenait-elle.

Lorsque le train entra en gare, Gaby n'eut qu'à suivre son amie vers la sortie pour apercevoir le magnifique hôtel où Margot l'emmenait célébrer son quarante et unième anniversaire de naissance. Le Château Laurier, d'architecture néo-gothique, situé près de l'intersection de la rue Rideau et de la promenade Sussex, à proximité de la Colline du Parlement, du canal Rideau et du Marché By, lui rappelait ses nombreux voyages en Europe. Le toit cuivré de cet édifice, ses murs en calcaire poli de l'Indiana, la rampe en laiton de l'escalier en marbre du hall principal la médusèrent.

— Tu vas voir la finesse des plats concoctés ici.

Gaby n'en doutait nullement.

Une chambre avait été réservée au nom de Margot Vilas. Elles allèrent s'y rafraîchir avant de passer à la luxueuse salle à manger.

— Je meurs de faim, déclara Gaby.

Ce repas, un délice au palais de l'épicurienne Bernier, fut assaisonné de confidences. Margot était invitée à New York par nul autre que son bel Edward.

— Mais quelle coïncidence ! J'ai rendez-vous avec James le mois prochain.

— Je voulais justement t'y emmener, lui proposa Margot.

— Ça me plairait beaucoup qu'on y retourne ensemble !

— Combien de temps comptes-tu y rester ?

— C'est difficile à prévoir.

Margot devint soucieuse.

— J'y pense… Si ça tournait mal avec Edward, je ne voudrais pas être prise pour t'attendre…

— Je prendrai le train. J'aime voyager en train. C'est plus reposant qu'en voiture. Je peux jongler à mon goût.

— Tu me trouves bavarde, Gaby Bernier ? Toi que je laisse dormir à ton aise presque tout le long…

Gaby s'esclaffa.

Déjà, de la salle de danse, la musique conviait les clients à se joindre aux danseurs. Les deux grandes amies se hâtèrent d'aller revêtir leur tenue de soirée. Margot et Gaby savaient bien que dans les bras de ces galants messieurs, elles s'imagineraient, l'une avec Edward et l'autre avec James. Le nez poudré, les poignets parfumés, le rouge aux lèvres, elles filèrent vers la salle de bal… et se perdirent dans la mouvance des danseurs jusqu'au petit matin.

Margot gagna sa chambre la première, non surprise de ne pas y trouver son amie. « Elle est infatigable sur une piste de danse, cette Gaby. Elle valse aussi bien qu'elle dessine. Il faudra quand même que nous quittions la chambre sur le coup de midi si on ne veut pas rater le train pour Montréal. J'aurais dû aller lui parler avant de quitter la salle... »

— Tiens ! Tu es là, toi. Ça fait au moins vingt minutes que je te cherche. Où étais-tu passée, Margot Vilas ?

— On a dû jouer au chat et à la souris parce que je suis montée directement à la chambre en quittant la salle. Je n'aurais jamais imaginé que tu serais prête à partir avant moi !

— Si j'avais su ! J'adore danser, mais ce soir, j'ai babouné presque tout le temps.

Margot ne cacha pas son étonnement.

— Tu as réussi à t'imaginer dans les bras d'Edward, toi ?

— Plus ou moins..., selon le compagnon.

— Pas une seule fois, moi. Ils dansent comme des marionnettes, ces gars-là. Rigides. Froids. Gauches.

— C'est la faute de James, osa Margot.

Non disposée à la rigolade, Gaby lui tourna le dos et alla s'accouder à la fenêtre qui donnait sur la ville. Hull lui sembla plus sympathique sous l'éclairage nocturne des rues.

— Je n'ai pas voulu te blesser, reprit Margot. Ce que tu as vécu n'arrive qu'aux femmes qui ont un homme dans la peau. Et toi, c'est James.

— Edward...

— Juste à fleu-eu-eur de peau.

Gaby savoura l'humour de son amie.

— Je regrette de te décevoir, Margot.

— Tu n'as aucune excuse à me faire. Je voulais que tu aies du plaisir. Tu ne réalises pas que cette soirée de danse te prouve combien ton amour pour James est fort ?

— Tu as raison, Margot. Je constate aussi que mes plus grands plaisirs deviennent insipides sans lui.

— Crois-tu qu'il t'aimerait assez pour venir vivre avec toi à Montréal ?

Qu'un haussement d'épaules. Les doutes de Gaby écrasaient sa voix. Au fait du pouvoir des mots, elle se réfugia dans le silence jusqu'au lendemain matin.

À l'été 1942, tout comme New York, Montréal ne pouvait échapper au climat de guerre qui couvrait l'Europe et s'étendait jusqu'en Amérique. Des rumeurs couraient à savoir qu'en mai, un navire aurait été torpillé par les Allemands dans le fleuve Saint-Laurent, dans la région de Québec. Une dépêche de la *Canadian Press* validait deux conjectures précédentes : au début du mois de mars, deux torpilles allemandes auraient explosé à Terre-Neuve et, trois mois plus tard, trois navires auraient été coulés dans la région de Gaspé, les deux attaques causant la mort de plusieurs membres de l'équipage.

D'autre part, les États-Unis, forts de leur victoire navale à Midway, envisageaient d'attaquer les Japonais pour les contraindre à se retirer de l'île de Guadalcanal, située au nord-est de l'Australie. Après lui avoir imposé des sanctions économiques, sur le pétrole notamment, il était prévisible que le Japon s'acharne à les remplacer comme puissance dominante dans le Pacifique et cherche à s'emparer des ressources du sud-est de l'Asie. Eisenhower, réputé comme fin stratège, avait été chargé par le général Marshall de la division Opération de l'état-major. Une spirale d'attaques de la part de l'armée américaine et une mondialisation de la guerre s'annonçaient.

James et Gaby ne pouvaient ignorer ces funestes perspectives. Leurs fiançailles s'étaient avérées doublement justifiées. Un si grand amour et la possibilité d'une longue séparation les avaient poussés vers cet engagement sans la moindre réticence. Pour cette célébration, les amoureux avaient choisi le dimanche 5 juillet. Les parents McKinley avaient suggéré que les alliances soient échangées pendant la grand-messe. À son tour, Gaby avait exprimé le désir de poser ce geste si cher à son cœur dans la cathédrale Saint-Patrick. La construction de marbre blanc de cet édifice, sa superbe rosace de vingt-cinq pieds de diamètre et sa voûte de plus de cent vingt-cinq pieds de hauteur lui avaient semblé des plus appropriées. « Pour honorer un si grand amour et le miracle qui nous a permis de nous retrouver et de le vivre, il n'y a rien de trop beau », avait-elle considéré. L'assentiment de James lui avait été spontanément accordé. À la consécration, moment le plus solennel de la messe, les amants s'étaient tournés l'un vers l'autre et, le regard tendre et lumineux, avaient échangé leurs alliances de fiançailles. Transportée d'allégresse, Gaby avait assisté à la fin de la cérémonie les yeux clos pour mieux réprimer les larmes qui gonflaient ses paupières. La main de James, non moins robuste que rassurante, avait enveloppé la sienne au moment de quitter leur banc pour s'engager dans l'allée…, un avant-goût de la marche nuptiale.

Un banquet où le faste se conjuguait admirablement bien à la cordialité avait été servi dans la résidence familiale. Le contexte social avait suscité chez les invités nombre d'incertitudes quant à l'avenir du couple McKinley-Bernier. Les plus sombres scénarios n'avaient été que chuchotés, les plus réjouissants, hautement exprimés.

Au terme de sa troisième semaine passée en compagnie de son amoureux, Gaby était plus tourmentée que jamais. Comment quitter sans déchirure cet homme avec qui elle avait dansé, joue contre joue, sur la musique de swing de Benny Goodman et son orchestre ? Ce fier sergent-major qui l'avait emmenée dans tous les endroits branchés de New York et, qui plus est, l'avait présentée à un producteur de téléséries américaines qui souhaitait l'engager pour habiller ses actrices ? Accepter cette proposition répondait à un rêve de Gaby, mais les compromis imposés étaient de taille. Ne venait-elle pas d'investir ses économies et celles de sa famille dans l'achat du 1669, Sherbrooke? D'autre part, les chances que James adopte Montréal étaient minces, alors que la perspective d'aller vivre en Californie s'avérait prometteuse pour sa bien-aimée. Or, Gaby avait suggéré de ne pas prendre de décision avant que James vienne visiter Montréal. Cette idée lui était apparue fort sage. Un baume sur la douleur de devoir le quitter.

À l'insu de Gaby, toutes les couturières du *Salon Gaby Bernier* furent invitées à un cocktail préparé par Éva et Marcelle, en fin d'après-midi le 30 juillet, le seul jour où Gaby allait s'absenter depuis son retour de New York. Les raisons de ce geste inhabituel n'avaient pas été dévoilées. Les opinions les plus diversifiées couraient d'une couturière à l'autre en attendant que Gaby, chargée de ramener Jean de son camp scout, rentre avec lui en fin d'après-midi.

— Peut-être devrons-nous entrer travailler la semaine prochaine…

— Espérons que ce n'est pas pour nous annoncer une baisse de salaire.

— Je sais qu'Éva a un cavalier…

— Elle est même fiancée, ajouta une autre.

— C'est peut-être une façon de nous inviter à son mariage…

— En tout cas, c'est d'elle qu'on a reçu les invitations.

— Ça, c'est exceptionnel.

Lorsque les marches conduisant du premier étage au rez-de-chaussée craquèrent, que la porte grinça, les deux organisatrices apparurent, des plateaux de coupes dans les mains. Derrière elles, Donio, les bras pleins de bouteilles… de champagne, crut-on. L'énigme se corsait. Le temps que le seul homme présent verse le champagne dans chaque coupe, qu'il les distribue avec une élégance à la Gaby Bernier,

Éva et Marcelle étaient revenues avec des plateaux de mignardises qu'elles déposèrent sur une table. Les trois hôtes levèrent leur coupe :

— En l'honneur de ma sœur ! s'écria Éva.

— Pour célébrer ses fiançailles, ajouta Marcelle.

— À James McKinley, un beau sergent-major de New York, s'exclama Donio avec une fierté exceptionnelle. Notre belle Gaby devrait arriver d'une minute à l'autre…

— C'est sa voiture ! prévint Marcelle, s'empressant d'aller l'accueillir.

Occupée à rapailler les bagages de Jean, Gaby fut priée de se présenter au salon de couture sans perdre un instant.

— Un problème ? s'inquiéta Gaby.

— Tu es la seule à pouvoir le régler, dit la servante.

— Mais quel problème ? demanda-t-elle, agacée.

— Je ne sais pas trop. Éva te l'expliquera.

— J'y vais avec toi, décida Jean.

— Bonne idée, confirma Marcelle.

Gaby n'avait pas franchi le seuil que les ovations la firent reculer d'un pas. Devant elle, un spectacle insoupçonné en cette période de l'été où le salon fonctionnait au ralenti. Des félicitations inattendues, chaleureuses, émouvantes. Éva, Donio et Marcelle triomphaient sous le regard ébahi mais complice de Jean qui, à seize ans, pouvait imaginer ce que les fiançailles de sa chère Gaby signifiaient. Promesses de bonheur, *versus* éloignement… ou physique, ou affectif, ou les deux à la fois. Son tour venu de lui présenter ses félicitations, une appréhension lui serra la gorge.

— Tu auras toujours ta place dans ma vie, chuchota-t-elle à l'oreille de Jean.

Puis, se tournant vers ses couturières, elle fit l'éloge de ce beau jeune homme studieux, débrouillard et affectueux qui la dépassait déjà de deux ou trois pouces.

— Je ne suis pas inquiète pour son avenir, déclara-t-elle, avec une assurance digne de sa générosité envers cet orphelin à qui elle payait les meilleurs collèges.

Ambitieux, Jean, alors étudiant à la *Westmount High School*, visait maintenant des études universitaires en sciences ou en commerce, choix que Gaby cautionnait avec enthousiasme.

— Vous quatre, dit-elle, en s'adressant à ses proches, vous m'impressionnerez toujours. Vous savez être là dans mes plus grandes joies comme dans mes épreuves. Comment vous en remercier convenablement ?

— En étant aussi radieuse qu'un humain peut l'être, répondit son frère, applaudi de tous.

— En étant toujours aussi admirable, souhaita Jean.

« Radieuse. Admirable. Des mots flatteurs. Le rester toujours ? Un engagement que je ne craindrais pas d'endosser si James était à mes côtés, si la guerre était finie. Les cauchemars qui me réveillent par leur atrocité depuis que je suis revenue de New York et qui me hantent une partie de la matinée risquent de ternir mon humeur. Ils sont si vraisemblables. Tantôt, ce sont des hommes armés qui enlèvent James pour l'emmener combattre les ennemis à l'étranger. Tantôt, je le vois dans une tranchée, réclamant du secours. Dans mon dernier rêve, nous étions de chaque côté d'une muraille à crier nos noms sans pouvoir nous rejoindre. Donio prétend que c'est ainsi que je me libère de mes peurs refoulées. Éva soutient que si je priais avant de me mettre au lit, je ne ferais plus de cauchemars. J'ai essayé… Je ne lui dirai pas que je n'ai pas été exaucée. »

— Mlle Gaby ! Est-ce vrai que nous reprenons le travail la semaine prochaine ?

Abruptement tirée de ses réflexions, Gaby fronça les sourcils.

— Oui, oui, balbutia-t-elle, mais seulement pour une dizaine de volontaires. Pour les autres, ça ira à la fin de l'été.

Douze couturières offrirent spontanément de retourner au travail au début de la semaine suivante. Gaby se réjouit de voir parmi elles deux petites mains ; elle avait du travail de finition à leur confier. Des clientes anglophones avaient déjà réclamé pour la *St. Andrew* de nouvelles tenues au corsage boutonné sur toute sa longueur.

— Ce n'est que pour le 30 novembre, fit remarquer Éva par souci d'économie. On pourrait ne faire entrer tout le monde qu'à la fin du mois d'août, proposa-t-elle.

— Si je m'appuie sur l'expérience des dernières années, l'automne nous apporte toujours des contrats imprévus. Il faut prévoir du temps pour ceux-là aussi.

Éva hocha la tête, ignorant qu'une visite de James était prévue pour septembre et n'osant contrarier sa sœur devant le personnel du Salon.

La fête se prolongea, les couturières s'accordant le loisir de questionner Gaby sur la ville de New York et ses particularités, sur le sergent-major McKinley et sa famille. Elle leur répondit avec aisance jusqu'à ce qu'une des plus anciennes employées l'interroge sur ses projets d'avenir. L'impression de marcher sur un fil d'acier la fit vaciller. Le temps de retrouver son assurance, les couturières avaient échangé des regards perplexes.

— Vous savez comme moi qu'en période de guerre, rien n'est plus hasardeux que de planifier de grands projets. Si Dieu le veut, James et moi n'en resterons pas aux fiançailles.

— J'espère que nous réussirons à vous garder avec nous, dit Mme Landry, des trémolos dans la voix.

— Je le souhaite aussi, répondit Gaby, pressée de quitter le groupe pour dissimuler son embarras.

Donio fuyait sa sœur aînée, espérant qu'elle n'avait ni lu les journaux, ni écouté la radio, ni été informée des derniers événements de la scène mondiale. Toutes les dépêches annonçaient que les Américains venaient d'attaquer les Japonais dans les îles Salomon. Les Forces alliées visaient la suprématie aérienne et navale dans le Pacifique et la conquête de ces îles, l'une après l'autre. Nul besoin d'ajouter que des combats meurtriers en seraient le prix. Comment ne pas présumer que les plans de James seraient modifiés ? Que du renfort serait préparé et envoyé pour combattre au sein des Forces américaines ? Dans la bouche des clients que Donio servait, il n'y avait qu'un propos : les Américains sont à Guadalcanal. La proximité du Canada et des États-Unis donnait raison à toutes les mères de trembler pour leurs fils. Un projet de loi ordonnant la mobilisation générale avait été voté à la fin juillet. Il ne manquait plus que la sanction royale pour que des milliers de Canadiens se portent au secours de la France.

Alors que leurs hommes étaient mobilisés vers les champs de bataille, nombre de Canadiennes servaient sur le front industriel. Le clergé criait l'inconvenance de faire travailler des femmes, mais surtout de jeunes filles, la nuit, dans les usines de guerre. Aux dommages physiques s'ajoutaient les inconvénients sur le plan familial. Le député Albiny Paquette n'avait-il pas fait adopter une motion par le fédéral visant à ne pas embaucher les mères de famille afin qu'elles se consacrent à leur devoir parental ? En réplique, les autorités fédérales avaient suggéré la mise sur pied de garderies pour les enfants de moins de douze ans. Les milieux francophones, sur les recommandations du clergé, boudaient le projet.

De l'autre côté des frontières, les bagages de James étaient prêts pour son départ vers Montréal, le 11 septembre 1942. Deux semaines chez les Bernier, une promesse brûlante faite à Gaby après leurs fiançailles. Un rêve sur le point de se réaliser. Des moments d'extase en perspective. Après une attente qui avait pris des allures d'éternité, James allait étreindre la perle des créatrices de mode de Montréal...

sa fiancée. Mais tel un ouragan, un appel téléphonique vint, le lendemain matin, saccager son programme. Le message entendu, James laissa le combiné pendre au bout du fil comme le cadavre d'un suicidé. Apeurés, ses parents le prièrent de les informer de ce qu'il venait d'apprendre. La douleur avait pris toute la place dans la gorge de James. Sa mère soupçonna Gaby d'en être la cause, mais il protesta de tout son corps affalé dans un fauteuil. Ses gémissements n'avaient d'égale que la tendresse de sa mère venue l'entourer comme lorsque, jeune enfant, il se réveillait en plein cauchemar. Mais ce qui lui arrivait ce soir-là était le pire qu'il n'ait jamais vécu. Le sergent-major McKinley et quelques centaines de soldats étaient appelés à se joindre à l'armée américaine à Guadalcanal pour ensuite se rendre diriger un contingent en Afrique du Nord. L'embarquement devait se faire dans deux jours. Quitter l'armée? Sa mère opina. Par contre, Bob leur rappela qu'aller sur les champs de bataille ne signifiait pas nécessairement qu'on y perde la vie. Paniquée, son épouse lui demanda s'il avait oublié que plus de cent mille militaires américains étaient décédés lors de la Grande Guerre. Que des milliers de jeunes femmes n'avaient jamais revu leur fiancé. L'indignation devenait contagieuse. Conscient d'avoir semé la discorde entre ses parents, James les supplia de lui laisser le fardeau de la décision.

Le lendemain matin, le sergent-major McKinley avait trouvé le courage de téléphoner à sa bien-aimée.

— *I will come back… after the war. Wait for me, my dear Gaby, my love. I will write you as soon as possible. Our love will be stronger. For always.*

Que des sanglots de part et d'autre. James raccrocha le premier. Gaby protestait.

— Pas maintenant, mon amour. Encore une heure ou deux… pour que ta voix reste au chaud dans mon oreille. Sur mon cœur. Pour se jurer fidélité.

Marcelle, qui avait pris l'appel et avait dû courir chercher Gaby au Salon, avait pressenti le drame. Elle prit Gaby dans ses bras et l'enveloppa d'une affection maternelle.

— Dis-moi, Marcelle, qu'il va revenir, la priait Gaby d'une voix affligée.

— Garde confiance, Gaby, tu es faite pour le bonheur. D'autres soldats ont survécu à la guerre, pourquoi pas lui?

Éva surgit. Inquiète du retard de sa sœur à se représenter au Salon, elle était accourue à la cuisine.

— James ne peut pas venir, c'est ça?

Gaby le lui confirma d'un signe de la tête.

— Ça t'inquiète?

— Beaucoup, Éva. La guerre…, tu sais…

— Le devoir avant tout, c'est connu. Tu aimerais que je prie pour lui?

— Pour moi aussi, Éva. Et pour ses parents.

Rares avaient été les moments dans sa vie où Éva s'était sentie plus favorisée que sa sœur. «Tomber en amour avec un soldat, n'est-ce pas s'exposer à de longues séparations? À de grandes inquiétudes et à un veuvage prématuré?» avait-elle ruminé depuis les retrouvailles de Gaby et de James. «La situation de mon Paul me garde dans une grande sérénité. Il habite tout près de Montréal et les doutes sur ses sentiments envers moi n'ont pas résisté à ses serments.»

Recroquevillée dans le fauteuil de sa mère, enveloppée dans le châle de Louise-Zoé, Gaby suppliait ces deux femmes de lui ramener son amoureux. De le protéger des blessures mortelles. Au nom de la justice, elle réclamait de vivre enfin avec l'homme de sa vie. «Comment pourrai-je maintenir mon espoir jour après jour? Son ombre me suivra partout. Me sera-t-il encore possible de savourer mes joies quotidiennes sans que ma pensée se tourne vers lui avec une inquiétude constante? Mes inspirations créatrices trouveront-elles leur chemin à travers mes angoisses?»

— Tu pourras toujours compter sur moi, lui promit Donio, qu'elle n'avait pas vu entrer.

Gaby prit sa main et la serra contre sa poitrine.

— Je prendrais tellement la place de James… si c'était possible. Je serais prêt à mourir au champ de bataille pour que mes sœurs ne souffrent pas.

Une telle générosité toucha Gaby. Contraint de renoncer à une carrière militaire dans sa jeunesse, Donio en mesurait aujourd'hui tous les risques. Allait-il les minimiser pour réconforter sa sœur ? « Elle est trop lucide pour se gargariser d'illusions. »

— J'espère qu'il pourra t'écrire, au moins.

— Tu n'en es pas sûr ? s'inquiéta Gaby.

— Ce n'est pas simple, tu sais. Tout dépend des responsabilités qu'on lui donnera et des conditions auxquelles il sera soumis. Il ne s'agit pas seulement de mettre une lettre à la poste, comme pour nous. Il lui faudra du temps et des facilités de communication.

— Autrement dit, je devrai être patiente ?

— Très patiente, Gaby. Et le meilleur moyen d'y arriver, c'est de t'occuper. Fais ce que tu aimes. Te morfondre ne lui apportera rien… et à toi non plus.

Gaby sourcilla. « Je ne dis pas qu'il a tort, mais c'est facile pour un homme de raisonner comme ça. Peut-il imaginer que ma peine coule partout dans mes veines, de ma tête jusqu'au bout de mes pieds ? Si je m'écoutais, je me réfugierais dans une solitude totale pour ne penser qu'à James… jusqu'à son retour. Existerait-il un moyen d'écourter la distance qui nous sépare ? M'embarquer pour rejoindre son camp ? Je serais prête à tout abandonner pour le retrouver et revenir avec lui, la guerre finie. Mais je sais bien que je me berce d'illusions. Elle est bien réelle, cette guerre, et personne ne peut en prédire la fin. Je pouvais seulement m'attendre à ce qu'elle vienne m'arracher mon amoureux. À peine dans la quarantaine, je suis éprouvée pour la deuxième fois par des conflits mondiaux. Ma chère maman, vous qui avez été si tourmentée par les affres de la Grande Guerre, vous échappez au moins à celle qui nous frappe depuis trois ans déjà. Si le pouvoir vous en est donné, veillez sur James et sur vos trois enfants. Évitez-moi le déchirement que j'ose à peine imaginer s'il fallait que James… »

Six semaines d'attente et de tourment avant que le courrier livre à Gaby une enveloppe venant de l'étranger. Mince, trop mince. À l'intérieur, une carte postale… un paysage du Pacifique, vraisemblablement. Au verso, la signature de James au bas de deux lignes… trop attendues, trop courtes.

I love you, dear Gaby. Each hour, day and night, I'm thinking of you. Wait for me, my love.

Gaby éventra l'enveloppe puis dépouilla le carton de sa pellicule photographique dans l'espoir d'y trouver d'autres mots ou des indices d'un retour… imminent. Une sensation de vide menaça de lui faire oublier les mots de James. Elle les relut à haute voix pour que chacun pose son empreinte sur son cœur, dans sa mémoire. Marcelle apparut dans la cuisine et lui fit une chaude accolade.

Donio, lourdement affecté dans son travail par le rationnement appliqué à l'essence et à l'achat de pneus, entra sur ces entrefaites. Il comprit qu'il devait renoncer à sa quête de réconfort. Gaby en avait encore plus besoin que lui.

Pendant que les Allemands, les Russes, les Britanniques, les Italiens et les Français se livraient la guerre, que les combats, même aériens, faisaient les manchettes des médias bien branchés, pas de nouvelles précises au sujet des armées américaines, du déploiement de leurs Forces, encore moins sur le nombre de leurs soldats tombés au champ de bataille. Comment encore espérer une autre lettre de James avant Noël 1942 ?

— Je vais me permettre, Gaby, de te donner le même conseil qu'on avait donné à maman pendant la Grande Guerre : ne lis plus les journaux. Ils empirent ton mal, constatait Donio.

— Autrement dit : entretiens tes illusions, tu seras moins malheureuse. Tu sais bien, Donio, que j'ai toujours préféré savoir et avoir mal plutôt que de me mettre la tête dans le sable. Il doit bien exister un moyen de savoir ce qui se passe avec l'armée américaine.

— En réalité, tu voudrais savoir si James est toujours vivant…

— … et où il se trouve, ajouta Gaby.

— Le décompte des morts et des survivants ne se fait pas régulièrement en temps de guerre et ces chiffres-là ne sont pas livrés au grand public.

— Mais qui donc en est informé ?

— La famille, je suppose.

— Ça peut prendre du temps ?

— On ne sait pas combien de semaines ou de mois après la mort.

Bien que le *Salon Gaby Bernier* ait été fermé comme chaque dimanche, Gaby y retourna. En cet après-midi du 20 décembre, elle présuma que les parents McKinley devaient être à leur domicile. Ses appels téléphoniques restèrent sans réponses. Au milieu de la soirée, elle put joindre la mère de James. Mme McKinley, en larmes, lui apprit qu'elle n'avait reçu aucune nouvelle de son fils depuis son arrivée à Guadalcanal. Comme Gaby, elle avait eu une courte missive annonçant que le voyage s'était fait sans encombre. Comme elle, Judy avait envoyé plusieurs lettres à cette adresse et en attendait encore ou une réponse, ou le retour à l'expéditeur.

— Ma famille et moi croyons qu'il a pu être muté ailleurs et que nos lettres ne lui ont pas encore été remises, lui confia Gaby. Je m'empresserai de vous informer dès que j'aurai de ses nouvelles, Mme McKinley.

— Vous gardez confiance ?

— Oh, oui, Mme McKinley. Mon frère croit que ça se passe ainsi en temps de guerre.

— J'ai tellement de difficulté à chasser mon *feeling*…

— James sera fier de votre courage quand il reviendra.

La conversation se termina sur ces mots. Des mots que Gaby n'avait jamais pensé avoir la force de prononcer. En fait, ils l'avaient raffermie dans son propre espoir de se retrouver un jour dans les bras de son fiancé. De l'avis d'Éva, la foi était toujours récompensée. Devant le rictus sceptique de sa sœur, elle avait renchéri :

— Même si tes vœux ne sont pas exaucés, d'autres grâces te sont accordées. Il faut que tu apprennes à les reconnaître. Dieu sait mieux que nous ce qui nous convient pour évoluer.

Gaby avait tu sa réplique. « Je serais curieuse de voir comment elle se comporterait à ma place. Est-elle vraiment plus solide qu'au décès de maman ? Je le lui souhaite. S'il est vrai que Dieu sait ce qui nous convient, je lui demande de m'aider à moins m'inquiéter de mon amoureux. Comment ? Il devrait le savoir, Lui. "Aide-toi et le ciel t'aidera", nous a-t-on appris. Ma part pour le temps des Fêtes sera de recevoir Charles Taupier, nos amies les plus intimes et peut-être… peut-être le fiancé d'Éva. Aussi, pourquoi ne pas offrir à Donio d'inviter un ou une amie ? »

À trois jours de Noël, Éva, à bout de souffle, surgit dans la salle de coupe.

— Excuse-moi de te déranger, Gaby. Deux messieurs, à la porte. Ils ne veulent parler qu'à toi.

Un serrement à l'estomac de Gaby.

— Sont-ils en uniformes ?

— Non. Ce ne sont ni des policiers ni des militaires. À moins qu'ils se présentent comme des civils…

UNE INDISCRÉTION DE MARGOT

De toutes mes amies, Gaby Bernier est la plus extraordinaire, la plus attachante et la plus intelligente. Elle dégage tellement d'aisance et de joie de vivre que je l'avais crue à l'abri de toute fragilité. Je ne m'habitue pas encore à la voir en petits morceaux, comme elle le fut à New Rochelle, persuadée d'avoir reconnu James. Puis à New York au moment des adieux avec son amoureux. Et, tout récemment, depuis qu'elle a appris qu'il devait rejoindre l'armée américaine dans le Pacifique. Son chagrin me porte à croire qu'elle a été plus marquée qu'elle ne le dit par le décès de son père. Pour avoir connu la veuve Bernier, je crois que c'est Elzéar, le père, qui apportait à la maison sa joie de vivre, et à ses filles, les marques d'affection et les taquineries qui ont meublé leur enfance. Il devait savoir consoler les bambins et leur apporter la sécurité dont ils avaient besoin pour s'épanouir. Je présume que c'est pour ça que Gaby se fait si petite quand elle souffre. Recroquevillée sur sa douleur, aurait-elle l'impression que les bras de son père l'enlacent ainsi plus aisément ? Cette nostalgie expliquerait-elle sa difficulté à recevoir de l'aide et son besoin de nicotine ?

Peu importe, Gaby Bernier est plus qu'une amie pour moi. Elle est cette sœur que je n'ai pas eue.

CHAPITRE V

J'avais souhaité dormir du 24 décembre au 7 janvier pour ne pas avoir à vivre le temps des Fêtes. L'immense vide que me laisse au cœur l'absence de James me prive de tout élan jouissif. Je ne me reconnais plus. Devoir faire des efforts pour fêter, ce n'est pas Gaby Bernier. Faut dire que le rationnement en sucre et en café m'affecte, mais pas autant que celui qu'on vient d'appliquer sur la vente de boissons alcoolisées. C'est stupide d'interdire l'achat de plus d'une bouteille de spiritueux à la fois. S'il y a des circonstances où on a besoin de se ragaillardir, c'est bien celles où on a de la peine sans pouvoir rien n'y changer… Heureusement que Donio passe chercher un petit flacon de temps en temps.

Je suis encore plus révoltée contre ces haut placés du gouvernement qui se mêlent de mode. « Achetez des bons de la Victoire au lieu de gaspiller votre argent pour des coquetteries », prêchent-ils. Les restrictions sur les vêtements masculins m'horripilent, mais moins que celles qui s'appliquent à la mode féminine : fini les pyjamas d'intérieur, les boléros, les jabots, les foulards, les bas de fantaisie, les dance sets que je trouvais si efficaces pour la silhouette. Le bout du ridicule : il est interdit d'insérer une fermeture éclair à un vêtement. J'ai bien peur qu'on nous défende de confectionner des robes longues… Que je ne voie pas un inspecteur se présenter ici, parce qu'il va apprendre que mon

salon de couture fait gagner de l'argent aux femmes bien plus
dignement que les industries de guerre.

— Mademoiselle Bernier, je vous présente M. Charles Philipp, notre producteur, dit Fedor Ozep, après s'être identifié en tant que réalisateur.

Soulagée de constater que ces messieurs n'étaient pas envoyés par le gouvernement, Gaby se montra accueillante.

— En quoi puis-je vous être utile, messieurs?

— Une de nos actrices s'est présentée à la maison *Bianchini-Férier* pour choisir de la soie, et le propriétaire lui a recommandé de s'adresser à vous pour la couture, lui apprit M. Ozep.

— Nous avons une proposition à vous faire, annonça M. Philipp, un jeune homme plein d'assurance et de charme.

«La maison *Bianchini-Férier*! Mais quel honneur!» considéra Gaby, empressée d'inviter ses visiteurs à la suivre dans la salle de réception. Ébahis par la sculpture de l'âtre du foyer montant jusqu'au plafond, les deux hommes posèrent un regard aussi admiratif sur les tentures de velours qui habillaient la fenêtre.

— C'est vous qui avez fait la décoration de cette pièce? demanda le réalisateur.

— En grande partie, oui. Pardonnez-moi, je ne reconnais pas votre accent. Vous êtes?...

— Russe, mademoiselle, déclara Ozep.

— Il a déjà tourné neuf films, non seulement dans son pays, mais également en Allemagne, en France et aux États-Unis.

— Mes hommages, M. Ozep.

— Dans la vitrine, ce ne sont que quelques-unes de vos créations, supposa ce dernier.

— Évidemment !

Gaby souhaita qu'ils abordent les raisons de leur présence.

— Vous avez déjà habillé des actrices ?

— Pour le théâtre, oui. J'ai aussi créé des tenues pour une duchesse, annonça Gaby avec fierté.

Une moue de scepticisme de la part de ses visiteurs l'incita à préciser :

— Oui, oui. La duchesse de Windsor, il y a cinq ans.

La révélation eut l'effet magique souhaité. Un film intitulé *Le Père Chopin* allait être tourné et diffusé au Québec.

— On vous a recommandée à nous, Mlle Bernier, pour confectionner les costumes de nos actrices.

— Combien ?

— Trois.

Le regard de Gaby s'enflamma. Le défi lui sembla à sa mesure jusqu'à ce que le producteur la prévienne des exigences inhérentes à de telles créations :

— Il vous faudra garder en tête le scénario, les décors et différents détails techniques.

M. Philipp lui remit une copie du scénario et promit de reprendre contact avec elle en janvier. Gaby les accompagna vers la sortie, confiante de pouvoir les satisfaire. « Mais quelle drôle de coïncidence ! se dit-elle, enfermée dans sa salle de coupe pour se plonger dans la lecture du scénario. James me proposait d'aller vivre avec lui en Californie et d'y habiller les comédiennes, mais voilà que c'est ici, à Montréal, que ce beau défi m'est présenté. Qu'on soit venu me chercher me touche profondément. Que ce soit pour un film tourné et diffusé ici, avec des comédiens de chez nous, me fait chaud au cœur, malgré la peine qui m'habite toujours. »

Son regard se posa d'abord sur la distribution. Deux découvertes la précipitèrent vers Éva qui, ce jour-là, remplaçait Mme Landry à l'accueil.

— Regarde! On les a déjà habillées pour un bal, ces deux demoiselles, lui annonça-t-elle, en pointant les noms de Madeleine Ozeray et Janine Sutto.

— Oui, je m'en souviens. Mlle Ozeray, c'est la jeune femme belge. Mlle Sutto, c'est la petite noiraude à l'accent français. Mais où as-tu pris cette liste?

— On est venu me la porter, Éva. Ces deux messieurs qui m'ont demandée à la porte m'offrent de confectionner des costumes pour un film. Tu te rends compte? J'aurais tellement aimé, il y a une dizaine d'années, qu'on réclame mes services quand *Maria Chapdelaine* a été tourné à Péribonka. J'avais des idées pour habiller Maria!

— C'est payant, d'après toi? s'enquit Éva.

«Oups! J'ai oublié de m'en informer auprès du producteur», constata Gaby.

— Je vais voir d'abord si je suis inspirée par ce projet, répondit-elle. Si oui, on s'assoira avec ces messieurs et on parlera affaires. Ça te va?

Éva fut ravie de la confiance que lui témoignait sa sœur. Portée par la possibilité de faire une percée dans le monde cinématographique, Gaby retrouva le goût de la fête. «Je vais organiser une réception du jour de l'An sans pareille», décida-t-elle.

Le soir du 31 décembre 1942, faisant fi, pour quelques heures, de la guerre et de ses affres, huit personnes s'étaient endimanché le cœur pour saluer la nouvelle année dans la joie et l'espérance. Autour de la table des Bernier, des invités inhabituels étaient venus s'asseoir. Aux deux frères Taupier s'ajoutaient pour la première fois Paul Leblanc, le fiancé d'Éva, et un ami de Donio, le rigolo musicien, Hervé. Marcelle et Gaby avaient concocté un menu gastronomique dont elles s'étaient réservé le service. La table avait été décorée de cocottes de pin, de menues branches de sapin et de rubans « rouge Bernier ». La coutellerie d'argent reflétait l'éclat du plafonnier en un spectre continu. Du pâté de foie gras, des cretons et du pain maison furent présentés pour calmer les appétits en attendant le potage de tomates garni de feuilles de cresson, aux couleurs du temps des Fêtes. Tout contribuait à nourrir une atmosphère détendue et joyeuse, croyait Gaby. Un malaise persistait toutefois. Était-ce Éva qui l'avait créé en imposant la récitation du bénédicité, une fois les places des convives assignées ? Était-ce la présence des pékinois qui réclamaient une part de gâteries qui indisposait Paul ? Sa prestance, son allure autoritaire et sa réserve semblaient figer les frères Taupier. « Qu'attend-il, Hervé le clown, pour jouer son rôle ? » se demandait Gaby.

— Excusez-moi, je vous reviens dans une minute ou deux, dit-elle.

Gaby mit peu de temps à réapparaître… les bras chargés de bouteilles.

— Qui veut du champagne ?

Hervé fut le premier à lever la main.

Une ration lui fut servie, après quoi Gaby versa du vin rouge à Paul et à sa fiancée, de la bière à Donio et des liqueurs pétillantes à Jean et à Charles.

— Pour vous et moi, rien de moins qu'un bon champagne, dit-elle en s'adressant à leur fidèle servante.

Elle n'avait que trempé les lèvres qu'Hervé se leva, sa coupe à moitié vidée, et commença ses mimes préférés : Charlie Chaplin et le bégayeux. Les rires fusèrent à l'unisson. Le plat de résistance servi, Hervé fut prié de se rasseoir. Il refusa, alléguant être en devoir. Lui et Donio rivalisèrent, à qui raconterait l'histoire la plus drôle. Le temps de digérer le rôti d'agneau, Éva, gênée par certaines blagues de son frère, proposa un tour de table sur les souhaits de chacun pour l'an 1943.

— Ah, non ! Pas ça ! s'écria Donio. Hervé, sors ta guitare qu'on chante et qu'on danse.

Tout de go, les chaises furent appuyées au mur et la piste de danse ne demanda plus qu'à être poudrée pour que Gaby, Marcelle, Donio et Paul l'occupent jusqu'aux petites heures du matin. Éva, n'ayant pas une longue expérience des salles de bal, évoqua souvent la fatigue pour se limiter à quelques valses, sauf quand son Paul s'attardait à faire danser Marcelle. « Je veux bien croire qu'ils sont presque du même âge, mais c'est moi sa fiancée. » Donio se plaisait à éprouver sa jalousie, la tirant des bras de son amoureux pour la remplacer par Gaby. Éva dut reconnaître que sa sœur et Paul se mouvaient en parfaite harmonie. Leurs pas épousaient la même cadence. « Y a-t-il un domaine où ma sœur ne me surpasse pas ? Aucun ! » conclut-elle, l'humeur quelque peu abrasive. Marcelle n'allait pas croiser les doigts en attendant qu'un bon prince la réinvite ; elle se dirigea vers les frères Taupier, qui jouaient aux cartes dans un coin du salon, et elle contraignit Charles à giguer avec elle. Tous s'étonnèrent. « Mais il sait danser ! » L'heure était aussi venue pour Jean de joindre la petite troupe de danseurs. Bien qu'intimidé, il mit peu de temps à démontrer ses aptitudes et à s'amuser sur la piste. Hervé passait de la guitare au violon, du violon au piano et du piano à l'harmonica avec une souplesse impressionnante. « Un talent gaspillé », pensa Gaby, disposée à lui chercher un mécène.

Les jambes lourdes et l'estomac creux, les fêtards s'approchèrent de la table. Les assiettes de plum-pudding, de tarte au sucre et de carrés au chocolat se vidèrent en un temps record. Les langues se délièrent et les rires éclatèrent jusqu'à l'Angélus de ce premier jour de l'an 1943.

Accoudée à sa table de travail, Gaby avait grillé deux cigarettes coup sur coup. Les ciseaux en main, elle se retint de les passer sur une page de journal découpée par Éva et déposée là devant elle. Une panoplie de restrictions, décrétées par le gouvernement fédéral, y était publiée. « Tout pour brimer la créativité et l'originalité », jugea Gaby. Les costumes qu'elle avait dessinés pour les actrices ne respectaient en rien cet écrémage. Le brocart choisi pour la robe de Mlle Ozeray coûtait cher. Tout autant que la robe de Mlle Sutto, entièrement en dentelle, avec un dos de couleur chair. Celle de Mlle Letendal, de soie…, s'il lui en restait assez, sinon en pongé.

Faire fi des règlements gouvernementaux risquait de froisser certaines de ses couturières. « Sans compter qu'Éva me désapprouvera, c'est sûr ! D'autre part, M. Philipp m'a laissé entendre que le film ne sera pas diffusé avant la fin de 1944. La guerre et tout son cortège de malheurs seront probablement du passé à ce moment. Du moins, je l'espère. Sinon… » Gaby opta pour la prudence et expliqua clairement son point de vue à ses couturières, croquis à l'appui. Cette étape franchie, la suivante relevait d'un plus grand défi : l'approbation par le producteur des costumes conçus pour chaque comédienne.

Gaby y mit tout son talent, modifiant une ligne, redécoupant la gorgerette, imaginant un autre tissu…, pour revenir, comme toujours, à son idée première. L'expérience lui en avait fait maintes fois la démonstration, mais, pour une occasion aussi exceptionnelle, la marge d'erreur était mince.

Janvier tirait à sa fin et le producteur du film ne s'était pas encore présenté au *Salon Gaby Bernier* pour juger les créations destinées à ses actrices. Gaby ne savait qu'en conclure. « Une invitation formelle, précisant que les confections sont terminées, le ferait peut-être bouger », se dit-elle. Tout de go, elle le convoqua. La réponse fut claire et courtoise : il avait prévu se libérer au début février.

De fait, au premier jour de février, le producteur, le réalisateur et une dame qui se présenta sous le nom de Jean Despréz firent leur apparition au Salon. Les politesses de mise échangées, les invités causèrent entre eux des exigences du cinéma et de l'importance des costumes. Gaby les écoutait, angoissée. « C'est leur façon de me préparer à la déception qui m'attend. Ils ont raison. Cet univers m'est complètement étranger. »

— Vous avez lu notre scénario ? lui demanda Jean Despréz.

— Oui. Avec beaucoup d'intérêt, Madame.

L'inconfort de Gaby incita M. Ozep à lui révéler que cette dame d'une trentaine d'années avait étudié la littérature à La Sorbonne, ainsi que le théâtre. Qu'elle publiait dans plusieurs journaux et magazines. Qu'on lui devait la fondation de l'École du spectacle de Montréal et qu'elle avait entrepris sa carrière de comédienne en 1938.

Gaby lui présenta ses félicitations.

— La cause des femmes m'intéresse beaucoup aussi, ajouta Mme Despréz. Et vous ?

— Bien sûr ! répondit Gaby, empressée d'inviter ses visiteurs à passer dans la salle de coupe, où ses créations étaient exposées.

Leurs regards se firent éloquents. Les compliments vinrent.

— Mlle Bernier, vos créations nous enchantent. Nous sommes disposés à signer un contrat avec vous pour notre long métrage.

Ce rêve, à peine né, prenait des proportions plus grandes que nature. Gaby Bernier créait pour le cinéma. La première à le faire au Québec.

En ce premier vendredi de février plus lumineux que les cristaux de neige sous les feux du soleil, Gaby invita sa famille, ses employées et quelques amies à célébrer cet événement avec elle. Les félicitations affluèrent dans la salle de réunion du salon de couture. Les couturières virent cette avancée comme une assurance de conserver leur emploi malgré les aléas de la guerre. Les Bernier se félicitèrent d'avoir acquis cette maison, l'estimant à la hauteur d'une nouvelle clientèle.

Margot Vilas y vit un présage de la possible carrière de sa grande amie en Californie. Gaby refusa toute anticipation. Un pas de géant venait d'être franchi par la Chamblyenne de naissance, la fille d'Elzéar et de Séneville Bernier, l'élève des sœurs de la congrégation de Notre-Dame. Dans ce brouhaha festif, elle imagina la présence de ses proches décédés, celle de ses amants, Pit et James, celle des Taupier et des Bartholomew. « Un tel privilège se fête avec tous ceux qui, dès mon enfance et chacun à sa manière, m'ont préparée à ce *crescendo* », se dit-elle. Éva s'approcha et lui susurra à l'oreille :

— On pourrait donner congé à nos couturières jusqu'à lundi prochain, qu'en penses-tu ?

— Très bonne idée, Éva. Je te laisse le leur annoncer.

Le 5 mai, à deux semaines de son quarante-sixième anniversaire de naissance, Donio apprit d'un client qu'une nouvelle ordonnance du ministre fédéral du Travail venait d'être publiée. Les hommes travaillant dans des industries jugées non essentielles auraient jusqu'au 19 mai pour s'enregistrer en prévision d'un transfert dans des secteurs de travail profitables à la guerre.

— Si tu n'y vas pas, tu risques d'être interné dans des camps de travaux forcés, lui dit le client.

— T'as une idée des métiers supposément inutiles ?

— Ah ! Y en a plusieurs !

— Comme…

— Les barbiers puis les coiffeuses, les fleuristes, les pompistes, les cireux de chaussures…

— C'est tout ?

— Non, non. Il faudrait que tu regardes le journal…

— T'oses pas le dire… Les chauffeurs de taxi en font partie, hein ?

— C'est que… je ne voudrais pas me tromper, tu comprends ?

Sitôt son client conduit à destination, Donio s'empressa d'attraper tous les journaux des deux derniers jours et de rentrer chez lui. Accoudé à la table de la cuisine, il tourna les pages de *La Patrie*, s'arrêta sur celle qui publiait la liste des entreprises et métiers visés par l'ordonnance. De fait, les chauffeurs de taxi tout comme les agences de films, les clubs, les magasins de détail, les bijoutiers et les fabricants de dentelle, les fourreurs et combien d'autres encore s'y trouvaient. C'était la catastrophe pour les Bernier. Le moment de panique passé, Donio reprit la lecture complète de la page, pour découvrir que seuls les hommes étaient concernés et que les célibataires devaient avoir entre dix-neuf et quarante ans, et les hommes mariés, de dix-neuf à vingt-cinq ans. « Je m'inquiète quand même pour Gaby ; s'il fallait que les producteurs et réalisateurs du film qui lui apporte une si grande joie aient moins de quarante ans, elle craindrait la dégringolade pour son commerce ! »

Donio choisit de s'en informer auprès d'Éva.

— Leur âge ? Je ne suis vraiment pas douée pour ce genre de chose. Je n'ai même jamais pensé poser cette question à Paul.

— Ah non ?

— Ça ne changerait rien. Je l'aime, il m'aime. C'est tout. Mais pourquoi ne le demandes-tu pas à Gaby ? Elle a l'œil, elle.

Donio fila vers la salle de coupe, où il trouva sa sœur concentrée sur un croquis de robe. Son apparition la fit sursauter.

— Qu'est-ce que tu fais ici en plein après-midi ? Tu manques d'essence dans ta voiture ?

Donio ne put laisser filer une si bonne excuse à sa visite. Gaby tira un billet de cinq dollars du fond d'un petit coffret à boutons et le lui tendit.

— Merci ! Et toi, malgré la guerre, ça avance bien avec tes costumes pour le film ?

— Malgré ce qu'on pourrait croire, ce n'est pas la guerre qui va nous empêcher de faire du cinéma. Je te dirais même qu'elle nourrit les salles de cinéma…, surtout anglophones. Puis, du côté francophone, ça fait plus de deux ans que, chaque mois, on projette des courts métrages sur l'évolution de la guerre. Demande à Éva. Moi, je ne vais pas voir ça, mais elle, oui. Avec Paul. Ils ne manquent pas une présentation de la série *Le Monde en action*, qui montre des images de ces terribles conflits. J'ai rencontré un homme à New York, Gordon Sparling, qui produit et diffuse des documentaires en langue anglaise sur l'évolution de la guerre.

— Sparling? Y a plein de clientes qui m'ont parlé de lui après avoir vu deux de ses films. Si je me rappelle bien, c'est la *Rhapsody in two languages*, inspiré de la ville de Montréal, et l'autre, *Crystal Ballet*...

— Oh! Ce titre-là m'intéresse.

— Je ne pense pas que tu puisses le voir; il était en vedette en 1937, il me semble.

— Dommage! Tu devrais me le dire, Donio, quand il passe de bons films en salle. Je n'ai tellement pas de temps à perdre que je ne veux pas me rendre au cinéma pour regarder des platitudes.

— J'essaierai d'y penser.

— Une de mes clientes m'a appris que l'ONF se rend dans toutes les campagnes pour présenter ses copies dans les écoles et les salles paroissiales.

— Tu penses qu'elle va même à Chambly?

— Probablement. J'ai su tout récemment que ces films étaient même présentés dans les usines à l'heure du lunch.

— Qui sait si le tien ne deviendra pas aussi populaire, dit Donio.

Gaby s'esclaffa.

— D'abord, ce n'est pas mon film. Je ne suis que la couturière des actrices. Admettons que ce serait fantastique.

— Ils sont de notre génération, les producteurs?

— Et plus, je croirais. Dans la cinquantaine. Mais pourquoi t'intéresses-tu à leur âge?

— Par simple curiosité. Bon! Faut que j'aille si je ne veux pas perdre de clients, annonça Donio, rassuré.

Il n'avait franchi que deux coins de rue qu'un homme dans la trentaine l'arrêta:

— Pourriez-vous me conduire dans l'est, Monsieur ?

— L'est de Montréal ?

— Par là, oui, indiqua-t-il d'un geste de la main.

Donio n'eut pas le temps de répondre que le client avait pris place en avant et le pressait de filer.

— Vous semblez nerveux, Monsieur. Un problème ?

Question sans réponse… verbale. La voiture avait roulé sur la rue Sherbrooke pendant plus d'une demi-heure quand le passager ouvrit la bouche pour demander s'il en avait encore pour longtemps avant d'arriver en campagne.

— À quelle adresse ?

— Je ne fais pas confiance aux étrangers. Je vous avertirai quand ce sera le temps de me déposer.

Donio le soupçonna de fuir la police ou l'enregistrement obligatoire. « J'espère qu'il n'est pas armé, au moins. »

— Qu'est-ce que vous pensez de nos gouvernements ces temps-ci ? lui demanda-t-il.

— Êtes-vous abonné à la revue *Le Canada en guerre* ?

— Non, mentit Donio. Qu'est-ce qu'on y raconte ?

— Tout ce que le gouvernement nous enlève de la bouche pour envoyer de l'autre bord. Du fromage, du poisson, des céréales, des légumes… C'est rendu qu'on n'a plus le droit de manger de la viande le mardi. On la ramasse pour l'expédier en Europe. Pendant ce temps-là, on crève de faim en ville.

— Vous croyez qu'on s'en sort mieux en campagne ?

— Vous devriez la lire, cette revue-là. Vous sauriez aussi comment les gros boss sont de connivence avec les gouvernements…

Puis, plus un mot jusqu'au croisement d'un rang de Tétreaultville, où la voiture s'arrêta.

— Je n'ai pas le temps de vous emmener plus loin, dit Donio, la main tendue, de crainte que son passager s'enfuie sans payer.

Le client fouilla toutes les poches de son pantalon sans en tirer un seul billet de banque.

— Dans votre *jacket* ?

Rien non plus. L'homme se tourna vers Donio et, des pistolets dans les yeux, le tint au collet et l'avertit d'un ton menaçant :

— Tu ne m'as jamais vu, tu m'entends ? Tu me le promets ou tu vas voir ce que je peux faire de ton beau char de taxi, moi.

— Promis, jura Donio, craignant pour sa vie.

Le fuyard n'eut pas le temps de fermer la portière que Donio faisait demi-tour vers Montréal. Lorsqu'il fut assez éloigné pour se sentir hors de danger, blafard, il s'arrêta à un poste d'essence pour y acheter les quelques gallons qu'il pouvait payer, en espérant qu'ils suffisent pour se rendre à domicile.

— Vous avez l'air épuisé… Prenez ça, dit le commis en lui présentant une bouteille de Pepsi-Cola.

— Pas de refus, mon bon Monsieur.

Au cœur de l'après-midi, Donio entra chez lui pour prendre une bouchée avant de retourner sur la route. Il ne résista pas à l'envie de confier à Marcelle le drame qu'il venait de frôler.

— C'est bien la première fois de ta vie que tu ressens une telle peur… Quand tes sœurs vont apprendre ça !

— J'aimerais mieux que tu ne leur en parles pas, Marcelle.

— Mais pourquoi ?

— Elles ont assez de leurs soucis. Merci pour la soupe et le sandwich, Marcelle.

Il était prévisible que le nouveau volet de la carrière de Gaby Bernier lui amène d'autres clientes, dont certaines de la haute hiérarchie diplomatique. Mme Ray Atherton, épouse du nouvel ambassadeur des États-Unis, récemment installée avec son époux à Ottawa, confia la confection de sa garde-robe à « la grande couturière de Montréal ». Ce privilège méritait bien, aux yeux de Gaby, qu'elle se rende à son domicile pour prendre ses mensurations et décider avec elle des modèles souhaités et des tissus utilisés. À sa sœur Éva, qui n'approuvait pas « ce gaspillage », elle riposta :

— Je crois m'assurer ainsi de la fidélité de Mme Atherton. Aussi, c'est une occasion pour moi de profiter de la compagnie de mon amie Margot. Elle se fait un plaisir de m'y conduire. Nous en profiterons pour aller manger au *Café Henry Burger*.

Impressionnées par l'architecture Beaux-Arts de la résidence des Atherton, les deux Montréalaises le furent plus encore par l'accueil qui leur fut réservé. Cette dame, Maude Hunnewell, née au Massachusetts d'une famille bilingue, maîtrisait parfaitement son français. Elle incarnait à la fois la dignité et la mansuétude. Sa grâce dégageait un grand naturel. Gaby sut qu'elle serait à l'aise le moment venu de causer de confections. La silhouette de cette femme dans la cinquantaine n'avait rien à envier aux mannequins qui paradaient lors des défilés de mode montréalais.

Avant le dîner, du thé et des mignardises leur furent servis dans le petit salon meublé de fauteuils dodus recouverts de velours « rouge Gaby » et ornés de torsades de fil doré. La vaisselle s'y harmonisait parfaitement. Mme Atherton donna le choix à sa nouvelle couturière de passer au but de sa visite avant ou après le dîner…, compte tenu de la fatigue du voyage. Toutes deux convinrent de prendre le repas d'abord. L'hôtesse leur demanda d'excuser l'absence de son époux, retenu par ses tâches d'ambassadeur. La conversation fut étoffée surtout de propos légers concernant la mode, et fort peu la guerre, au grand soulagement de Gaby. Lorsque Margot suggéra qu'elle avait dû vivre dans des pays très différents comme épouse d'ambassadeur, Mme Atherton fit mention de la Grèce, de la Bulgarie et du Danemark, qu'ils habitaient lors de l'invasion par les troupes britanniques. L'émotion était palpable au rappel de ce dernier mandat.

Le repas terminé, Margot fut invitée par Mme Atherton à se reposer au salon pendant qu'elle serait occupée avec sa couturière.

— Quelle femme! s'exclama Gaby en quittant la résidence de M. l'ambassadeur.

— Tu me racontes tout, réclama Margot, en route vers Hull où les deux amies allaient souper avant de rentrer à Montréal.

Le détour en valait la peine. À n'en pas douter, Marie-Anne Monnin, la veuve d'Henry Burger, y offrait la même qualité de cuisine gastronomique que son mari. On la reconnaissait dans ses viandes juteuses, ses pains moelleux, ses savoureuses pâtisseries et ses sauces d'accompagnement. Gaby témoigna de son admiration pour cette femme qui, à certains égards, lui rappelait sa mère.

Ce retour des amies montréalaises au *Café Henry Burger* ne fut pas sans rappeler leur visite précédente, à la différence que Margot portait le deuil d'un grand amour. Sa passion pour Edward n'avait pas trouvé réciprocité. Le bel américain le lui avait exprimé très clairement dans sa carte de vœux du Nouvel An.

— « *Good bye* » prend un tout autre sens quand il est précédé de « *Good Luck* ».

Gaby l'approuva d'un signe de la tête.

— Au risque de te surprendre, je t'avoue que j'aimerais mieux être à ta place, confessa Margot.

— Ça paraît que tu n'as jamais vécu une attente aussi douloureuse que la mienne. C'est un deuil à faire chaque jour pour arriver à me concentrer sur mon travail et à accorder à mes proches l'attention qu'ils méritent. James est exposé à la mort chaque minute…, jour et nuit.

— Je ne l'avais pas vu comme ça. Excuse-moi. Je constate que ce n'est pas facile de se mettre dans la peau des autres…, même de sa meilleure amie.

— C'est ce que je me dis quand j'entends les doléances de certaines de mes clientes. L'une est obsédée par un surplus de poids qu'elle est la seule à remarquer. L'autre chigne contre son manque de poitrine, l'autre se plaint de ses jambes trop fines. Je leur conseille de nourrir leur fierté sur ce qu'elles ont de beau…, comme le regard, la chevelure, la démarche, l'humour. Plus près de moi encore, il y a ma chère Éva qui est toujours portée à douter d'elle, à se culpabiliser pour rien. Je n'arrive pas à la comprendre. C'est peut-être mieux ainsi. On souffrirait tout le temps si on avait trop d'empathie, s'esclaffa Gaby.

Avant la fin du repas, Margot proposa qu'elles n'entrent à Montréal que le lendemain matin.

— Ça nous permettrait de nous payer une belle soirée de danse… On en a bien besoin.

Ayant projeté de se mettre au travail dès son arrivée au salon de couture, Gaby grimaça.

— J'ai beaucoup à faire, justifia-t-elle. Les commandes de Mme Atherton, en plus des clientes de Montréal, c'est énorme pour la saison d'été. Puis…

— Puis quoi, Gaby?

— Je cherche à prendre de l'avance, au cas où James reviendrait. Je serais contente de pouvoir m'absenter du Salon pour lui donner du temps.

Margot n'insista pas davantage.

À moins d'une demi-heure de Hull, Gaby s'était déjà endormie dans la voiture. « Elle va être en forme pour travailler une partie de la nuit », se dit Margot, résignée à trouver la route longue.

Dès la semaine suivante, Gaby apprenait que Mme P. E. Woodward, des magasins Woodward de Vancouver, rencontrée sur le *Normandie* lors de sa dernière traversée vers l'Europe, était de passage à Montréal et demandait un rendez-vous au salon de couture Gaby Bernier. Tout comme Mme Atherton, elle souhaitait des robes de toute occasion, un manteau pour l'automne et quelques tailleurs. Tant de travail compensait quelque peu l'absence de James.

« C'est comme si la vie se chargeait de me faire comprendre que nous ne serons pas ensemble avant longtemps. »

L'intuition de Gaby s'avéra réalité, et tout l'automne fila sans qu'elle reçoive des nouvelles de James.

Les parents McKinley avaient eu une courte conversation avec leur fils entre Noël et le jour de l'An 1944. James leur avait semblé bien portant malgré les conditions de vie en temps de guerre. Il les avait priés de rassurer sa fiancée, lui réitérant son amour et déplorant de n'avoir pu la joindre le soir du 31 décembre.

Gaby ne se consolait pas d'avoir quitté Montréal pour quelques jours pendant les Fêtes. N'ayant reçu aucune nouvelle de son fiancé, elle était partie skier à Sainte-Adèle plutôt que de se morfondre à côté du téléphone.

— Tu as déjà dit que les regrets étaient du poison dans une vie, lui rappela Margot, s'attardant chez elle au retour des Laurentides.

— Cette fois, ce n'est pas facile d'échapper au désir de détricoter le temps pour revenir au 28 décembre.

Margot ne trouva pas les mots pour lui exprimer son empathie.

— Tu restes à souper avec nous ?

— Oui, si ça peut t'aider à voir qu'il y a un beau côté à toute situation.

Gaby en cherchait un.

— James est vivant et il t'aime encore, reprit Margot. N'est-ce pas ce que tu souhaites le plus au monde ?

— … et qu'il me revienne, ajouta Gaby, reconnaissant l'importance d'avoir pour amie une femme comme Margot.

Autour de la table des Bernier, l'atmosphère tanguait vers la grisaille dès que Donio et Jean Taupier cessaient leurs taquineries. L'un chuchotait des railleries amusantes sur les deux « vieilles filles » en mal d'amour et Jean prenait leur défense avec un humour que Gaby savourait. Éva, partie au cinéma avec son fiancé, tardait à rentrer. Avant que le dessert ne soit servi, Jean déclara :

— J'ai une grande nouvelle à vous annoncer.

Gaby fronça les sourcils.

— Une belle…

— Une vraie belle, renchérit Donio, déjà au parfum de la primeur.

— Gaby, tu es toujours ma deuxième mère, n'est-ce pas ?

Dans le cœur de Gaby, Jean avait encore cinq ans. La tendresse et l'affection qu'elle avait ressenties pour lui ne s'étaient qu'intensifiées au cours des treize dernières années. Elle lui ouvrit les bras et tous deux se donnèrent une accolade en silence.

— Je pense être pas mal fixé sur le métier que j'aimerais exercer. La marine m'intéresse beaucoup. Je pourrais explorer, braver l'inconnu…

— Des cours sont-ils offerts à Montréal ? questionna Donio.

Jean s'était informé à ce sujet :

— La meilleure formation se donne à Rimouski.

— Rimouski ! s'écria Gaby. Ce n'est pas à la porte.

— On dirait que j'ai du sang de Bernier dans les veines, dit le jeune homme en retournant prendre sa place près de Donio.

Jean avait trouvé les mots pour disposer Gaby à l'approbation qu'il attendait d'elle.

— Je ne me vois pas ailleurs que sur l'eau. Je sais que, comme ta mère, tu ne souhaites pas que ceux que tu aimes choisissent un métier relié à la navigation, mais…

— Mais tu as encore le temps d'y penser, lui suggéra-t-elle, taisant le regret qui lui serrait la gorge.

— Je dois réserver ma place au plus vite si je veux suivre mes cours dès l'automne prochain.

— C'est tout de même loin de Montréal ! s'écria Margot, témoin des tribulations de son amie.

— C'est quand même au Québec, rétorqua Donio. Notre père a dû aller aux États-Unis, lui, pour faire ses études d'ingénieur-électricien.

De fait, l'École de marine de Rimouski, dont l'ouverture était prévue pour septembre, offrait trois cours réguliers : une formation en mécanique, qui préparait aux brevets de mécanicien de quatrième, troisième, deuxième et première classes ; une autre, destinée à ceux qui avaient déjà une expérience en navigation et à qui on accordait un premier brevet de service côtier. La formation qui intéressait le plus Jean préparait aux brevets de capitaine, de premier et second officier au long cours.

Un souvenir fit sourire Gaby, qui s'empressa de le relater pour dissiper sa tristesse.

— Rimouski ! J'avais pas mal ton âge quand j'y suis allée en train avec maman et ma sœur. Nous étions invitées par nul autre que l'évêque de ce diocèse, un Mgr Bernier.

— Wow! Je ne savais pas qu'il y avait de si haut gradés dans ta famille, s'étonna Margot.

— Un peu plus et, à cause de cet évêque, on ne se seraient jamais connues, toi et moi. Le monseigneur avait été chargé par une religieuse de mon pensionnat de me convaincre d'entrer au couvent.

— Toi, Gaby, religieuse! s'écria Jean, abasourdi.

Que de moqueries cette projection inspira aux convives!

— Tu aurais été forcée de te confesser souvent, présuma Marcelle.

— Je gage que tu aurais porté tes propres créations sous ton costume de nonne, osa Donio.

— Qui sait si tu ne serais pas tombée amoureuse de l'aumônier? se permit Jean.

La taquinerie replongea Gaby dans la morosité. Non seulement souffrait-elle de l'absence de James, mais elle devait d'ores et déjà s'habituer à celle de son fils adoptif. Depuis le jour où elle lui avait fait une place de choix dans sa famille, elle s'était préparée à l'idée qu'il ne lui était que prêté. Elle se doutait bien que toutes les mamans vivaient pareil déchirement avec les enfants qu'elles ont portés, mais Jean n'était que de passage dans sa vie. En bonne mère adoptive, elle lui avait offert tous les outils favorables à son épanouissement et à son autonomie. «Je devrais voir dans sa décision une preuve de réussite. Contrairement à la maman oiseau, je n'aurai pas eu à le pousser hors du nid pour qu'il vole de ses propres ailes. Je n'ai plus qu'à subvenir à ses besoins jusqu'à ce qu'il puisse vivre de son travail, loin de moi. »

Depuis le départ de James, la radio avait remplacé les fredonnements de Gaby dans la salle de coupe. Une émission intitulée *L'Heure de la victoire* comptait parmi celles que Gaby n'aurait pas voulu manquer. Ce 20 avril 1944, Jean-Maurice Bailly recevait, entre autres invités, Mmes Denyse Saint-Pierre et Janine Sutto, comédiennes, Muriel Hall, chanteuse, et M. Denis Harbour, ténor. Ce feuilleton de variétés était préparé par le comité des finances de guerre dans le but d'inciter les auditeurs à acheter des bons de la Victoire.

Muriel Hall, accompagnée d'une chorale, interpréta *Ah ! Qui brûla d'amour* de Tchaïkovski.

Vlan ! Ovila Légaré vint interrompre la chanson dans son plus beau *crescendo* pour présenter un sketch humoristique. Frustrée, Gaby baissa le volume et en attendit la fin. Mais voilà que l'on passa le micro à un soldat français qui vint parler de la situation critique de son pays.

— Bla, bla, bla, marmonna Gaby.

Soudain, une mélodie flatta son oreille. Le chœur et l'orchestre interprétaient *Gai lon la, gai le rosier*. Cet air, Gaby le fredonna du bout des lèvres, comme si elle avait anticipé la pièce suivante, rendue par quatre artistes de *Great Moments in Music* accompagnés du chœur et de l'orchestre : *Faust* de Gounod. Cette tragédie résonna au cœur de la fiancée éprouvée, qui en emprunta la dramatique sans égard au texte. Comme Faust, que de fois elle avait rêvé qu'un Méphistophélès lui ramène son amoureux. Mais, seules les larmes triomphèrent de l'absence de James et de sa passion amoureuse.

Pendant qu'à travers le monde, des dizaines de navires marchands sous pavillon canadien étaient coulés du fait d'une action ennemie, au pays, de nouveaux partis politiques voyaient le jour. Le Bloc populaire canadien, fondé par Maxime Raymond, fit dire à Paul Gouin que cette formation réussirait sur le plan fédéral à la condition de préconiser et de réaliser une doctrine sociale et économique complète et une politique pro-canadienne-française. Sur le plan provincial, le Bloc devrait donc professer l'indépendance. Donio le taxait d'utopique, adhérant plutôt à la Ligue du crédit social, basée sur une société à l'avantage de tous les citoyens, du plus petit au plus grand. Des groupes de pression réclamaient la restriction des pouvoirs du fédéral. Le Bloc populaire les appuyait en statuant que ce gouvernement ne devrait avoir que des pouvoirs restreints, provisoires et exceptionnels.

La politique fédérale n'était pas la seule à faire l'objet d'échanges passionnés entre Donio et ses clients. Sur la scène provinciale, un projet d'étatisation de la *Montreal Light, Heat and Power Compagy Consolidated* et de la *Beauharnois Light, Heat and Power Company* préoccupait tous les Québécois. Cette loi adoptée, le monde rural jouirait enfin d'un large système d'électrification. Ce sujet ravivait des souvenirs encore brûlants chez les Bernier.

— Les employés seront peut-être mieux outillés et davantage protégés si cette compagnie est gérée par le gouvernement, présuma Gaby, un trémolo dans la voix.

— Trente-cinq ans déjà que papa n'est plus là, gémit Donio pour qui la mort d'Elzéar Bernier avait été déterminante.

Du jour au lendemain, il avait tourné le dos à l'école pour devenir soutien de famille.

— Quand l'épreuve nous a frappés, je ne me suis pas senti le droit de laisser paraître ma peine. J'étais devenu l'homme de la maison même si je n'avais que douze ans. J'ai mis des années à m'en rendre compte. Je te dirai même que notre situation d'orphelins a influencé ma décision de rester célibataire. Je ne voulais pas prendre le risque de laisser derrière moi une femme et des enfants.

— Je n'aurais pas cru ça. Tu me semblais si peu affecté en comparaison de nous trois… Je me souviens surtout des longs moments que tu passais assis près de la fenêtre sans dire un mot.

— Ma peine était comme une boule coincée dans ma poitrine. Je ne l'ai pleurée qu'à la mort de maman.

— Je comprends maintenant… Je ne m'expliquais pas que tu sois si atterré au décès de maman. J'ai cru alors que le lien entre un garçon et sa mère était peut-être plus fort que celui des filles.

— Toi, tu ruais dans les brancards. Ta révolte t'a probablement permis de trouver plus vite ton équilibre.

— Mon équilibre ? J'ai l'impression de l'avoir perdu depuis que James est au front. Je me demande même si je voudrais continuer de vivre s'il mourait au combat.

— Je te connais trop, Gaby, pour douter de ta capacité de surmonter une telle épreuve.

— Admettons que ma famille et mes amies m'aident énormément. Mon travail aussi. Par exemple, cette invitation du producteur et du réalisateur à assister au tournage du film *Le Père Chopin*. Ça me demande un effort, mais, en même temps, ça me fait oublier mes soucis.

— Où aura lieu ce tournage ?

— En grande partie à Saint-Théodore de Chertsey, dans les Laurentides, puis la fin à Montréal.

— Et ça commence quand ?

— En juillet.

— J'aimerais bien voir ça moi aussi ! On ira tous les deux. Ça fait tellement longtemps, Gaby, qu'on ne s'est pas payé une sortie ensemble.

L'enthousiasme de Donio fut contagieux. « J'ai l'impression de retrouver ma jeunesse alors que mon frère et moi étions si complices. Que ce soit pour faire une surprise à maman à l'occasion de son anniversaire ou organiser des jeux-mystères avec nos cousines de Lauzon, sans compter les taquineries, les moqueries inoffensives… »

— Tu pourrais me résumer le scénario que tu as lu ? demanda Donio.

— Deux jeunes Français quittent leur pays l'un après l'autre, mais pas pour les mêmes raisons. Le premier adore la musique…

— C'est lui, le père Chopin ?

— C'est ça. En immigrant au Canada, il va s'installer dans un village de campagne et devient maître de chapelle. Son frère, un célibataire endurci, comme toi, disons, vit à Montréal dans une riche propriété.

Pierre est un homme d'affaires à succès. Voilà qu'il invite son frère Paul et sa famille à habiter chez lui. Mais Paul ne se méfie pas des intentions cachées de Pierre. Les relations familiales vont se dégrader rapidement.

— Qu'est-ce qu'il manigance, Pierre?

— Je ne vais pas tout te raconter! Il me semble que tu en sais assez pour que ta curiosité soit piquée.

— J'irai avec toi. Tu te laisseras conduire comme quand tu avais quinze ans.

— Oh, oui! Quel beau retour dans le passé!

De l'enthousiasme à revendre, Éva entra dans la demeure des Bernier, cherchant quelqu'un à qui annoncer une grande nouvelle.

— Gaby, tu ne sais pas quoi! Gaby! Réveille-toi. C'est à ton tour d'écouter. Gaby!

Le drap ramené par-dessus la tête, Gaby résistait à sa supplique. Dépitée, Éva frappa à la porte de la chambre de son frère.

— Pourrais-tu venir me rejoindre dans le salon? le pria-t-elle. Il faut absolument que je te parle.

À ce genre d'appel, Donio avait l'habitude d'accourir spontanément, et elle le savait.

La démarche lente et titubante d'un robineux, Donio se frottait les yeux, cherchant à voir l'heure.

— Qu'est-ce que tu fais debout à une heure du matin?

— Je viens de passer une des plus belles soirées de ma vie, avec mon beau Paul.

— T'avais pas à me réveiller pour ça… Des histoires de minouches, j'en ai assez entendu. Mes clients m'en servent à satiété. En plus de ça, à l'heure qu'il est, il ne me reste plus que quatre heures à dormir.

Éva simula une moue qui lui allait bien.

— Bon, viens dans le salon! concéda Donio, qui s'assit sur le bord du fauteuil, prêt à retrouver son lit le plus vite possible.

Debout devant son frère aux paupières tombantes, les mains croisées sur la poitrine, Éva dit, le ton réjoui :

— Il me l'a promis. On n'attendra pas la fin de la guerre…

— Pour faire quoi? T'es encore vierge, quoi?

— Évidemment! rétorqua-t-elle, vexée. T'es trop plate, je pense que je vais aller parler à Gaby.

— Tant qu'à avoir commencé, *enweye*! Parle!

Le ton de leurs échanges tira Gaby de son lit. Éva triomphait.

— Imagine donc que la robe de noces que tu m'as faite, je vais la porter en octobre prochain. Paul a décidé qu'on n'attendrait pas la fin de la guerre pour se marier.

— Wow! Quelle bonne nouvelle! s'écria Gaby, se précipitant vers sa sœur pour l'embrasser.

Éveillée par les éclats de joie, Marcelle accourut au salon. Après s'être assurée d'avoir bien entendu, elle échappa :

— Enfin! Un peu de plaisir dans cette maison.

— Tant qu'à être tous réveillés, on va fêter ça, ma belle Éva…, avec quelque chose qu'on n'a encore jamais fait, nous quatre, annonça Gaby. Attendez-moi deux p'tites minutes.

Les paris allaient bon train en son absence. Donio anticipait des photos de voitures pour les mariés. Éva crut voir revenir sa sœur avec des modèles de bijoux qu'elle lui confectionnerait pour ses noces. Ne leur donnant pas raison, Marcelle hésitait à se prononcer ; elle se rendit à la cuisine d'où on entendait le cliquetis de…

— Apportez-nous des verres, demanda Gaby, revenue sur le fait. En l'honneur d'Éva, on sabre le champagne en pyjama et en robe de nuit !

— Attendez un peu, j'ai un enregistrement de gigue, leur rappela Donio, empressé de le faire tourner.

Par sa virtuosité, la délicatesse de ses mouvements et l'énergie qu'elle déployait, cette danse fascinait Éva. Aussi, ne se fit-elle pas prier pour entrer dans la ronde, son verre de champagne à la main. Ce disque fut suivi d'un autre, qui les entraîna dans une succession de *reels*. Pour la circonstance, Marcelle prit volontiers un rôle de danseur. À bout de souffle, elle réclama une pause.

— Je pense qu'on n'a jamais eu autant de plaisir depuis que votre mère n'est plus là, dit-elle.

— J'ajouterais qu'on n'a jamais autant fêté autour d'Éva, dit Donio.

— On continue, suggéra Gaby, pour qui le plaisir procurait autant de repos que le sommeil.

Juillet avait permis à Gaby et à son frère d'assister pour la première fois au tournage de quelques scènes de film. De nombreux résidents de Chertsey et des environs, endimanchés, étaient venus installer leurs chaises droites sur le gazon pour écouter le travail de l'équipe avec plus d'attention, de respect et d'intérêt qu'à la messe dominicale.

— J'ai été déçu de voir que presque tous les rôles importants sont joués par des Français, avoua Donio, sur le chemin du retour.

— Par contre, le producteur a fait appel à de très jeunes Québécois. T'as qu'à penser à Guy Mauffette, Pierre Dagenais, Janine Sutto, Ginette Letondal et Ovila Légaré.

— Tous des jeunes qui ont beaucoup de talent, quand même.

— Si quelque chose me déplaît dans ce film, confia Gaby, c'est son côté un peu moralisateur. Ce duel entre l'argent et la vertu, comme si les deux ne pouvaient aller de pair...

— Au moins, ça nous repose des petits films sur la guerre.

— Heureusement qu'on a la radio pour se divertir. Même si *Un homme et son péché* me met en colère, je ne peux m'empêcher de l'écouter. Pauvre Donalda! *Le Curé de village* semble plaire surtout aux dévotes comme notre sœur. Les clientes en rapportent certains épisodes. La série que j'ai préférée, c'est *La Pension Velder*. On retrouvait un peu de nous autres dans la raisonnable Élise, amoureuse d'un homme riche, et le rebelle Alexis, qui avait de mauvaises fréquentations.

— Moi, je te voyais dans Mlle Violette. Couturière, comme toi, fouineuse comme toi, et amoureuse de la musique, émit Donio.

Sa voiture s'arrêta à un poste d'essence, à mi-chemin entre Chertsey et Montréal. Le pompiste n'avait à la bouche que la nouvelle loi promulguée par le gouvernement fédéral obligeant tous les célibataires de plus de vingt et un ans à s'enregistrer à partir du 15 août.

— S'il pense m'énerver avec ça! dit Donio en revenant à sa voiture. Y a pas un régiment qui voudrait d'un vieux bonhomme comme moi.

— Un vieux? Tu te trouves vieux à quarante-sept ans!

— Trop vieux pour aller me battre.

— Tu as raison. Puis, nous, on a besoin de toi près de nous.

Cette nouvelle réquisition gouvernementale laissait entrevoir une nouvelle course au mariage dans la province et une recrudescence des contrats de couture à Montréal. «Avant de retrouver James, la confection des trousseaux de mariée ne m'apportait que du bonheur. Maintenant, je sens l'envie m'attraper, ma gorge se serrer, et je sais que j'aurai de gros efforts à faire pour que mes clientes ne s'en aperçoivent pas. S'il est un défaut qui me répugne, c'est bien la jalousie. Je n'aurais jamais pensé en ressentir un jour. C'est comme la mesquinerie, un autre travers que je déteste.» Revint à sa mémoire la recommandation qu'une religieuse faisait à ses élèves pour les aider à se débarrasser de ce défaut : remercier le Bon Dieu d'accorder cette faveur à la personne que l'on envie. « Il me serait sans doute plus facile d'imaginer que c'est à moi qu'arrive cette chance. J'aurai l'occasion de l'expérimenter au mariage d'Éva. »

Trois semaines plus tard, les femmes du Québec pourraient, après l'avoir si longtemps espéré, exercer leur droit de vote. Le 28 juin, le premier ministre Godbout avait déclenché des élections et annoncé qu'elles se tiendraient le 8 août. Un sondage plaçait les libéraux en tête avec trente-sept pour cent des votes, puis suivait le Bloc populaire, l'Union nationale n'en récoltait que quatorze pour cent, et les autres partis, dont l'Union créditiste, devaient se partager les vingt-deux pour cent restants. Dépité, Donio n'en voulait rien croire.

— Les sondages ne servent qu'à mêler les gens, soutenait-il devant tous les clients qui rêvaient d'un retour de l'Union nationale.

Au *Salon Gaby Bernier*, les couturières flottaient dans une effervescence palpable malgré un retour précipité au travail. La ruée vers les mariages pressentie par Gaby se concrétisait. Des trousseaux de toute catégorie devaient être confectionnés en un temps record. Cet impératif n'empêcha pas les ouvrières de causer de la grande victoire des femmes obtenue malgré l'opposition de Mgr Rodrigue Villeneuve et de Maurice Duplessis, chef de l'Union nationale. Toutes étaient déterminées à voter pour la première fois de leur vie, le 8 août prochain.

— Vive Adélard Godbout ! scandèrent les unes.

— Vive Mme Thérèse Casgrain ! clamèrent d'autres.

— Vive nos militantes ! relança Gaby. Il ne faudrait pas oublier Marie Gérin-Lajoie et Mme Walter Lyman, les premières à former un comité pour obtenir le droit de vote, en 1922. Puis Idola Saint-Jean, qui est venue les appuyer à sa manière un peu plus tard.

Mme Landry quitta son poste de réceptionniste pour rappeler ou apprendre à ses compagnes de travail qu'il s'agissait plutôt de la reconquête d'un pouvoir déjà exercé par le passé :

— Dès 1791, on pouvait voter si on possédait quelques biens. On nous l'a interdit il y a tout près de cent ans. Comme si le mot «électeur» ne pouvait avoir de féminin.

— Maman nous racontait comment les femmes de sa génération étaient peu considérées, reprit Gaby. Pas assez intelligentes pour faire des études universitaires ni pour exercer leur autorité ailleurs que dans la famille. Maintenant qu'on peut voter, il faudrait qu'on élise des femmes au gouvernement.

— Ouf! Tu rêves grand, ma Gaby, rétorqua Éva.

— C'est logique. On ne parle bien que de ce qu'on connaît. Si on veut être traitées à l'égal des hommes, il faut le réclamer nous-mêmes.

La majorité des couturières approuvèrent leur patronne.

— Je n'ai pas votre ambition, reconnut Éva. Pourvu qu'on me respecte, je n'en demande pas plus.

— Le jour où tu seras devenue Mme Paul Leblanc, tu changeras peut-être d'idée, lança Gaby, saisissant l'occasion pour l'annoncer à tout son personnel.

La nouvelle fit jubiler ses compagnes. Inondée de félicitations et de questions, la future mariée découvrait un certain bonheur à partager ses états d'âme.

— Aurez-vous des enfants? demanda une des plus jeunes employées.

La fièvre au visage, Éva refoula son embarras derrière son âge :

— On ne commence pas à bâtir une famille à quarante ans… Puis mon fiancé a eu les siens.

Gaby se porta à son secours :

— On n'a plus une minute à perdre si on veut livrer les trousseaux de mariage à temps… Sans parler qu'on devra compléter celui d'Éva.

— Pour octobre, précisa la future mariée au regard fuyant.

D'autre part, Gaby s'était rarement sentie intimidée. Mais depuis qu'elle avait commencé à rencontrer les actrices du *Père Chopin* pour prendre leurs mensurations et faire les essayages, elle se sentait impressionnée par Madeleine Ozeray, Janine Sutto et Ginette Letondal, considérées comme de futures stars du cinéma. La crainte de décevoir le réalisateur et le producteur lui avait causé quelques soucis, jusqu'au jour où elle avait mis ses doutes en veilleuse et plongé dans cet abandon qui lui inspirait des modèles uniques et d'un grand goût.

Tout Montréal fêtait ce 16 août 1944.

Les femmes, pour avoir fait la différence aux élections provinciales de la semaine précédente. À preuve, le nombre d'électeurs était passé de 753 310 en 1939 à 1 864 692. Les fans de l'ex-maire Camillien Houde, dont les Bernier, purent l'accueillir comme un héros à la gare Windsor de Montréal après quatre ans d'emprisonnement sans permission de communiquer ni avec les siens ni avec son avocat. Plus de 10 000 personnes l'attendaient, avides de croustillants détails sur son arrestation et les conditions dans lesquelles il avait été détenu. La Gendarmerie royale l'avait amené au camp de concentration de Petawawa, entouré d'espions et de fascistes et affecté à la coupe du bois pour le chauffage du camp.

Ce rassemblement devenait un lieu privilégié d'échanges. La révolte de Donio contre les mesures annoncées par le ministre de la Défense nationale avait trouvé son chemin.

— Le gouvernement achète nos jeunes gars de treize ans en leur promettant de leur verser un dollar vingt par jour lorsqu'ils auront atteint leurs dix-sept ans et demi. Ça et l'esclavage, c'est pareil. Enrôler des enfants, c'est un crime !

— Faut comprendre que l'armée a besoin de bras…, tempéra un vieillard placé devant lui.

— Nos fermiers n'en ont pas besoin, eux ? L'avenir de notre pays repose sur la jeune génération de travailleurs, monsieur.

Des interventions en faveur de la réjouissance avaient mis fin aux échanges musclés des hommes rassemblés autour de Donio Bernier.

UNE INDISCRÉTION DE DONIO

Jamais je n'aurais cru que mon métier deviendrait à ce point infernal. Une fois sur trois, ce sont des espions de la police militaire ou de la Gendarmerie qui montent dans ma voiture pour me tirer les vers du nez. Comme ils n'ont pas à me fournir de preuves, ils me soupçonnent d'aider les déserteurs et me menacent même d'emprisonnement, si je ne leur donne pas quelques pistes pour les attraper. Ils se trompent s'ils pensent que je suis de leur bord. Si j'avais à choisir entre la solidarité nationale et la liberté, je n'hésiterais pas une seconde. Dire que j'ai déjà rêvé de devenir soldat… Je comprends aujourd'hui que c'était le besoin de montrer que j'étais un homme de qualité qui m'y poussait. Quand j'ai décidé de faire du taxi, c'est la liberté que me promettait ce métier qui me motivait. Depuis que le monstre de la guerre est venu étendre ses tentacules jusque chez nous, ce n'est plus pareil. Si j'étais sûr qu'il est sur le point de rendre l'âme, j'y résisterais, mais j'ai peur qu'il ait ma peau. Changer de métier ? J'y pense souvent, mais je ne vois pas où je pourrais faire autant d'argent sans m'abrutir.

Il ne faut pas que mes sœurs sachent ça.

CHAPITRE VI

« Le mal » d'aimer. Pourquoi pas « le plaisir » d'aimer ? J'ai mis du temps à comprendre que l'un et l'autre sont indissociables. L'insécurité que crée l'amour dans ses premiers balbutiements, puis la dépendance qu'il installe par la suite, sans compter les tourments qu'il cause s'il doit prendre fin de quelque manière que ce soit. Pourquoi le recherchons-nous tant ? Pourquoi sommes-nous si enclins à l'idéaliser ? Combien de philosophies et de religions présentent l'amour comme le remède à tous les maux, la solution à tous les problèmes ! Dans ces cas, on magnifie ce sentiment, tolérant la passion amoureuse quand on ne l'exclut pas.

Aujourd'hui, j'aurais envie de lui préférer le bonheur. Un peu à la manière des ascètes qui aiment tout et rien en même temps. Qui se nourrissent de spiritualité. Ce qu'ils appellent la transcendance, cette attitude qui, selon moi, s'apparente au déni. Combien de temps pourrais-je m'y adonner, moi qui ai besoin de déguster, moi qui savoure le plaisir sous toutes ses formes ? J'aurais l'impression de me désincarner. De me couper de ce qui donne le goût de vivre.

Qui pourrait m'éclairer ? Quand je cherche, c'est la fuite qui se présente à moi, le déni ou la révolte.

— Où est Éva ? demanda Donio, blafard, à bout de souffle.

— À la grand-messe, comme tous les dimanches, supposa Gaby qui, devant l'air affolé de son frère, laissa tomber ses ciseaux sur la table.

— À quelle heure devrait-elle revenir ?

— Vers onze heures, habituellement. Mais qu'est-ce qui se passe, Donio ?

— Gaby, on n'a plus que vingt minutes pour se préparer.

Seul dans la cuisine à prendre son déjeuner dans la détente, Donio avait reçu un appel téléphonique destiné à Éva Bernier. Une voix d'homme. Une tragédie. À deux semaines du mariage. À son frère et à sa sœur revenait l'odieux de lui apprendre la nouvelle. Quand ? Comment ?

— Il devait venir la chercher cet après-midi pour l'emmener au cinéma, balbutia Gaby, effondrée.

— L'attendre ou aller au-devant d'elle ?

— Aller au-devant, mais pas trop loin de la maison. Sinon, j'ai peur de ne pas tenir le coup, avoua Gaby.

— La questionner sur l'homélie sans rien laisser voir avant d'entrer, proposa Donio.

— Tu crois qu'on en sera capables ?

— Il le faut, Gaby.

Les minutes étoffaient leur angoisse. Un exutoire ? Utopie.

Éva venait, la démarche nonchalante…, jusqu'à ce qu'elle les aperçoive, s'arrête, lève la tête, subjuguée d'appréhension. Ils avançaient, muets, le regard ténébreux. Aucun des deux ne parvint à ouvrir la bouche. Éva les suivit comme un condamné à la potence. La porte refermée derrière eux, elle prit la direction du salon. Ils l'y accompagnèrent. Abandonnée à la berçante de Louise-Zoé, elle rompit ce silence morbide.

— Je sens bien que j'aurai besoin de votre aide, grand-mère, dit-elle, les mains jointes sur sa poitrine, le regard porté au loin, très haut.

Donio aurait préféré le lui confirmer d'un signe de la tête, si elle l'avait regardé. Gaby promenait son pouce sur son menton, les yeux pleins de larmes.

— C'est juste moi ou nous trois? voulut savoir Éva, dont la voix allait flancher d'un mot à l'autre.

— C'est Paul, murmura Donio.

— Ah… Où est-il? parvint-elle à articuler.

— Là où on ne souffre plus, lui apprit Gaby avec une émotion à peine réfrénée.

Éva quitta sa chaise, vacillant sur ses jambes jusqu'à son lit. S'y laissa tomber. Pas un son. L'effroi. Le doute. La réponse dans les regards de son frère et de sa sœur venus l'y rejoindre. Une peine immense emprisonnée dans un coin de son être. Cœur et corps brisés, elle poussa un gémissement puis se recroquevilla comme un fœtus, tentant d'annihiler sa douleur. Il vint, ce déferlement de pleurs qui libéra le trop-plein de sa détresse. Gaby et Donio quittèrent la chambre. Le deuil d'Éva avait pris toute la place.

La faim avait déserté les estomacs des Bernier. Comme Marcelle était en congé pour la journée, Gaby et son frère ne trouvèrent le courage de cuisiner un plat qu'en prévision des besoins d'Éva. Ils convinrent aussi de ne pas quitter la cuisine. Demeurer à la disposition de leur sœur éprouvée s'imposait. Garder dans la maison des étincelles de vie leur apparut essentiel… pour ne pas laisser la mort s'y étendre d'un mur à l'autre. Trouver une occupation pour la narguer.

— Si on changeait les rideaux de la cuisine? proposa Gaby.

La suggestion déstabilisa Donio.

— Tu sais bien que je n'ai pas une once de talent pour la décoration.

— Viens seulement m'aider à prendre les mesures. Je trouverai bien sur les rayons de ma salle de coupe un tissu qui les habillera plus joliment.

— J'en profiterai pour rafraîchir la peinture des cadrages, annonça Donio, surpris de lui-même.

— Tu commences par les laver, les vitres ensuite. Je vais t'apporter ce qu'il faut. Je vais venir tailler ici, sur la table de la cuisine.

Le silence dominait.

Les sanglots s'épuisèrent dans la chambre d'Éva. De la porte entrouverte, Donio vit que sa sœur avait ramené sur elle la couverture de laine qui décorait son lit. Souhaitant qu'elle s'endorme, il ferma la porte plus délicatement que d'habitude.

Au cœur de l'après-midi, du bruit dans la chambre suggérait qu'Éva avait quitté son lit.

— Besoin d'aide? offrit Gaby.

Pas le moindre petit éclat de voix. Un branle-bas dans son placard.

— Qu'est-ce que tu fais, Éva? vint s'enquérir Donio.

Même silence.

Une heure plus tard, Éva apparut, le regard anéanti, les bras chargés de vêtements, dont sa robe de mariée.

— Je voudrais une grande boîte de carton, marmonna-t-elle.

— Je vais aller te chercher un beau portemanteau en bas, dit Gaby.

— Pas la peine. C'est pour brûler.

Consternation. Impuissance. Inquiétude.

— Tu aimerais que je m'en charge ? avança Donio, conscient de sa gaucherie.

— Que tu m'emmènes à Chambly.

Des regards troublés se tournèrent vers Éva.

— Ma vie est finie. Je suis prête à aller rejoindre mes parents. Le plus tôt possible.

— Viens t'asseoir un peu avec nous avant, la pria Gaby. On a besoin de toi pour organiser les jours qui viennent.

Éva lui tourna le dos et déposa sa charge sur son lit en attendant de l'entasser dans une boîte. Pas un morceau de son trousseau de mariée ne manquait. La photo de Paul, en vedette depuis deux ans sur la commode, y fut ajoutée avec un geste arraché à sa révolte.

— Quand est-ce que les gens vont comprendre qu'on risque de causer la mort quand on conduit en boisson ? gémit Donio, dans l'intention de répondre aux questions coincées dans la gorge de sa sœur.

Gaby le seconda :

— C'est un accident d'auto. Il n'a pas souffert.

La respiration cherchait-elle son chemin dans le corps momifié d'Éva ? On craignait le pire. Une crise cardiaque, peut-être.

— Il faut que tu saches…, avança Gaby, l'entraînant dans la cuisine.

Éva se laissa choir sur la chaise présentée par Gaby, vidée de toute réaction.

— Donio et moi irons avec toi aux funérailles mercredi matin.

Le regard égaré, ses lèvres exsangues marmonnaient comme une prière.

— Il faudrait qu'on mange un peu, suggéra Donio. C'est prêt, Gaby ?

Trois couverts et trois bols de soupe furent placés sur la table. Une miche de pain et du beurre s'ajoutèrent. Sa cuillère à peine garnie, Éva la porta à sa bouche avec lenteur, cloîtrée dans le silence.

Il en fut ainsi, le reste du repas, après quoi, la jeune veuve retourna dans sa chambre pour s'y enfermer de nouveau.

Exténués et démunis, Gaby et Donio espéraient un meilleur lendemain.

Deux jours passèrent dans une atmosphère étrange.

— Je m'en vais au pensionnat Sainte-Catherine, vint annoncer Éva, dont les comportements mystérieux avaient retenu Gaby à leur domicile.

— Je vais t'y conduire.

— Ne te dérange pas, un taxi m'attend…

Vêtue de noir, un grand sac au dos rond accroché à son bras, Éva descendit l'escalier d'un pas ferme.

— On t'attend pour le souper? lui cria Gaby avant qu'elle n'ait franchi le seuil.

— Non.

Dans la grande salle de couture, les ouvrières, informées du décès de Paul, reçurent leur patronne avec un soulagement anticipé. L'épreuve que traversait Éva les inquiétait d'autant plus que leurs questions demeuraient sans réponses. Gaby leur en apporta quelques-unes, mais les attitudes, les intentions et les états d'âme de la fiancée de Paul demeuraient énigmatiques. Mme Landry crut qu'elle retournerait à la vie religieuse. Gaby soutint que ce n'était pas aussi simple que ça d'entrer au couvent, encore moins dans la situation de sa sœur. Des compagnes de son âge présumaient qu'elle était allée chercher une consolation auprès des religieuses qu'elle y avait connues.

— Je crois que la robe de la petite bouquetière d'Éva n'est pas terminée, se souvint Gaby.

Une petite main le lui confirma, disposée à s'y adonner le jour même.

— Je vais la reprendre telle qu'elle est, plutôt. Avec le temps, on verra ce qu'on en fait.

Après s'être assurée que ses couturières avaient tout le nécessaire pour leur travail de la semaine, Gaby se cloîtra dans sa salle de coupe, la robe de la bouquetière pressée entre ses mains qu'elle porta sur sa poitrine. « Être arrachée à son rêve à deux pas de le réaliser, quelle déchirure ! Pauvre Éva ! Quarante et un ans. J'imagine un peu ce qu'elle doit ressentir. Je ne trouve pas pour autant la manière et les mots qui l'apaiseraient. Mieux que mon frère et moi, maman aurait su l'accompagner, elle qui a vécu semblable drame. Les religieuses y parviendront peut-être. J'attendrai son retour, quitte à passer la nuit debout. Demain, les funérailles de Paul. A-t-elle prévu y assister ? Quelle journée angoissante ! »

La robe de la bouquetière enfouie derrière les rouleaux de satin, Gaby s'accouda à sa table, l'imagination oiseuse. Son regard s'égarait sur les rayons de tissus. La souffrance d'Éva l'avait vidée de sa créativité. Une impression de nausée prenait prétexte de tout ce qui l'entourait. Le cendrier vidé et lavé ne l'en délivra pas. Ce mal de mer s'attaquait à tous les recoins de sa vie. À son travail, à sa famille, à ses amours même. L'urgence de la fuir la conduisit vers Margot, son amie, sa confidente. Ses attentes furent comblées.

— Si tu le veux, je vais attendre Éva avec toi, offrit Margot.

Ils étaient quatre pour l'accueillir lorsqu'elle entra un peu avant minuit…, sans bagages, sans détresse sur son visage, qu'un petit colis dans son sac à main.

— Tu as de la chance, Gaby, d'avoir une amie comme Margot Vilas, dit Éva après avoir reçu ses condoléances. Dans les bons comme dans les mauvais jours, elle est là.

— Vers quelle heure aimerais-tu qu'on se rende à Laval, demain ? osa demander cette dernière avec une spontanéité à couper le souffle.

— Après que tout sera fini…, mais avant que les fossoyeurs enterrent le cercueil.

L'étonnement de chacun se blottit ailleurs que dans les mots. Les gestes aussi risquaient de tout briser. Attendre.

Éva les quitta, le temps de récupérer dans sa chambre une petite boîte au contenu visiblement précieux.

— J'irai la déposer tout près de lui. Ce sera comme si on avait eu le temps de se marier.

— Je peux savoir ce qu'il y a dedans? s'enquit Margot, qui ne pouvait concevoir qu'elle se dépouille aussi de sa bague de fiançailles.

— Un peu de moi… Bonne nuit!

— À demain!

— Il faudrait partir vers neuf heures, émit Donio d'une voix impersonnelle, avant de leur souhaiter une bonne nuit.

Octobre avait épuisé son temps et Éva n'était pas encore prête à reprendre sa place au sein de l'équipe du *Salon Gaby Bernier*. Cahiers de paies, factures, dentelles à confectionner et divers travaux réservés aux petites mains lui étaient apportés au domicile. Fait étonnant, elle insistait pour aider Marcelle à préparer les repas. S'y ajouta un attrait exceptionnel pour la gastronomie. D'une sérénité puisée à une source présumément mystique depuis sa visite aux religieuses du pensionnat Sainte-Catherine, Éva ne parla plus de son fiancé. Au cimetière, elle avait demandé à ses accompagnateurs de l'attendre dans la voiture. Elle en était revenue les mains vides et sans mot. Méconnaissable, Éva Bernier, depuis le décès de son Paul.

À Chambly, où elle avait demandé à être conduite, elle avait prié longuement, agenouillée devant la pierre tombale de ses parents. La patience de Gaby frôlait ses limites quand elle s'était enfin relevée et avait déambulé, tête basse, vers la sortie. Pour tromper la grisaille qu'elle véhiculait, Gaby s'était engagée sur la rue Bourgogne. En passant devant l'imposante maison d'Albani, qu'Emma Lajeunesse avait fait construire pour son père, elle avait émis un vœu :

— Si on l'achetait pour venir y passer notre fin de vie… près de nos parents défunts ?

Éva avait haussé les épaules, le visage embrumé d'absence.

Trop de silence.

— Ça ne te dérangerait pas si je chantais ? avait espéré Gaby pour échapper à un inconfort inqualifiable.

Un rictus sur le visage de sa passagère. À Gaby d'en traduire le sens, et elle s'y était risquée. Le choix de la chanson demeurait délicat. «Pas de chant d'amour. Pas de mélodie triste. Pas trop joyeuse non plus.» Tino Rossi était venu à son secours :

Quand tu reverras ton village

Quand tu reverras ton clocher
Ta maison, tes parents, tes amis de ton âge
Tu diras : «Rien chez moi n'a changé»

Quand tu reverras ta rivière
Les prés et les bois d'alentour
Et le banc vermoulu près du vieux mur de pierre
Où jadis tu connus tes amours

Ta belle t'est fidèle et bien sage
C'est elle qui viendra te chercher
Quand tu reverras ton village
Quand tu reverras ton clocher

La grand-rue ce jour-là prendra ses airs de fête
Son visage fleuri d'autrefois
Et la nuit sur la place un orchestre musette
Bercera ton amour et ta joie
Mon pays, tout mon cœur, écris-tu tendrement
À bientôt, je pense à toi maman.

Quand tu reverras ton village
Quand tu reverras ton clocher
Ta maison, tes parents, tes amis de ton âge
Tu diras : « Rien chez moi n'a changé »

Quand tu reverras ta rivière
Les prés et les bois d'alentour
Et le banc vermoulu près du vieux mur de pierre
Où jadis tu connus tes amours

Ta belle t'est fidèle et bien sage
C'est elle qui viendra te chercher
Quand tu reverras ton village
Quand tu reverras ton clocher

Éva s'était endormie. Du moins, Gaby l'avait-elle cru. Elle avait pu, dès lors, emprunter à Édith Piaf des chansons romantiques à pleurer.

Cette visite au cimetière de Chambly n'avait en rien changé l'attitude d'Éva. « J'ai le sentiment d'avoir perdu ma sœur. Son éloignement, ajouté à l'absence de Jean, installé à Rimouski dix mois par année pour y poursuivre sa formation, me fait une entaille au cœur. Seul le retour de James pourrait m'en distraire. Heureusement, Donio dit ne pas être concerné par l'enrôlement. Il m'est si cher ! Margot m'apporte une présence irremplaçable, Marcelle a encore le goût de demeurer avec nous, mon personnel est heureux de travailler pour moi et, avec mon tailleur, c'est l'harmonie totale. On ne manquera pas de travail avant la fin de l'année. Je souhaite de tout mon cœur que Jean et son frère acceptent de venir passer le temps des Fêtes avec nous. Sans eux, ces deux semaines promettent d'être plutôt pénibles. À moins que James soit revenu. »

Donio partageait les préoccupations de Gaby, sans toutefois attribuer à la seule présence des jeunes Taupier le pouvoir d'éclipser l'aura d'Éva. Non pas qu'elle était triste, mais pire encore, neutre, en tout temps. Quoi dire et que faire face au néant ?

Le 28 novembre, de retour d'un voyage de taxi à Oka, Donio en rapporta une bonne somme d'argent et un projet stimulant. Grâce à ses contacts, les résidents du 1669 auraient à leur disposition une maison suffisamment grande pour loger six personnes, du 24 décembre au 3 janvier. Située sur un verger au nord du chemin d'Oka, cette propriété offrait un splendide panorama du lac des Deux Montagnes.

— Faut venir voir ça, les filles !

— J'ai bien entendu ? Oka ? fit répéter Éva, sans lever les yeux du col de dentelle qu'elle achevait de fixer à une robe de soirée.

Un raz-de-marée dans la cuisine des Bernier, où Gaby et Marcelle avaient passé la soirée à jouer aux cartes. Leur jeu abandonné sur la table, les deux femmes n'avaient plus d'intérêt que pour Éva.

— À Oka, ma chère ! Au Poisson-Doré, lui rappela Donio. Avec les scintillements du soleil sur la neige immaculée, tu te croirais au paradis.

— Une belle place pour faire du ski aussi, ajouta Éva à l'intention de sa sœur.

— Et de la raquette, et du patin, et du traîneau, enchaîna Gaby. De quoi satisfaire tous les goûts ! Même ceux de Jean et de Charles.

Tout de go, elle rédigea une lettre, qu'elle glissa dans une enveloppe adressée à Jean Taupier. Donio fut chargé de la mettre à la poste tôt le lendemain matin. Soudain, le visage de Gaby s'embruma.

— Y a-t-il un téléphone dans cette maison, Donio ?

— Oui, oui. J'ai toutes les photos et la description dans mon auto. Je vous les montrerai demain.

— Moi aussi j'ai une condition à ma présence à Oka, émit Éva. Que Marcelle vienne avec nous.

— Tu n'imagines pas qu'on laisserait notre cordon-bleu en ville. À moins qu'elle ait d'autres projets, avança Donio.

— Il faudra la décharger de la préparation des repas.

La proposition fut reçue à l'unanimité.

— Maintenant que Marcelle m'a appris à cuisiner, c'est moi qui vous ferai les déjeuners et les dîners, déclara Éva.

— Et moi, les soupers, offrit Gaby, trop heureuse de voir sa sœur sortir de son coma.

Pour que la vie reprenne tous ses droits au domicile des Bernier, il manquait un geste. Gaby déplora de devoir le remettre au lendemain. Prendre des nouvelles du couple McKinley et lui donner le numéro de téléphone où la joindre pendant son séjour à Oka, advenant que James se manifeste. Personne autour d'elle n'avait émis la possibilité qu'il soit libéré avant Noël. Personne même n'avait évoqué son nom, encore moins son possible retour, la guerre terminée. Comme s'il avait subi le même sort que le fiancé d'Éva.

Gaby alla cacher dans sa chambre une indignation qui risquait de perturber cette joie de vivre enfin retrouvée. Son amour pour James, un ravage intime que trahissaient parfois ses longs soupirs, mais qu'elle ne traduisait à personne. Dans l'obscurité de sa chambre, une image de lui n'en finissait plus de peindre son absence. Comme si le moment de leurs adieux revenait sur ses pas.

Ce souvenir l'attaquait toujours au moment où elle effleurait le bonheur. Pas toujours logique, la vie!

À nul autre comparable, ce congé du temps des Fêtes. L'année 1945 s'était introduite dans le cœur des Bernier, y avait fait une brèche d'espoirs et déposé des prédictions de paix et de retrouvailles. On aurait dit que la terre entière s'était mise à leur diapason, tant les étendues opalescentes d'Oka se prêtaient aux skieurs comme aux piétons. Les frères Taupier, fouettés par l'enthousiasme de Donio, avaient troqué la discipline de leurs collèges contre un tourbillon d'activités. Éva, ressourcée par ses visites quotidiennes au calvaire, s'était acquittée de ses engagements avec un art insoupçonné. Les convives s'étaient pourléchés de ses ragoûts, de ses crêpes, de ses pâtés à la viande et de ses « sandwichs à l'Éva ». Pour les desserts, elle s'en était remise à Marcelle, qui gardait le fort en l'absence de Gaby. Cette dernière n'avait skié que lorsqu'il faisait nuit en Europe… de peur de rater un appel de James ou de ses parents. À la fin de leur séjour, le propriétaire de la maison, un certain M. Allard, était retourné les saluer.

— La plus belle preuve que ça vous a plu, c'est que vous reviendrez, avait lancé l'homme dans la cinquantaine.

Et, s'adressant à Éva, dont il avait remarqué les nombreuses visites au calvaire, il avait dit :

— Chère dame, comme vous avez apprécié cet endroit de recueillement, revenez en saison chaude, vous verrez que c'est encore plus beau.

— Vous avez raison, nous l'avons déjà vu en été.

— J'espère vous accommoder de nouveau, mesdames et messieurs.

Des vœux pour la nouvelle année lui avaient été présentés par Éva :

— Au nom de nous tous, M. Allard, paix, santé et prospérité.

Que sa sœur soit ressuscitée et que les frères Taupier se soient bien amusés avait charmé Gaby, sans pallier, toutefois, l'absence de nouvelles des McKinley. La fiancée de James luttait pour garder sa peine dans un recoin de son cœur.

En quête d'une compensation, si minime soit-elle, aussitôt rentrée à Montréal, elle se replongea dans son travail. Le retour progressif d'Éva au salon de couture la réconforta, sans empêcher le quotidien de défiler sur une toile de fond tissée d'inquiétudes. Les parents McKinley l'avaient même étoffée. L'espérance de Judy s'amenuisait comme une peau de chagrin pendant que le mutisme de son mari s'accentuait.

— La guerre nous a tout pris, lui avait confié Judy, la veille au soir.

« Vivement un nouveau défi ! » souhaitait Gaby, quand Mme Landry pénétra dans la salle de coupe dont elle referma la porte.

— J'ai cru bon de vous prévenir... Vous avez de la grande visite.

— Qui donc ?

— Mlle McConnell, la fille de l'éditeur du *Montreal Star*.

— Oh, mon Dieu !

Engagé dans la société montréalaise, M. McConnell, homme d'affaires doué, était connu aussi pour ses nombreuses collectes de fonds dédiées aux familles en difficultés financières. La santé, la culture et l'éducation lui tenaient à cœur. Aussi, comptait-il parmi les plus grands donateurs du Musée des beaux-arts de Montréal. Un citoyen exemplaire, quoi. Qu'en était-il de sa fille ?

Gaby se tourna vers le miroir, replaça les mèches désinvoltes échappées de son chignon et colora ses lèvres d'un rouge aux reflets fuchsia.

— Un peu de fard sur vos joues puis... votre plus beau sourire, lui conseilla Mme Landry.

Du coup, Gaby comprit que ses tourments intérieurs avaient pu étendre leur ombre sur son visage. « Les personnes qui m'entourent ne méritent pas ça. Mes clientes non plus. »

— Emmenez-la-moi, s'il vous plaît, Mme Landry.

Une élégante demoiselle au profil de fée lui tendit la main.

— Madame Bernier, Kathleen McConnell.

— Vous êtes la bienvenue, Mademoiselle.

— J'ai beaucoup entendu parler de vous, dernièrement. Que des éloges à votre égard. Il était temps que je vous découvre.

— Je pourrais en dire autant de votre père, Mlle McConnell. N'est-il pas à l'origine d'une Fondation qui fait appel à la participation communautaire pour solutionner les problèmes sociaux?

Kathleen le lui confirma, pressée toutefois d'exposer le but de sa visite.

— Je vais peut-être vous surprendre, mais j'espère au moins ne pas vous vexer, Mme Bernier.

Le malaise de Mlle McConnell indisposa Gaby.

— Dites d'abord!

— J'imagine que vous avez l'habitude de proposer des modèles à vos clientes.

— Plus d'un…, jusqu'à ce que la cliente soit satisfaite.

— C'est un travail d'artiste que vous faites, Mme Bernier, n'est-ce pas?

— C'est une forme d'art, oui.

— J'aurais tellement aimé me consacrer à la peinture ou au dessin, mais…

Kathleen attendait de Gaby une question qui ne vint pas.

— Je me reprends en dessinant des articles de mode, balbutia la jeune fille.

— Désolée, je ne puis me payer une dessinatrice.

— Je ne venais pas pour ça, Mme Bernier. C'est que je me marie en mai et je cherche une bonne couturière pour tailler et coudre mon trousseau. On m'a dit que vous étiez la meilleure à Montréal pour les costumes de noces. J'ai apporté mes dessins…

« Eh bien ! Elle ne manque pas de culot, cette fille-là ! » pensa Gaby, des plus réservées.

Le geste nerveux, Kathleen sortit de son sac une grande enveloppe pliée en deux. Elle en retira le contenu avec soin et exhiba sur la table assez de croquis pour la couvrir en sa totalité.

Gaby les examina un après l'autre, sans empressement.

— Vous tenez à tant de simplicité pour les robes des demoiselles d'honneur ?

— C'est à cause de la guerre…, les restrictions…

— La guerre ? Elle sera finie en mai. Bien avant, peut-être. J'espère…

— Si on pouvait savoir…, dit la jeune femme, quelque peu confuse.

Un long silence de chaque côté de la table. Les mots stagnaient sous les inquiétudes et la douleur de Gaby.

— Qu'est-ce que vous changeriez, vous ?

— J'allongerais la jupe et j'ajouterais une écharpe de dentelles qui donnerait du chic au corsage.

Qu'un hochement de tête de la jeune cliente. Puis, elle attira l'attention de Gaby sur le croquis de la robe de mariée : longue, avec une coupe princesse extrêmement simple. « Trop ordinaire pour que je griffe cette robe », jugea Gaby.

— Quel tissu me recommanderiez-vous ?

Gaby tira de ses rayons un rouleau de satin couleur perle.

— Voici ! Et pour votre voile, je…

Kathleen l'interrompit.

— Pas de voile. Je me suis entendue avec mes parents pour ne porter qu'un diadème. Il est superbe. Tout en perles filigranes. Ils me l'offrent en cadeau de noces.

Gaby suggéra quelques jours de réflexion de part et d'autre. Jamais encore on n'était venu la soumettre à une exécution dont elle n'était pas la créatrice. La noblesse de la famille McConnell la plaçait dans une situation délicate. L'impression d'être privée de l'élément le plus passionnant de son métier l'amena à se questionner. Ce genre de défi, Gaby ne l'avait ni prévu ni souhaité. « Je suis une créatrice de mode, non une exécutante. Qu'adviendra-t-il de la réputation de mon Salon si je signe des créations qui ne sont pas authentiques ? Et si Mlle Kathleen ne tenait pas tant que ça à porter du *Gaby Bernier* ? Si elle insiste, je ferai son trousseau sans le griffer et lui demanderai plus cher que pour mes propres créations », résolut Gaby.

À plus petite échelle, cet événement reflétait le climat social des pays en guerre. Les infractions aux lois et principes établis se multipliaient. Un décret du gouvernement fédéral, voté à la majorité en début janvier, avait imposé la conscription. Plus de 14 000 Canadiens avaient reçu l'ordre de s'embarquer pour l'Europe, mais plus de 2 000 Québécois manquaient à l'appel. Donio les comprenait et, plus encore, il les protégeait.

Jamais Gaby n'avait acheté tant de journaux. On y rapportait que les Forces américaines marquaient des points dans les Philippines. Elle feuilleta son dictionnaire, localisa ce coin de terre et constata que le Canada en était très éloigné. Certains reportages laissaient courir des rumeurs d'essoufflement des Forces allemandes. « À quoi bon sacrifier encore des milliers d'hommes indispensables chez nous ? Nos femmes vont s'épuiser », soutenaient ceux qui avaient vécu la Grande Guerre. Réélu maire de Montréal, Camilien Houde demeurait discret sur le sujet. Il avait payé de son emprisonnement la liberté d'opinion dont il s'était prévalu en 1940.

Informée de ce décret, Gaby avait enterré l'espoir que des soldats, blessés ou malades, soient retournés dans leur famille, que des Américains puissent fuir vers leur pays. James et ses compagnons étaient-ils tenus au courant du déroulement des conflits et de leurs aboutissants ? Pas un enrôlé n'était revenu pour en répondre. L'amour de James pour sa fiancée le guidait-il dans l'exercice de ses fonctions, ou ses tâches l'en détachaient-elles ? Croyait-il en la fidélité de Gaby Bernier ? Dans une lettre adressée à Judy McKinley, elle la priait d'informer James de son loyal attachement et de sa douleur de le savoir si loin et en danger. Elle en rédigeait les dernières lignes lorsque Mlle McConnell demanda à la rencontrer.

— Je viens m'excuser pour mon manque de considération, Mme Bernier. J'avais été mal conseillée quand je suis venue la première fois. Une amie de ma mère qui s'y connaît en haute couture m'a fait comprendre qu'on ne va pas chez une créatrice de mode pour se faire confectionner son propre patron. Si vous refusez de faire mon trousseau de mariée, je comprendrai et je ne garderai pas rancune.

Gaby l'écoutait, tout à son étonnement. Puis, la jeune fille ajouta, au bord des larmes :

— J'avais tant rêvé de porter du *Gaby Bernier* pour ce grand jour…

— C'est encore possible, Mlle McConnell. Si nous faisons chacune un petit bout de chemin…

— Tout ce que vous voudrez, Mme Bernier.

— Si nous n'étions pas en temps de guerre, qu'est-ce que vous souhaiteriez pour votre trousseau ?

Au terme de sa réflexion, Kathleen savait qu'elle aurait voulu être la mariée la plus élégante de tout Montréal, la digne fille de l'éditeur du *Montreal Star*.

— J'aurais aimé porter un voile, une longue traîne ornée de perles blanches. Et pour mes demoiselles d'honneur, de jolies robes à la cheville, déclara-t-elle, le regard jubilant.

— Qui nous dit que ce 14 mai, la guerre ne sera pas finie ?

— Et si elle ne l'était pas, beaucoup de gens nous reprocheraient de…

Kathleen avala ses mots.

— Mlle McConnell, je vous propose de préparer une tenue plus chic pour vous et vos demoiselles d'honneur, quitte, à une semaine d'avis, à retirer le voile et la traîne et à raccourcir les manches et les jupes des autres robes.

La suggestion enchanta la future mariée.

— Vous comprendriez que dans un tel cas, le trousseau coûtera plus cher…

— C'est tout à fait normal, Mme Bernier.

Et hop! Kathleen boucla la rencontre par une accolade qui médusa Gaby.

Au cours des cinq dernières années et demie, on aurait dit que la planète entière avait tremblé de rage tant les drames s'étaient multipliés. En ce printemps 1945, la guerre était enfin terminée. La justice n'avait cependant pas pu participer à l'élimination d'Hitler et de sa complice, Mme Braun. Tous deux s'étaient suicidés dans le bunker de la chancellerie, le 30 avril. Le lendemain, Paul Joseph Goebbels, un des plus puissants dirigeants de l'Allemagne nazie, avait fait de même, ainsi que sa famille. Mussolini avait été exécuté par des résistants italiens quelques jours auparavant. Le seul événement rassembleur à faire l'objet de la une des journaux et des bulletins de nouvelles à la radio avait porté sur la Conférence tenue à San Francisco dans le but de créer l'Organisation des Nations Unies.

Une semaine plus tard, on passait de l'enfer au paradis. Le même message était répété quatre ou cinq fois par heure sur toutes les stations de radio : *La guerre est finie en Europe.* De l'Atlantique au Pacifique, c'était l'allégresse, le délire même. Les cloches carillonnaient à toute volée. Tous les drapeaux fraternisaient. Les grands magasins tels *Henry Birks & Sons Limited, Dupuis Frères, Jas A. Ogilvy Limited,* achetaient des espaces dans différents journaux pour exprimer leur gratitude à l'égard de tous ceux qui avaient risqué leur vie par esprit patriotique.

Les patrons donnaient congé à leurs employés, certains quittaient leur poste tout de go pour aller fêter. On s'attroupait, on marchait dans les rues, on se donnait l'accolade, sans même se connaître parfois. L'alcool étant rationné, la célébration de la victoire ne devait son éclat qu'à la spontanéité et à l'enthousiasme.

Gaby n'arrivait pas à partager cette euphorie. Croire aveuglément que dans moins d'une semaine elle tomberait dans les bras de James la hantait. Une euphorie qui risquait de lui faire perdre l'équilibre. Funambule sur un fil d'acier, le vertige la guettait. Attendre pour célébrer. Attendre le plus sereinement possible.

— Comme tous ses frères de combat qui le souhaitent, James sera bientôt rapatrié, dit Donio, rentré à la maison après une journée décevante.

— Ça pourrait être long?

— Premier arrivé, premier démobilisé, c'est la loi, nuança-t-il. Puis n'oublie pas, Gaby, qu'il pourrait recevoir une nouvelle affectation. La guerre n'est pas finie dans le Pacifique.

— Je suis certaine qu'il la refusera. Il exigera la libération… pour moi, pour nous deux et pour ses parents.

Les soldats du Royal 22ᵉ Régiment devaient être ramenés au Canada à bord du *Nieuw Amsterdam*. D'autres seraient rapatriés par train et les plus chanceux arriveraient à New York à bord du luxueux *Queen Mary*. «James le mériterait bien», se dit-elle.

Le bilan des pertes humaines des différents pays belligérants sortait au compte-gouttes. Aux États-Unis, pays le moins affecté, on les chiffrait autour de 290 000. Gaby persistait à nier que son fiancé puisse être du nombre. Les McKinley avaient promis de l'informer dès les premières nouvelles arrivées.

Au fil des semaines, le silence de James prenait un goût amer. Les journées de Gaby se tissaient sur une attente interminable. Ses nuits la ramenaient à cette chambre d'hôtel où elle et son fiancé s'étaient adonnés à un délire amoureux qui les avait tenus enchaînés l'un à l'autre. Elle pouvait encore recréer ce parfum sauvage qui se mêlait à l'odeur de la passion qui les habitait. Ces souvenirs attisaient sa douleur.

Le mois de mai s'étiolait. Dans sa salle de coupe, Gaby ne dessinait plus que de la désespérance. Sa vie allait de vague en écume.

Dans la matinée du 25 mai, Donio reçut un appel téléphonique en provenance de New York.

— Je n'aurais pas dû revenir seulement parce que j'avais oublié de nourrir les quatre bibittes à poil... Encore une fois, l'odieux d'annoncer une mauvaise nouvelle à Gaby me tombe sur le dos. La pire des mauvaises nouvelles de toute sa vie, apprit-il à Marcelle avant de reprendre le téléphone pour appeler au salon de couture. Mme Landry, pouvez-vous m'envoyer Éva, s'il vous plaît?

— Un instant, Donio.

Le combiné déposé sur la table, les secondes s'empilaient.

— Je n'ai pas vraiment le temps de te parler, Donio, l'informa Éva.

— Monte tout de suite à la cuisine. C'est urgent. Ne dis rien à Gaby. Viens! la supplia-t-il.

— J'arrive, Donio.

Éva trouva son frère impuissant à retenir ses sanglots, et Marcelle terrassée.

— Une mauvaise nouvelle?

— ...

— De New York?

— Oui.

— James est blessé?

— Trop…

— Non ! Gaby ne mérite pas ça ! cria Éva, se tenant la tête à deux mains.

Donio se ressaisit après avoir pleuré tout son soûl dans les bras de sa sœur.

— Il faut décider quand et comment on lui apprendra sa mort tragique.

— Seulement ce soir, Donio. On a besoin de toute la journée pour s'y préparer.

Marcelle rappela Mme Landry pour la prévenir de l'absence d'Éva pour le reste de la journée, probablement.

— Gaby voudra savoir pourquoi…

— Dites-lui que Donio avait besoin d'elle pour conduire une dame âgée à l'hôpital.

— Ne restons pas ici, Éva.

— Allons dans un parc, suggéra-t-elle.

Son téléphone-taxi fermé, Donio avait échappé aux appels de Gaby qui, curieuse d'en apprendre davantage, avait tenté maintes fois de le joindre.

Un mot laissé sur la table de la cuisine la prévenait de ne pas les attendre pour souper. Marcelle avait ajouté le sien : « *Ton repas est dans le four.* »

Vers les vingt heures, le moment fatidique de la désillusion sonna. Gaby le comprit en voyant arriver son frère, sa sœur et la servante. Leurs regards endeuillés mirent les mots sur ses lèvres.

— Il ne reviendra pas ?

D'un signe de la tête, tous trois le lui confirmèrent.

— Ses parents…

— Ils l'ont su avant nous, parvint à balbutier Donio.

— Comment c'est arrivé ?

— Bêtement. Il est tombé du char d'assaut qu'il conduisait, répondit Donio, refusant de lui apprendre que l'engin lui était passé sur le corps.

Gaby attrapa un veston et s'apprêtait à sortir quand son frère la retint.

— Viens t'asseoir dans le salon. On est avec toi dans le malheur comme dans la joie.

Un cri trempé de chagrin jaillit de la poitrine de Gaby. Les larmes dévalaient sur ses joues, ruisselaient sur son menton pour disparaître dans son corsage. La présence réconfortante de ses proches occupait le silence qui perdurait. Les yeux clos, Gaby ressentait leur amour, s'en couvrait pour demeurer à hauteur de vie.

— La mort a eu raison de James, mais elle ne gagnera pas sur moi. James ne mérite pas moins, murmura-t-elle avant de se retirer dans sa chambre.

Gaby pleura son grand amour et ses projets en lambeaux. Dans sa peine, le jour n'était plus qu'un filtre blond glissé sur les ténèbres. Sans James, elle regardait le lendemain avec des yeux vides d'avenir. Son visage s'embrumait d'absence. Le soir venu, la tentation de s'enfermer pour mieux s'engloutir dans une solitude absolue l'envahissait.

Après deux semaines de deuil, Gaby devait traverser ce mur de chagrin, comme Éva l'avait fait moins d'un an auparavant. Elle n'en trouvait cependant ni le courage ni les moyens. Plus son quarante-quatrième anniversaire de naissance approchait, plus la détresse se resserrait autour de ses projets avortés. Appelés à son aide, Donio et Margot avaient épuisé leurs suggestions. Éva avait tardé à lui présenter les siennes. Le temps de s'assurer de la franche collaboration des gens impliqués.

Pendant son retrait temporaire du travail, deux hommes d'affaires de Montréal, dont les épouses fréquentaient le *Salon Gaby Bernier*, avaient demandé à rencontrer la propriétaire.

— Elle est absente pour quelques jours. Puis-je savoir c'est à quel sujet ? avait demandé Éva.

Fidèlement, elle avait noté le but de leur visite et leurs coordonnées, promettant d'en prévenir sa sœur, au moment opportun.

— L'annonce de cette visite ne serait-elle pas bien choisie pour son anniversaire ?

Donio et Marcelle l'avaient approuvée et lui avaient promis leur collaboration.

— Bonne fête, Gaby ! Je n'ai préparé ni fleurs ni gâteau, mais j'aurais peut-être un cadeau très particulier pour toi, lui apprit Éva dès qu'elle se présenta à la table pour le déjeuner, ce matin du 12 juin 1945.

Le scepticisme se lisait sur le front de Gaby.

— De la part de la Divine Providence…

— Je croyais qu'elle m'avait oubliée, la Divine Providence ! rétorqua Gaby, sur un ton aigre-doux.

Une lueur d'espoir venait de poindre au firmament des Bernier.

— En tout cas, elle s'est présentée au Salon en ton absence, mais je me suis chargée de te livrer son message.

— Et elle avait quelle allure, ta Divine Providence ?

— Une belle allure. En complet et cravate, représentée par deux messieurs très courtois.

Un instant, Gaby crut qu'il s'agissait d'informateurs venus au nom de l'armée américaine… avec une bonne nouvelle. Un frisson lui traversa le dos, un long soupir s'échappa de son corps.

Témoin de son affolement, Donio intervint :

— Ça n'a rien à voir avec la guerre, Gaby. Ce sont des messieurs très bien. Des gens d'ici. Ils auraient une offre intéressante à te faire, paraît-il.

Une étincelle dans le regard, Gaby était disposée à en savoir davantage.

MM. Fauteux et Cinq-Mars, dont les épouses étaient du nombre de ses clientes et avec qui elle avait assisté aux courses de chevaux à plusieurs reprises, souhaitaient investir dans l'achat de terrains à développer à Oka. Au fait de l'affection de Gaby pour cette région, ils sollicitaient sa participation.

— Ça vaut la peine d'y réfléchir et de prendre des informations…, même si le partenariat est toujours un peu plus risqué, murmura-t-elle, songeuse.

Autour de la table, le triomphe, bien qu'intense, demeura discret. La pensée de Gaby serait dorénavant tournée vers l'avenir, vers la réalisation de nouveaux projets. N'était-ce pas ce qui, dans les moments difficiles, avait toujours ranimé son enthousiasme?

Le développement immobilier l'attirait. La région d'Oka, aussi. Comme elle ne possédait aucune expertise dans ce genre d'affaires, l'idée lui vint de demander conseil à Me Lionel Leroux, cet avocat qui l'avait toujours bien conseillée. Quelle ne fut pas sa surprise d'apprendre qu'il avait été approché par MM. Fauteux et Cinq-Mars et qu'il était sur le point de leur annoncer son adhésion!

— Un investissement de 5 000 dollars, ce n'est pas si mal pour mettre la main sur quelques-unes des terres du baron d'Empain, considérait Me Leroux.

Après en avoir discuté avec Éva et Donio, Gaby répondit favorablement à cette proposition.

— Posséder un terrain à Oka nous permettrait de nous y faire construire une maison secondaire.

— D'aller y passer nos vacances, ajouta Éva, encore habitée par leur séjour du temps des Fêtes.

— Puis, à bien y penser, je ne tiens pas à me consacrer qu'à la couture pour le reste de ma vie.

La réflexion étonna Éva, l'inquiéta, même.

— On vient juste d'acheter ici...

— Je ne pense pas fermer boutique demain, Éva. On est encore trop jeunes pour ça et notre commerce va bien.

— J'aime te l'entendre dire, Gaby. Réalises-tu qu'on a passé à travers la crise et la guerre sans que nos revenus baissent?

— C'est presque un miracle, quand on compare avec de grands couturiers qui ont dû mettre la clé dans la porte.

— Tu penses à Coco Chanel?

— Entre autres. Je serais même étonnée qu'elle rouvre sur la rue Cambon. Elle est dans la jeune soixantaine, déjà.

— On aura diminué notre charge de travail, nous deux, à cet âge-là.

Gaby esquissa un sourire complaisant.

— Nous vois-tu encore vieilles filles dans quinze ans?

Non moins déstabilisée que ravie de cette pointe d'humour, Éva se limita à un hochement de tête.

La vraie vie des Bernier reprenait son envol. Le deuil de Gaby semblait avoir incité Éva à tasser le sien dans les replis de son quotidien. L'aînée retrouvait petit à petit sa joie de vivre, et tous ses proches s'en nourrissaient. Jean lui avait annoncé son intention de travailler à Rimouski pendant ses vacances estivales. Une occasion de prendre une belle expérience dans le domaine qui l'intéressait.

Tu te souviens quand je t'ai dit que je croyais avoir un peu de sang des Bernier dans les veines ? J'en ai maintenant la certitude, tant j'aime les activités maritimes, lui écrivait-il à l'occasion de son anniversaire.

Avec un plaisir teinté de nostalgie, elle lui avait répondu :

Tes mots me révèlent combien le sentiment d'appartenance nous solidifie. Ils me ramènent à l'héritage que m'a laissé mon ancêtre Jacques Bernier, dit Jean de Paris : cet amour de la terre, ce goût de protéger la nature et de l'ennoblir. Nos intérêts, Jean, sont indissociables et complémentaires, comme le sont la terre et l'eau. Je suis persuadée qu'en allant chacun notre chemin, nous nous rencontrerons toujours, et ce, avec un bonheur que tu ne pourrais mesurer.

Je suis fière de toi, mon grand !

Merci d'avoir développé en moi cette fibre maternelle que j'ignorais.

Ta Gaby pour toujours.

On aurait dit que les événements avaient fait la file en attendant que Gaby soit prête à les vivre. Comme par magie, moins d'une semaine après les pourparlers relatifs à un investissement à Oka, une occasion de rentabiliser davantage le 1669 de la rue Sherbrooke se présenta : l'assistant du consul d'Italie, Aldo Cecchi, demanda, par l'entremise de Me Leroux, d'habiter l'étage laissé vacant par le réaménagement de la salle de coupe de son tailleur, M. Hans Peck. Ce dernier pouvait se satisfaire d'une petite salle sur l'étage des couturières alors que le dignitaire pouvait payer beaucoup plus cher pour ce grand appartement. Gaby eut le goût de le meubler et de le décorer à l'italienne. Le vice-consul en fut si enchanté qu'il souhaita y demeurer longtemps.

Tous ces changements apportèrent un mieux-être à Gaby. Oka devenait cette rampe de lancement qui la propulsait vers l'avenir et l'aidait à tourner la page sur un passé encore douloureux. La présence quotidienne de Hans Peck au milieu de l'équipe de travail apportait galanterie, générosité et humour sur l'étage. D'autre part, le noble locataire, heureux de son sort, offrit à la famille Bernier de la mettre en contact avec plusieurs membres de la communauté italienne de

Montréal. Un véritable enrichissement culturel pour les sœurs Bernier. Du vice-consul, elles apprirent que les Italiens avaient commencé à immigrer au Canada plus de cent ans auparavant. La majorité était composée d'hommes peu scolarisés qui étaient venus avec l'intention de repartir aussitôt qu'ils auraient gagné assez d'argent dans les mines et les chemins de fer pour s'acheter un lopin de terre dans leur pays natal.

— Ce fut le cas de nombre de familles québécoises qui sont allées chercher un travail payant aux États-Unis, déclara Gaby.

— À la différence que, trop souvent, hélas, vos immigrants italiens constituaient une main-d'œuvre à la limite de l'esclavage. Et lorsque l'Italie a déclaré la guerre à la France, les autorités canadiennes ont emprisonné des centaines d'Italiens à Petawawa, leur apprit-il avec beaucoup d'émoi.

Les sœurs Bernier se souvinrent alors du témoignage de leur maire, Camilien Houde, à sa libération : « J'ai été enfermé dans le camp de concentration de Petawawa, entouré d'espions et de fascistes et affecté à la coupe du bois pour le chauffage du camp. »

« Des fascistes », avait-il mentionné avec un certain mépris. Gaby s'était empressée de chercher la signification de ce mot : *Partisan du régime politique dictatorial établi en Italie par Mussolini en 1922, basé sur le totalitarisme, le corporatisme et sur un nationalisme exacerbé.*

Troublée, elle revint sur le sujet avec Aldo Cecchi, qui saisit cette occasion de corriger nombre de préjugés :

— La communauté italienne de Montréal a subi cette propagande adulée par le Vatican et par Mackenzie King pendant plus de dix ans. Elle y a adhéré par besoin d'appartenance et non par conviction politique.

La présence et les témoignages du vice-consul donnèrent le goût à Gaby de voyager à travers le monde pour mieux en comprendre les différentes mentalités.

— J'aimerais visiter l'Italie, mais d'autres endroits aussi, comme l'Espagne, le Portugal, la Belgique, la Corse, le Maroc, l'Autriche et l'Orient, peut-être, confia-t-elle à Éva après une longue soirée en com-pagnie d'Aldo Cecchi. Pourquoi ne viendrais-tu pas avec moi?

« Ma sœur m'invite à voyager avec elle! Elle ne l'a plus jamais fait après que je le lui ai refusé en 1927. Je devais m'occuper du salon de couture en son absence. Maintenant, elle serait prête à le fermer? »

— Tu aimerais partir en voyage cet automne?

— Non, pas cette année. J'ai trop de choses dont je dois m'occuper et nous ne sommes pas assez en forme pour en profiter.

— Tu as des problèmes de santé? lui demanda Éva, trop candide.

Gaby lui sourit.

— Ça voyage mal avec un cœur en lambeaux, finit-elle par lui répondre.

— On peut en guérir, tu sais.

— Je le crois. Tu en es une preuve, Éva. Tu as trouvé tes moyens à toi et tu y arrives.

— Les tiens?

— Je les connais, mais il faut quand même du temps.

— Et du repos. Bonne nuit, Gaby.

Tôt ce deuxième dimanche de juillet, Gaby sortait Éva de son lit en la prévenant d'une « belle proposition ».

— Elle a besoin d'être très très belle. Tu sais que je tiens à assister à la grand-messe… au moins le dimanche.

— Si on partait de bonne heure, on pourrait arriver à l'heure pour celle d'Oka.

— Faire tout ce trajet-là à jeun ?

— Si tu prenais un chocolat chaud avant de partir…, tu pourrais communier quand même, suggéra Gaby.

Éva hocha la tête, doutant que ce procédé soit conforme aux exigences de l'Église catholique.

— Même que j'y assisterais avec toi. La grand-messe en campagne doit être comparable à ce qu'on a connu à Chambly.

— Tu veux dire…

— Les gens sur le perron de l'église, qui se saluaient, demandaient des nouvelles de leur semaine, de la parenté. J'aimais beaucoup cette ambiance. On aurait dit que tout le monde s'aimait.

— On n'a pas une minute à perdre, dit Éva, gagnée à cette escapade.

Gaby, déjà endimanchée, préparait son déjeuner quand sa sœur l'apostropha :

— Tu ne vas pas communier avec deux toasts dans l'estomac !

— On peut assister à la messe sans communier… Maman le faisait souvent, tu te rappelles ?

Réveillé par les échanges de ses sœurs, Donio surgit dans la cuisine en se frottant les yeux, la chevelure en broussaille. Il n'allait pas les laisser partir à Oka sans lui.

— Donnez-moi dix minutes et je suis prêt. On va quand même prendre ton auto, Gaby.

— D'accord ! Mais pourquoi pas la tienne ?

— Je ne veux pas être importuné…

Ses sœurs ne purent savoir à quoi il faisait allusion.

À la différence des précédents, le trajet de Montréal à Oka ne fut semé que de réminiscences. Par égard pour Gaby, Donio et Éva s'interdirent de chanter.

Les derniers fidèles entassés sur le parvis de l'église étaient priés par le bedeau d'entrer prendre leur place.

— S'il y a des bancs non payés, c'est au jubé qu'on peut les trouver, chuchota Éva.

Elle avait raison. Juste derrière le chœur de chant, quatre places les attendaient. De là, ils pouvaient admirer l'architecture en forme de croix latine de cette église, le chœur en saillie avec son extrémité en hémicycle.

— Que ça me rappelle certains sanctuaires et chapelles de France ! susurra Gaby, reconnaissant ce style roman avec sa voûte en cintre.

Désignant certaines peintures intérieures qui dataient de 1932, Éva murmura :

— Ce sont les œuvres de Guido Nincheri.

Puis les premiers accords, sourds, puissants et vibrants du magnifique orgue Casavant les enveloppèrent dans un cocon de velours. Sans le moindre bruissement, les choristes se levèrent. Leur chef, d'une dignité remarquable, leur ouvrait les bras. Ils étaient une quinzaine : hommes, femmes, jeunes et moins jeunes. Le premier chant, interprété en latin, comme tous les autres, créa une ambiance méditative. Nul besoin d'en saisir le sens. Quand vint le *Kyrie*, Gaby et Éva mêlèrent leurs voix à celles des choristes. Le chef leur sourit. « Quelle finesse d'oreille et quelle courtoisie ! », pensa Gaby, qui lui retourna son franc sourire.

Pendant la communion, il ne restait plus dans le jubé que Gaby et son frère, le chef de chœur et un choriste. Droit comme une cathédrale, dans la fin vingtaine, cet homme interpréta le *Panis Angelicus* avec une intensité et un brio qui fit pleurer Éva et frissonner Gaby. Donio cachait son émotion, la tête retombée sur la poitrine. « C'était donc sa voix qui feutrait celles du chœur et les fusionnait », crut Gaby. La messe n'allait pas finir et le jubé se vider sans qu'elle présente ses hommages à ce jeune chanteur. Mais elle dut s'armer de patience, le temps qu'il donne ses recommandations pour la prochaine liturgie. L'organiste partit le premier, les choristes, à pas de tortue.

— Viens donc, Gaby. Tu le féliciteras à sa sortie sur le perron, insistait Donio.

— Descendez si vous le voulez. J'irai vous rejoindre.

Ce qu'ils firent de bon cœur.

Lorsque Gaby réapparut, des flammes dans le regard, ils la pressèrent de questions.

— Son nom est Denis Harbour ! Il est né ici, à Oka ! Il est le fils du maître-chantre. On pourra l'entendre quand il viendra visiter sa famille.

— Tu penses…

Gaby devina l'inquiétude de son frère.

— Ce serait agréable de venir passer nos fins de semaine ici.

— Exprès pour voir le chanteur Harbour ? relança Donio, témoin de l'emballement de sa sœur.

— Tu sais bien que je suis sur le point de choisir les terrains que je veux acheter avec mes trois associés. Rien ne nous empêchera de nous y faire construire…

Donio l'écoutait, plus attentif à l'émotion qu'elle dégageait qu'à ses propos. Quelque chose s'était rallumé chez Gaby. Était-ce redevable au contact, si bref fût-il, avec le chanteur Harbour ? Pour s'en assurer, il la questionna à son sujet. Avec un bonheur évident, elle lui apprit que Denis Harbour était aussi réalisateur d'émissions radiophoniques, qu'il avait reçu sa formation du célèbre Arthur Laurendeau et qu'il quitterait le Québec sous peu pour travailler à New York, dans l'espoir d'être engagé au *Metropolitan Opera*.

— Un homme idéal malgré son jeune âge, s'exclama Gaby.

— À peine plus vieux que Jean Taupier.

— Quand même! bougonna Gaby.

«Oups! J'ai touché quelque chose de sensible, on dirait. À suivre!»

Le samedi suivant, Gaby se rendit seule à Oka. Autour d'elle, on se questionna.

— Comme j'y vais pour traiter de l'achat des terrains du baron, je ne sais pas si je devrai prendre une ou deux journées pour… atteindre mes objectifs.

Personne n'était habitué à recevoir des explications nébuleuses de Gaby. Le mystère planait et elle ne le dissipa qu'à son retour, en soirée, dimanche.

— Vous avez discuté affaires même aujourd'hui? s'enquit Donio, sceptique.

— Quand on devient propriétaire de 50 000 acres de terres, il est bon de se faire connaître du milieu, de créer des contacts, comme me le disait Me Leroux.

— J'ai bien entendu? 50 000 acres de terres? C'est dans quelle partie d'Oka?

— Pas loin du village, dans un quartier où les rues portent des noms reliés à l'histoire du Québec, comme Carignan, Champlain, Empain et… Bernier.

— Déjà à notre nom! s'écria Éva.

— Tu sais bien que non. Mais c'est flatteur pour nous. C'est à la mémoire de notre cousin, le capitaine Bernier.

Apprendre que leur sœur venait d'acquérir les terres d'Oka, incluant le célèbre calvaire, trois fermes et des vergers, les renversa.

— J'ai aussi l'intention d'acheter la maison du baron d'Empain. Le fait qu'elle soit située à mi-chemin entre le village et le calvaire m'a inspiré un projet… aussi emballant que celui que j'ai réalisé en ouvrant mon premier salon de haute couture, il y a vingt ans.

Éva s'avança sur le bord de sa chaise et, penchée vers Gaby, en quémanda la primeur.

— J'ai beaucoup de choses à vérifier avant de l'annoncer, allégua-t-elle.

— As-tu eu le temps d'aller à la grand-messe ?

Gaby lui sourit, la laissant imaginer la réponse.

UNE INDISCRÉTION D'ÉVA

J'ai juré à Paul, la veille de ses funérailles, de ne révéler à personne, même pas à ma famille, ce qui s'est passé entre nous deux peu avant sa mort. J'ai dû m'en confesser à l'aumônier du pensionnat Sainte-Catherine pour ne pas vieillir avec des remords. Je comprends aujourd'hui que cette initiative de mon amoureux relevait d'une inspiration divine. Une prémonition du Saint-Esprit, m'a expliqué monsieur l'aumônier. Le don total de nous-mêmes l'un à l'autre devait se consumer. Je me félicite de n'avoir pas trop résisté à ses avances. Grâce à lui, je sais maintenant ce qu'est le véritable amour.

Je me devais de lui faire savoir ce qu'il m'a fait découvrir et l'en remercier, ce que je n'avais pu faire le soir même de notre aventure. J'ai trouvé plus facile de le faire sur papier. Avec ma lettre, j'ai placé un morceau de ma robe de noces, un autre de mon voile et le jonc que je voulais lui offrir. Tout le reste, je l'ai donné aux religieuses, qui m'ont conseillée dans cette démarche. Elles sauront l'utiliser au service des pauvres. Elles m'ont fortement recommandé de ne pas prendre de décisions importantes avant un an. J'en avais deux en tête : promettre à Paul de lui rester fidèle toute ma vie et retourner à la vie religieuse. Gaby pourrait très bien se passer de mes services.

CHAPITRE VII

La vie a de ces paradoxes qui me mettent à l'envers. À quelques coins de rue de chez moi, s'affichent effrontément mendicité et abondance. L'immensément grand s'offre au regard de l'infiniment petit. L'impuissance de l'être humain n'est pas moins mesurable que ses capacités. Des combats meurtriers se livrent devant des splendeurs de la nature. Les récits de génocide nous horrifient, le temps de passer à autre chose. Le temps de nous anesthésier. Il serait légitime que je réévalue ma vie. Mes choix. Mes priorités. En même temps, je me sens dans l'obligation d'agir, de construire pour faire échec à la destruction, aux saccages. Je suis consciente de l'opulence que m'ont procurée mon travail et mes initiatives. Devrais-je y renoncer par compassion pour les miséreux ? Distribuer mes biens de mon vivant ou profiter des années qu'il me reste à vivre pour les faire fructifier davantage ? La seconde option m'apparaît à la fois plus intelligente et plus accommodante…, surtout si, comme certains le prétendent, la mort nous plongeait dans le néant.

Gaby avait décidé de balayer les vestiges d'anxiété et de détresse que la guerre avait semés sur sa route. Ouvrir une nouvelle voie, contrer le sentiment d'impuissance des dernières années par l'innovation, la reprise en main de son devenir. Guérir de la douleur du deuil par des actes d'amour distribués à tous ceux croisés en chemin. Ces objectifs allaient tisser la toile de fond de son quotidien de femme, de créatrice de mode et d'entrepreneure.

Cette quête de reconstruction avait motivé de grandes décisions. En juillet 1946, Gaby Bernier avait adhéré à *L'Immobilière d'Oka*, avait travaillé à son incorporation et en avait accepté la présidence. Avec ses qualités de visionnaire, elle s'était emparée de ce projet et n'ambitionnait rien de moins que de construire une réplique de Westmount à Oka. Le *Petit Westmount* deviendrait la banlieue résidentielle d'Oka. La nature si généreuse avec ses fières montagnes, son immense lac, ses féconds vergers, sa luxuriante végétation l'en justifiait. Il suffirait à Gaby de revendre ses 50 000 acres de terrains en lots propices à la construction domiciliaire ou à la culture maraîchère pour faire fortune. Des promoteurs se présentaient. Des entreprises de construction soumettaient des plans à la hauteur des ambitions de Mlle Bernier. Le voilier avait pris la direction des vents.

Oka inspirait plus d'un projet à Gaby. Racheter la maison du baron d'Empain et l'aménager en restaurant-hôtel, le rendez-vous de la gastronomie à Oka, mais aussi faire construire la maison de ses rêves sur un des lots achetés sur la rue Bernier.

— Je la vois clairement dans ma tête, cette maison ! J'en ai dessiné le plan. Regarde, apprit-elle à Éva, qui ne partageait pas son enthousiasme.

— Tu penses pouvoir te diviser en trois, quoi ?

— Ce n'est pas nécessaire quand on sait déléguer.

— Elle aurait l'air de quoi, ta maison de rêve ? consentit-elle.

— Je la veux moderne. Un bungalow en forme de H, très éclairé et ouvert, avec des fenêtres qui couvriraient presque totalement le mur donnant sur l'eau. J'y ferais poser des boiseries de pin, des portes d'armoires coulissantes, des salles de bain luxueuses, une immense cuisine, un bar, une salle à manger, un jardin spacieux avec des roses, des lilas et du muguet, et, tiens-toi bien, ma p'tite sœur, je ferais creuser une piscine extérieure.

— Tu as rêvé que tu étais devenue millionnaire, ma foi !

— Ce sera plus qu'un rêve, Éva, quand j'aurai revendu quelques terrains. Je ferai de cette propriété l'équivalent de *La Pausa*.

— *La Pausa*… Je ne sais pas à quoi tu fais allusion.

— C'est la maison de retraite de Coco Chanel sur la Riviera française. Dans la nôtre, il y aura plusieurs chambres à coucher et de grandes pièces, pour qu'on puisse recevoir beaucoup d'amis.

— Je croyais qu'on en avait encore pour plus de dix ans à travailler ici, à Montréal, lui rappela Éva, quelque peu dépitée.

— Ça n'a pas changé. Ce sera pour nos fins de semaine, nos vacances et notre retraite… quand le temps sera venu.

Derrière un hochement de tête, Éva cachait le combat que se livraient sa logique et le plaisir de voir sa sœur redevenue la femme joyeuse et entreprenante qu'elle était avant la mort de James. Elle avait besoin de vérifier des chiffres, d'examiner les contrats de vente et d'achat avant de jubiler. Gaby n'en fut pas surprise. Elle l'emmena dans sa salle de coupe, où un tiroir d'accessoires de couture avait été converti en case réservée aux affaires d'Oka. Sur la table, la présidente de *L'Immobilière d'Oka* étala les lettres patentes, les actes de propriété totalisant 50 000 acres de terrains, des actes de revente d'un certain nombre de lots et le plan de sa maison de rêve.

— Tu en as brassé, de grosses affaires ! Je comprends pourquoi on te voit si peu à l'étage depuis un an.

— J'ai tout mis en place pour que toi et moi prenions de belles vacances dans quelques mois.

Éva resta bouche bée. Tant de revirements en un an l'inquiétaient. Elle avait déjà entendu parler de personnes qui, après une grande épreuve, étaient tombées dans la démesure, parfois même dans la folie. On les avait vues dévastées par le chagrin, puis exaltées comme si tout leur était devenu possible.

— Qu'est-ce que tu entends par «tout mis en place» ?

— Je vais te montrer mes projections budgétaires.

Éva les scruta à la loupe, pour constater que sa sœur était aussi douée pour les affaires que pour la création de mode ; qu'il avait suffi qu'elle s'ouvre aux occasions offertes pour être propulsée vers des engagements qui avaient canalisé sa détresse en force active. Cette découverte suscita dans le cœur d'Éva une admiration sans précédent pour sa sœur.

— Je te lève mon chapeau, Gaby. Je suis bonne pour faire toutes les opérations mathématiques, mais pas pour juger de la valeur d'un projet, encore moins pour le gérer. Tu as hérité du meilleur des Bernier, ça se voit.

De telles dispositions chez Éva fouettèrent l'audace de Gaby.

— Changement de propos : tu as toujours refusé de traverser l'océan par bateau, mais le ferais-tu en avion ?

— J'aurais moins peur, oui.

— Tu m'enviais parfois quand tu me voyais partir pour l'Europe et encore plus quand tu m'entendais raconter mes voyages… Le temps est venu pour nous deux de partir ensemble, Éva. Par avion.

Le sourire d'Éva parlait avec éloquence de son ravissement.

— J'aimerais voir la Normandie, dit-elle, les mains jointes sur sa poitrine. La chanson qui en parle m'a tellement fait rêver ! Tu voudrais bien qu'on la chante ensemble ? Commence-la.

Quand tout renaît à l'espérance
Et que l'hiver fuit loin de nous
Sous le beau ciel de notre France
Quand le soleil revient plus doux
Quand la nature est reverdie
Quand l'hirondelle est de retour

J'aime à revoir ma Normandie
C'est le pays qui m'a donné le jour

Il est un âge dans la vie
Où chaque rêve doit finir
Un âge où l'âme recueillie
A besoin de se souvenir
Lorsque ma muse refroidie
Aura fini ses chants d'amour
J'irai revoir ma Normandie
C'est le pays qui m'a donné le jour

Dans les bras l'une de l'autre, les sœurs Bernier savouraient les joies anticipées de ce voyage.

— Nous irons aussi à Nice, au Périgord, et nous prendrons plus de temps à Biarritz.

— Pourquoi ?

— C'est là que Coco Chanel est née, et elle y a ouvert deux boutiques de grande réputation. Peut-être y est-elle encore…

Le regard de Gaby se voila. De tristesse ou de déception ? Éva n'aurait su le dire.

— J'aurai peut-être la chance de croiser Gabrielle Chanel, la femme derrière la créatrice de mode, confia Gaby.

— J'ai bien peur que tu sois déçue.

— En fait, je suis attirée par la gastronomie de Biarritz, mais aussi par ses nombreux châteaux et une cathédrale que je veux te faire visiter. J'allais oublier l'abbaye cistercienne.

— J'ai hâte de voir si elle ressemble à celle d'Oka.

Ce mercredi soir de l'été 1946, les trois Bernier et leur fidèle servante se rendirent au 1175, rue Mackay pour célébrer les quarante-cinq ans de Gaby. Le restaurant *Chez Desjardins* était renommé pour son poisson frais apprêté au goût des plus fins palais. Toujours en démarche pour ouvrir un chic restaurant à Oka, Gaby fut charmée par le parcours du restaurateur, Albert Desjardins. De ce fondateur de l'Association des gastronomes amateurs de poissons, elle voulut cueillir les fruits d'une longue expérience en restauration.

Autour d'elle, les trois témoins de sa renaissance allaient jusqu'à prétendre que Gaby avait rajeuni. Sa flamme naturelle, vacillante pendant près de cinq ans, se ravivait, se projetait sur de nouveaux horizons et embrasait le cœur de ses proches. Qu'Éva s'enthousiasme à l'idée de visiter l'Europe avec sa sœur le confirmait.

Donio, demeurant sceptique quant à une guérison profonde de Gaby sur le plan affectif, évitait d'en effleurer le sujet. Il se réjouissait toutefois de l'éventuelle ouverture d'un restaurant gastronomique à Oka.

— Tu imagines les voyages payants que j'aurai la chance de faire pour t'amener des clients…, sans compter la commission qui me reviendra.

— Tu fais bien d'en parler, je l'aurais oubliée, ta commission. Combien t'attends-tu à recevoir?

— Entre dix et quinze pour cent…

— C'est raisonnable, jugea Gaby.

Marcelle s'était montrée fort discrète depuis le début du repas.

— Nos projets pour Oka t'inquiètent? lui demanda Gaby.

— Vous n'avez pas à organiser votre vie autour de moi…

— Marcelle, Oka, c'est pour les vacances et les fins de semaine. Nous ne sommes pas à la veille de quitter Montréal pour de bon. Et tu seras toujours considérée comme un membre de notre famille.

— Y viendrais-tu avec nous? s'enquit Éva.

— On verra. Chaque chose en son temps.

Son regard s'était obombré et sa voix trahissait une certaine lassitude. « On a trop peu tenu compte d'elle, surtout depuis le décès de maman. Sa fidélité et son dévouement nous sont acquis, avons-nous cru à tort », se reprocha Gaby.

— Il t'arrive de te projeter dans dix ans, Marcelle ?

— Non. Je me l'interdis.

— Pourquoi ?

— J'ai adopté une règle de conduite depuis quelques années : un jour à la fois, répondit-elle avec une détermination ficelée de magnanimité.

— Maintenant qu'elle m'a montré à cuisiner, dit Éva, elle pourra décider quand elle le voudra de me passer le tablier. N'est-ce pas, Marcelle ?

Un signe de la tête le confirma. La découverte de cette complicité entre la servante et Éva secoua Gaby et son frère. Que cette connivence se soit installée après le décès du fiancé d'Éva leur apparut soudain plausible. « Je n'y avais perçu qu'un soutien temporaire pour l'aider à surmonter son chagrin », reconnut Gaby.

— Est-ce qu'on peut adopter une personne de soixante ans ? osa Donio pour ramener la gaieté autour de la table.

— Trop tard. D'autres l'on fait bien avant vous, répliqua Marcelle, mystérieuse.

Les Bernier échangèrent des regards intrigués.

— Vos quatre petites bêtes…

Les boutades s'additionnèrent, ravivant une jovialité sur le point de s'estomper.

Après un mois d'absence, le retour de Gaby et d'Éva était vivement attendu. Donio et Marcelle faisaient les cent pas dans l'aire des arrivées de l'aéroport de Dorval depuis tout près de deux heures quand, enfin, apparurent les deux sœurs Bernier, poussant chacune un chariot de bagages. Éva abandonna le sien dès qu'elle aperçut son frère et courut se précipiter dans ses bras. Puis, au tour de Marcelle de lui faire une longue accolade.

— Tu as aimé ton voyage ? lui demanda-t-elle, inquiète des larmes qui glissaient sur ses joues rebondies.

Les mains croisées sur la poitrine, Éva n'avait que l'éloquence de son sourire pour la rassurer.

— Tu y retournes tout de suite ou tu viens avec nous ? lança Donio.

Le temps de reprendre le contrôle de ses émotions, Éva se souvint de ses bagages, affolée à l'idée qu'un voleur ait pu s'en emparer.

— Gaby les surveille. Allons la rejoindre, suggéra Marcelle.

Rarement Éva s'était montrée plus volubile que sa sœur. Mais cette première aventure en Europe l'avait électrisée. De Dorval à Montréal se bousculaient sur ses lèvres phrases inachevées, éclats de rire et anecdotes enchevêtrés. Silencieuse, Gaby s'en délectait. Malgré les dix-neuf ans écoulés depuis sa première traversée de l'océan, elle n'avait pas oublié l'euphorie de son retour.

Ironiquement, les plats de sandwichs et de gâteaux étalés sur la table n'intéressèrent vraiment que la cuisinière et le chauffeur de taxi. Les voyageuses, déstabilisées par le décalage horaire, n'avaient d'énergie que pour relater les faits saillants de leur périple.

— J'ai tellement pensé à toi, Donio, en touchant le sol de Dieppe. J'ai remercié le ciel d'avoir mis des obstacles sur ta route quand tu as voulu entrer dans l'armée. Rien qu'à voir ces immenses cimetières militaires, les bunkers, les noms de rues… Le souvenir de cette horrible guerre est partout présent. Le récit du guide touristique m'a fait craquer, confia Éva, assiégée par la fatigue et les émotions accumulées depuis un mois.

— Par contre, reprit Gaby, vous auriez dû voir les falaises de silex et, à leur pied, ces belles plages de sable fin. On ne peut échapper au triste et révoltant contraste entre ces beautés naturelles et les ravages de l'ambition humaine. On n'arrive pas à croire que les deux se soient côtoyés pendant plus de cinq ans. Des scènes d'horreur devant un si beau décor, c'est outrageant.

Un long silence porta leur réflexion.

Éva n'en pensait pas moins. Le souvenir de leur visite au mont Saint-Michel en était un exemple. Cette montagne si majestueuse semblait près de s'affaisser sous le poids de la pyramide qui la couronnait. L'abbaye bâtie au sommet hissait une croix de plus de cent cinquante mètres au-dessus du rivage.

— Jamais on ne croirait que cette église a appartenu aux bénédictins avant de devenir une prison. C'est horrible de découvrir qu'on y enterrait soit des prêtres récalcitrants, soit des royalistes invétérés.

— J'ai été surprise d'apprendre que parmi les prisonniers affectés aux travaux en ateliers, certains confectionnaient des chapeaux de paille…

— Ce qui aurait mis le feu à l'abbaye, se souvint Éva.

Toutes deux dirent s'être réjouies que cette abbaye ait été restaurée près de cinquante ans avant leur visite et que le culte y ait été rétabli depuis 1922.

— Mais Biarritz demeure la ville qui m'a le plus impressionnée, clama Gaby. Peut-être parce que c'est là que Coco Chanel a tenu une boutique de réputation internationale sur l'avenue Édouard VII pendant plus de vingt ans.

Émue, elle révéla être désolée à la pensée que ses ancêtres Bernier ne s'y soient pas rendus.

— Ces amoureux de la mer auraient été touchés de découvrir sur le blason de cette ville une grande barque baleinière, assez comparable à celles qu'ils utilisaient sur les eaux du Saint-Laurent.

Incontournable avait été le grand magasin *Biarritz Bonheur*, ce temple du luxe et de la mode. Gaby y serait restée deux fois plus longtemps si Éva ne s'était rassasiée que de quatre heures de magasinage.

Les hypothèses couraient encore quant à un débarquement clandestin pendant la guerre, pour protéger la plage de la Chambre d'amour. Par contre, la ville avait bel et bien été bombardée en mars 1944.

Inévitablement, Gaby avait trouvé dans toutes les régions visitées des points de ressemblance à Oka. Les forêts de chênes clairs et les châtaigniers du nord du Périgord se différenciaient beaucoup de la vaste pinède d'Oka, alors qu'en se rendant au sud-ouest, les forêts de chênes, plus sombres, s'en rapprochaient.

— Mais je reviens au Périgord Noir. Tu te souviens, Gaby, du village de Cadouin, blotti autour de son abbaye qui remonte au Moyen-Âge? Quel havre de paix en plein cœur d'une forêt!

— Ce qui m'a le plus étonnée, ajouta Gaby, c'est que la notoriété de cette région se soit bâtie autour d'un morceau de tissu.

— Plus chic que la vraie soie? s'informa Marcelle.

— Surtout pas! C'est qu'il a été longtemps considéré comme le saint suaire et que cette croyance a donné lieu à des pèlerinages traditionnels.

— C'est grâce à saint Bernard, et ça date du XIIe siècle, renchérit Éva. Vous auriez été saisis par l'architecture de cette abbaye…

— On n'y a pas que prié! Il fallait voir le marché nocturne, les brocantes, les terrasses des cafés et des restaurants! Quel bonheur que ces fêtes médiévales, ces randonnées dans la forêt de Bessède!

— Sans compter nos dégustations de truffes noires, de noix, de fraises, de châtaignes…

— Et les vins de Bergerac! lui rappela Gaby, heureuse d'en avoir rapporté plusieurs bouteilles.

Nice avait enchanté les voyageuses montréalaises dès leur arrivée. Un décor de rêve que ce coin de la France adossé à la montagne et face à la Méditerranée! Comment oublier cette oasis verte, marbrée de terres rouges et de rochers blancs, qui semblait sortie, comme par magie, d'un univers azuré? Les marchés aux fleurs, les expositions de peintures, de livres anciens et de cartes postales s'y harmonisaient à merveille. Les peintres italiens y avaient exporté des décors chaleureux d'oxydes rouge dégradé, mariant l'ocre rosé pastel, mais contrastant avec les menuiseries de tonalités froides qu'apportent le vert et le bleu.

— Des idées d'innovation non seulement pour la couture, mais aussi pour la décoration, dit Gaby.

— On nous a raconté que cette ville avait plus de cent ans de développement touristique, relata sa sœur. Au début, c'étaient les aristocrates connus qui allaient y passer l'hiver. Puis, les Américains, les Russes et les Anglais se sont amenés à différentes périodes de l'année. Il ne faut pas oublier que cette région jouit de trois cents jours de soleil par année.

L'accent des Niçois aussi avait amusé les sœurs Bernier. À leurs questions sur le sujet, le guide leur avait appris que la langue niçoise avait été longtemps protégée de l'influence du français tout en empruntant quelques caractéristiques des parlers piémontais. Gaby les avait imités avec une habileté remarquable.

— Mais sitôt partie, sitôt oublié, répondit-elle à Donio, qui en demandait une preuve.

« De toute évidence, ce voyage a beaucoup rapproché mes sœurs. Elles resteront toujours différentes, mais on dirait qu'elles s'acceptent ainsi et qu'elles se comprennent mieux. À écouter Éva raconter des anecdotes de leur passage en Europe, on constate qu'elle a l'esprit plus large maintenant. Comme si elle avait découvert d'autres valeurs que la religion, l'épargne et la modestie. Moi aussi, je l'aime mieux comme ça. »

— Vous nous avez manqué, les filles, avoua Donio. Vos clientes vous attendent aussi, hein, Marcelle ?

— Certaines sont même venues frapper à la porte de la cuisine pour s'informer de la date de votre retour, confirma-t-elle. La famille Beaubien préparerait de grosses noces pour le printemps prochain…

— Je vais m'en occuper dès demain matin. On ne manquera pas de boulot, n'est-ce pas, Éva ?

— Non, mais pour l'instant, on manque de sommeil. Tu ne devrais pas tarder à te mettre au lit, Gaby.

La guerre finie, les deuils apaisés, le train-train quotidien reprenait de sa vigueur.

Dès le lendemain, en fin de matinée, Madeleine Beaubien, sœur de M. Louis Beaubien, avait obtenu un rendez-vous pour le début de l'après-midi. Gaby ne fut pas surprise de la voir arriver en compagnie de sa belle-sœur, Frances Douglas, épouse du très honorable Louis Beaubien. Depuis une vingtaine d'années, les femmes Beaubien étaient des clientes aussi fidèles que les Douglas. Frances se distinguait par son obsession pour la couleur verte.

— Vous ne me dites pas que je vais encore devoir coudre dans du vert ? leur lança Gaby d'un air coquin.

— Oui, mais très pâle, avoua Frances, non moins espiègle.

— Mais pas pour moi, annonça Madeleine, familièrement pré-nommée Maddy lors de leurs parties de gin-rummy chez la mère de Frances. Je vais me marier en blanc, comme c'est la coutume, mais je voudrais une création… exceptionnelle.

— Dans la coupe ou dans le tissu ?

— Hum… C'est possible dans les deux cas ?

Gaby sourcilla.

— Ah! Tu lui en as donné le choix, fit remarquer Frances, qui ne manquait aucune occasion de la taquiner.

— C'est pour quelle date, Mlle Madeleine?

— Cinq jours avant votre anniversaire, Gaby. Pour être sûre que vous serez présente à mon mariage.

— Je ne comprends pas cette précaution…, dit Gaby, faussement vexée.

— Nous sommes souvent invitées à ta fête… Pas sûre que tu sois en grande forme le lendemain.

Gaby se tourna vers les rayons de tissus et en retira un rouleau de jersey de soie blanc. Invitée à en tester la qualité, la future mariée s'en montra ravie. Frances s'accorda le droit de palper la soie… avec envie.

— Trop tard, Mme Frances Beaubien! Vous avez déjà troqué votre nom pour celui de votre mari. Maintenant, silence! Je dois trouver le modèle.

Penchée sur sa table, un crayon à la main, elle déposa sa cigarette et, promenant son crayon allègrement, elle obtint un croquis des plus sophistiqués. La robe de mariée de la future Mme Dennis Black allait être très ajustée, drapée de manière complexe, et remonterait juste assez sur le devant pour permettre les mouvements des jambes.

— La trouvaille du siècle! s'écria Maddy.

Se tournant vers sa belle-sœur, elle vit l'emballement dans son regard.

Il ne restait plus que les mesures à prendre. Frances fut alors invitée à quitter la salle de coupe.

— On est scrupuleuse maintenant, Mlle Gaby?

— C'est le patron qui l'exige.

— Tu veux dire la patronne.

— Le modèle de la robe, Frances. Allez !

— Je t'attendrai dans le petit salon, Maddy.

Les mensurations notées, Gaby remercia Madeleine d'être venue commander sa robe et son trousseau de mariée huit mois d'avance.

— Ça me donnera le temps de commander d'autre jersey de soie et d'allonger la traîne. Aussi, j'aimerais confectionner le corsage de la robe de votre mère dans ce même tissu. Comme un rappel de votre lien familial, suggéra-t-elle.

En temps de paix, les mariages en hiver se faisaient rares. Les clientes de Gaby venaient pour la confection de manteaux, de robes de soirée ou pour réserver leur trousseau de mariée, de peur que Gaby soit trop occupée le printemps venu. Ce répit permettait aux sœurs Bernier de refaire leur garde-robe. Toutes deux avaient pris du poids lors de leur voyage en Europe et leurs efforts pour le perdre semblaient stériles. « C'est l'âge », soutenait Éva, peu encline à effectuer un régime alimentaire. Gaby, qui refusait toute forme de fatalité, persévérait, jumelait le ski aux restrictions de pain et de desserts. Donio, ne pouvant attribuer sa rondeur à un voyage, approuvait Éva. La collaboration de Marcelle, réclamée par Gaby, suscitait des échanges animés à l'heure du souper.

— Un repas ne peut être complet sans dessert, clama Donio.

— Gaby m'a interdit d'en faire, rétorqua la cuisinière, désireuse, elle aussi, d'affiner sa taille.

— Tu peux toujours t'acheter une pâtisserie chemin faisant, lui suggéra Gaby, ferme dans ses décisions.

Marcelle n'aimait pas être tiraillée entre les exigences des filles Bernier et le déplaisir causé à leur frère. En quête de solutions, elle leur annonça qu'elle ne cuisinerait des desserts que pour les fins de semaine, laissant chacun libre de s'en pourlécher. Les fréquentes absences de Gaby, occupée à la présidence de la société immobilière d'Oka et à son projet de restauration, lui facilitèrent la vie. Plus encore quand Éva l'accompagnait. Elle tentait de faire avouer à cette dernière son attrait pour un certain M. Allard, retenu pour prendre le restaurant-hôtel en charge pendant qu'elles continueraient leurs activités de couture à Montréal, mais Éva le niait. Or, cet homme avait pour elle des égards pour le moins particuliers. Tantôt, un empressement à lui ouvrir une porte, tantôt un compliment sur sa tenue vestimentaire et, qui plus est, un frôlement de la main, faussement involontaire. Gaby n'en espérait pas moins du baryton, Harbour, de seize ans son cadet. Non pas qu'il se montrait indifférent, mais ses bons mots et ses attentions ne dépassaient pas la barrière professionnelle. « Peut-être considère-t-il sa carrière comme étant incompatible avec une liaison amoureuse. Serait-il dérangé par notre différence d'âge ? Aurait-il trouvé l'amour à New York, où il habite depuis juillet dernier ? Reviendrait-il si souvent chez ses parents s'il en était ainsi ? »

Après la grand-messe, un dimanche de février 1947, Gaby osa le questionner sur ses études.

— Quand j'étais étudiant, je n'entrevoyais pas faire une carrière dans le chant, avoua-t-il, l'air quelque peu débonnaire.

L'étonnement de Gaby l'incita à s'expliquer.

— J'ai fait mes études chez les Jésuites et les Sulpiciens. Eux me disaient destiné à la vie religieuse, mais j'en doutais. Le droit m'intéressait beaucoup. Je suis donc allé à l'Université de Montréal, où j'ai obtenu mon diplôme en droit.

— Vous avez un bureau à Montréal ?

— Non, balbutia M. Harbour.

Quelque peu embarrassé par la question, Denis expliqua avoir mené de front études en droit et leçons de chant. Sous la direction de Wilfrid Pelletier, il avait été invité à donner des concerts à la radio de Radio-Canada. De là sa référence au *Metropolitan Opera* de New York, dont M. Pelletier avait assumé la direction pour le répertoire français, avant de devenir, en 1934, le premier directeur artistique de l'*Orchestre symphonique de Montréal* nouvellement créé.

— Si, comme les chats, j'avais sept vies, j'en aurais consacré une à la chanson ; j'aurais suivi des cours pour devenir une vraie cantatrice. Je ne me serais pas contentée d'être créatrice de mode.

— Mais vous ne faites pas que tailler des patrons. Vous menez votre entreprise de A à Z. On parle de vous à Oka. Si vous n'avez pas sept vies, vous en avez certainement plus qu'une, Mlle Bernier.

Gaby resta bouche bée.

— N'est-ce pas vous qui êtes présidente de la Société immobilière d'Oka et qui avez de plus l'intention d'ouvrir un restaurant-hôtel dans notre village ?

— Les bruits courent vite, ici !

— C'est tout à votre honneur, Mlle Bernier ! Je m'excuse de devoir vous quitter, on me réclame pour des répétitions à Montréal, ce soir.

— À Montréal ! C'est donc vous le grand soliste de la cathédrale ? Vous avez une auto ? Sinon, ça me ferait plaisir de vous y conduire.

— Mon père tient à m'y emmener. Ça lui permet en même temps d'assister aux répétitions, par plaisir mais aussi pour se perfectionner en tant que directeur de chorale. Merci de votre offre.

Avant de quitter Gaby, M. Harbour lui serra la main en la regardant dans les yeux.

— Mes jambes sont devenues comme de la laine, confia-t-elle à sa sœur, sur le chemin du retour.

— Tu te rends compte de ce qui nous arrive depuis que l'année 1947 est commencée ?

Croyant avoir mal entendu, Gaby la fit répéter. Dès lors, le constat d'Éva devint aussi le sien : après deux ans de chagrin, les sœurs Bernier s'ouvraient à un amour possible, sinon à une grande amitié. Oscar Allard plaisait à Éva et Denis Harbour charmait Gaby.

— Pourquoi, Éva, as-tu refusé de l'admettre quand je t'ai questionnée au sujet de M. Allard ?

— Croyant que tu n'avais pas la même chance, je ne voulais pas te faire de peine, Gaby.

— Je ne crois pas que M. Harbour ressente plus que de l'amitié pour moi. Mais j'aime tellement sa compagnie que je m'en contenterais, tenta-t-elle de lui faire croire.

Séduite par sa beauté, son élégance, sa voix et son regard, Gaby se faisait violence pour ne pas sombrer dans la rêverie. Pour ce faire, elle comptait sur ses activités sociales et sur son travail. Ses espoirs furent assez vite exaucés. Un manufacturier de robes l'approcha pour qu'elle dessine pour lui.

— C'est la voie de l'avenir, lui assurait-il. J'ai vu vos créations… On fera des affaires d'or ensemble.

— Laissez-moi y réfléchir.

« Des affaires d'or à Oka, des affaires d'or à Montréal, qu'est-ce qui se passe ? Ne devrais-je pas continuer de croire que je peux mener de front ces deux commerces ? J'aime trop Oka et tout ce que j'y ai entrepris pour y renoncer. D'autre part, je ne me vois pas travailler pour un autre. Pire encore, je ne pourrais accepter que des femmes portent mes créations sans ma griffe. Ce qui me réjouit dans mon métier, c'est d'offrir à mes clientes des vêtements conçus pour chacune d'elles. »

Il lui sembla opportun de consulter ses couturières. Toutes l'approuvèrent, sauf les dernières engagées.

— Ce serait plus facile de travailler sur des copies au lieu de devoir apprendre à coudre des modèles presque toujours différents les uns des autres, dit l'une.

— Les clientes pourraient enfin bénéficier d'un prix fixe au lieu de devoir toujours négocier…

Sa voisine de table l'approuva.

— On serait sûres d'avoir du travail pour longtemps, allégua une autre.

— Vous pensez? demanda Gaby. Sachez que le marché du vêtement n'est pas à l'abri de désastres financiers. On l'a constaté pendant la crise et lors de la guerre. Je serais inconsolable s'il fallait que des douzaines, voire des centaines de mes créations restent sur les porte-manteaux, invendues.

— On ne pourrait pas l'essayer pour un temps?

— Impossible! Le manufacturier exige un contrat ferme, et je le comprends.

— Moi, déclara une des petites mains, je suis tellement fière de dire que je travaille pour le *Salon Gaby Bernier* que je ne voudrais pas qu'il change de vocation… Changer pour moins bien, pour de la production en série, ce ne serait pas digne de vous, Gaby.

— Vous avez raison, Solange. Je ne me résigne même pas à reproduire fidèlement les modèles parisiens, comme on le fait dans nombre d'ateliers de couture, imaginez faire des costumes à la chaîne! Jusqu'à maintenant, nous avons réussi à garder notre Salon ouvert tout en proposant à nos clientes des confections originales et conçues pour elles. De plus en plus, les femmes veulent porter des vêtements exclusifs.

Un silence lourd d'émotion pour les unes et d'inconfort pour certaines vint clore le sujet.

— Je dois vous parler aussi de ce que certains magazines européens nous apprennent. Je vous ai raconté que lors de notre voyage du mois d'août dernier, Éva et moi avons visité Fath, Ricci, Balmain et Givenchy. Ce sont toutes de nouvelles maisons qui bénéficient de la prospérité d'après-guerre. On ne pouvait pas revenir sans être passées chez Dior, sur l'avenue Montaigne. Dommage qu'on n'ait pu le rencontrer ni savoir ce qu'il préparait pour le printemps, mais on se doutait bien qu'il ferait encore perdre la tête des mordues de la mode.

Encouragé par les maisons de coton françaises de Boussac, M. Dior avait tenté, comme Gaby l'avait fait précédemment, de rendre ce tissu à la mode, même s'il travaillait plus souvent avec les soies de Staron et les laines légères de Dumas-Maury.

— Attendons-nous à ce que les clientes qui voyagent, comme celles qui cherchent des tenues dernier cri, nous demandent de nous coller à Dior, les prévint Gaby.

— Vous le ferez? s'inquiéta une de ses plus anciennes couturières.

— Plus ou moins. S'en inspirer ne veut pas dire copier. Je tiens à garder ma touche originale.

L'été 1947 s'était endimanché pour offrir à Gaby des occasions d'affaires sans pareil.

Du baron d'Empain, elle avait obtenu la maison à un prix si complaisant qu'elle avait pu démarrer les rénovations dès le mois d'avril. *Le Baronnet*, situé à mi-chemin entre le village et le calvaire, serait ouvert au public le jour même de son quarante-sixième anniversaire de naissance.

Son ambition n'était pas d'y vivre, mais de transformer l'ancienne maison du baron d'Empain en petit hôtel particulier dans la campagne d'Oka, et d'y installer un des meilleurs restaurants du monde.

Gaby possédait déjà des terres dans cette campagne, située dans une ceinture agricole riche et spectaculaire, renommée pour ses vergers et son ail des bois. Par l'abbaye locale, *La Trappe* de Notre-Dame-du-Lac, elle s'approvisionnerait en poulets, canards, pintades, faisans, poules *Rock Cornish*, beurre frais, œufs à deux jaunes, crème, miel et, bien sûr, en fromage des moines d'Oka. Les trappistes étaient aussi renommés pour leur élevage de poulet Chantecler blanc, la première volaille entièrement canadienne, développée par le frère Wilfrid entre 1908 et 1918.

Plus Gaby y pensait, plus cette entreprise lui semblait prometteuse. Elle allait devenir la Fernand Point d'Oka, ce Français, pionnier de la gastronomie et premier chef à remporter trois étoiles du Guide Michelin. Avant la fin de leur voyage en Europe, Gaby avait emmené sa sœur au restaurant *La Pyramide*, ouvert depuis 1925, tout près de Lyon. Son tour était venu de découvrir que Fernand Point était un véritable créateur. Aux recommandations de Gaby, Éva avait expérimenté ses mousses «légères comme des anges», ses pâtisseries fondantes et parfumées. Tel un magicien, ce grand chef donnait à ses plats et à ses boissons une touche exceptionnelle. Gaby était parvenue à se faufiler dans sa cuisine pour épier ses moindres gestes, noter les épices, les fines herbes et les essences utilisées.

Après avoir visité les plus grandes cuisines du monde, comme elle n'était pas chef cuisinier, elle en engagerait un de grand talent qu'elle allait diriger. Le succès de son entreprise de haute couture prouvait qu'elle en avait les talents.

Les événements lui donnèrent raison, sauf pour l'obtention de son permis d'alcool. Des rumeurs couraient à savoir que des citoyens d'Oka s'opposaient fermement à ce que le nouveau restaurant soit autorisé à servir des boissons alcoolisées. Éva voulut prendre leur défense, au nom de la protection des bonnes mœurs, mais Gaby clama haut et fort que la gastronomie était indissociable des grands vins. Donio l'approuva.

— Si tu veux gagner ta cause, il faut prendre le chemin du pouvoir, ma belle.

— Qu'est-ce que tu veux dire ? Pourrais-tu aller droit au but, je n'ai pas de temps à perdre.

— Va voir un député qui a l'esprit ouvert.

— Je n'en connais pas personnellement, mais j'aurais confiance en notre député des Deux-Montagnes, crut-elle.

Membre fondateur de l'Union nationale, Paul Sauvé avait été le plus jeune orateur de l'Assemblée législative de 1936 à 1940. Brillant avocat, il avait fait son service militaire et avait été recruté par les Fusiliers Mont-Royal ; il avait accédé au commandement de cette armée et avait été promu lieutenant-colonel en 1944. En son absence, il avait été réélu et était devenu le premier titulaire du ministère de la Jeunesse et du Bien-Être social, créé deux ans plus tard. Oka, fière de son député, n'avait que de bons mots à son égard. Tentée de quêter son intervention, Gaby en discuta avec Me Lionel Leroux.

— Je peux vous introduire auprès de lui, offrit-il, si vous pensez que ma présence pourrait l'influencer.

— Laissez-moi d'abord prendre un rendez-vous. S'il refuse d'intervenir pour moi, je vous en confierai la tâche.

Au bureau de comté de Paul Sauvé, le téléphone sonna trois fois avant qu'une voix féminine prenne l'appel. Gaby présuma que le travail ne manquait pas et décida qu'elle se ferait brève. Dans une seule phrase, elle pouvait dire l'essentiel. Après trois mots pour se présenter, elle fut vivement interrompue par la réceptionniste :

— Gaby Bernier ? La fille de Séneville Bernier ?

— Oui…

— Nous sommes cousines ! On a joué ensemble quand vous habitiez Chambly.

— Ouf ! C'est loin, ça ! Seriez-vous une des petites filles du capitaine Bernier ?

— C'est ça. Marie-Reine. On a le même âge.

— Serais-tu encore célibataire ? lui demanda Gaby, étonnée qu'à quarante-six ans, une femme occupe un tel poste.

— Célibataire et fière de l'être. Et toi ?

— À cause de la guerre, je le suis encore.

Les souvenirs, entrecoupés de questions, défilèrent avant que Gaby en arrive au but de son appel. Au nombre des promesses, celle de se revoir, mais surtout celle de plaider la cause de Gaby auprès de M. Sauvé furent exprimées.

Au grand soulagement de Gaby, le ministre Sauvé lui obtint son permis d'alcool. Sans ce privilège, son projet de restauration aurait échoué, et les dépenses investies auraient été réduites en fumée. Le temps était venu d'afficher *Le Baronnet* dans les journaux de Montréal et de la région.

Les spécialités de la maison étaient succulentes : pâtés, entrecôte de bœuf et volaille de *La Trappe*, fraises, framboises, bleuets, tomates, aubergines et maïs, tous ces produits achetés des communautés agricoles locales.

Il allait de soi que le ministre Sauvé, qui demeurait tout près, à Saint-Eustache, soit des premiers invités à la table du *Baronnet*. Il vint, vit et fut conquis :

— C'est la plus belle chose que quelqu'un ait faite dans le coin, clama-t-il, promettant d'y revenir une fois par semaine et d'y emmener des amis et des collègues députés de Québec et d'Ottawa.

Pour lui signifier son appréciation, Gaby lui servit un Bergerac, un des meilleurs vins rapportés de France.

Cette soirée se prolongea à souhait. Tous deux, devant une coupe de cognac, passèrent des heures à discuter de politique. Que ce politicien, d'une intégrité exceptionnelle, demeure fidèle à ses convictions et n'ait pas peur de défier «le chef», en parlant du premier ministre Duplessis, lui mérita l'admiration de Gaby.

Son passage au *Baronnet* fit les manchettes du journal local et des revues à potins. Si Éva s'en inquiétait, cette publicité gratuite amusait Gaby.

— On n'aurait pas pu trouver meilleur ambassadeur, considérait-elle.

D'une amitié indéfectible, Margot Vilas continuait de veiller à la réussite des entreprises de Gaby. Dès l'ouverture du *Baronnet*, elle y emmena des vedettes de cinéma, des notables et des amis personnels. Ainsi, Jean Despréz, la scénariste du film *Le Père Chopin*, s'y présenta, les bras lourds de bagages, dont sa machine à écrire. Gaby éprouvait une grande admiration pour cette dame qui était allée étudier le théâtre et la littérature à Paris pour revenir à Montréal et y fonder l'École du spectacle avec Henri Letondal. Femme-orchestre, Jean Despréz ne se limitait pas à son métier de comédienne. Depuis sept ans déjà, elle rédigeait des feuilletons radiophoniques, dont *Jeunesse dorée*. Pas étonnant qu'elle ait milité avec Mme Thérèse Casgrain pour que les droits des femmes soient reconnus !

Les couturières du salon, Hans Peck, le tailleur, des clientes tant anglophones que francophones profitaient de la présence des sœurs Bernier en fin de semaine pour venir au *Baronnet* déguster ses plats et se délecter des spécialités de son cellier.

La première saison du *Baronnet* fut si réussie, que Gaby décida de le garder ouvert douze mois par année et de se rendre à Oka chaque fin de semaine pour y accueillir les clients. Partagée entre la restauration, la gestion immobilière et la haute couture, elle aimait cette effervescence. Son sens des affaires ne laissait planer aucun doute. À la présidence de *L'Immobilière d'Oka*, elle faisait des affaires d'or. Aux citadins et à ses clientes, elle décrivait cet endroit de villégiature avec un brio qui piquait leur curiosité. La réputation de cette région franchit l'océan et attira de plus en plus d'Européens.

Les sœurs Bernier ne délaissèrent pas pour autant leur salon de couture de la rue Sherbrooke, sauf qu'elles le fermaient le vendredi soir.

Un matin d'avril 1948, portées par une brise printanière, deux descendantes du premier baron Shaughnessy de Montréal se présentèrent à la spécialiste des trousseaux de mariée. Margot Redmond, la plus petite cliente du salon, avait enfin reçu une demande en mariage. Gaby, qui, plus de dix ans auparavant, l'avait prise sous son aile dès sa première visite, s'était engagée à la rendre élégante et séduisante, malgré son apparence physique plutôt moche.

Mademoiselle Redmond relata avec émoi sa présentation à la société en 1934, alors vêtue d'une magnifique robe blanc crème, tissée de fils dorés avec un rebord carré bordé d'un vison blanc, le tout griffé Gaby Bernier. À la même époque, la menue Margot avait attiré tous les regards avec sa robe de soirée en crêpe d'un rouge sombre. Pour son mariage, Gaby lui proposa une robe de crêpe blanche avec un col baveux et une adorable mais très complexe traîne.

— La plus élégante que j'aurai confectionnée. J'y mettrai le temps pour la réussir.

— Vous êtes une vraie mère pour Margot, déclara Mme Shaughnessy, cette dame d'une beauté qui avait toujours fait ombrage à sa fille.

— Je ne sais pas si c'est une faveur ou un souci pour vous, mais j'aimerais accompagner la mariée dans la limousine et jusqu'à son entrée dans la grande allée de l'église, offrit Gaby.

— Comment pourrais-je refuser de telles attentions ? s'écria Margot. Vous verrez à ce que je sois impeccable pour ce grand jour.

Il arriva que Gaby regrette d'avoir conçu une traîne aussi compliquée avec son mouvement d'ondulation. Mais elle y travailla jusqu'à ce que cette pièce atteigne le niveau de perfection anticipé.

À peine l'avait-elle terminée qu'une jeune fille de réputation internationale, cette fois, se présenta au Salon avec sa mère. Championne mondiale de patinage artistique à Stockholm l'année précédente, Barbara Ann Scott venait demander à Gaby de lui confectionner des robes pour ses apparitions publiques. Gaby avait déjà créé quelques tenues pour sa mère, Mme Clyde R. Scott, rencontrée à Ottawa chez Mme Ray Atherton, l'épouse de l'ambassadeur des États-Unis au Canada.

La célébrité de Gaby continua ainsi de se propager bien au-delà de Montréal et lui attira à cette époque de nombreuses clientes internationales. En témoigna la visite-surprise d'une grande dame de San Salvador, *señora* Doña de Mejía, née Kitty Roy.

Gaby pouvait demander entre quatre et cinq cents dollars pour une robe, alors qu'un *smoked meat* ne coûtait que dix sous. Le prix de ses créations devint presque aussi élevé que ceux de Paris. Son association avec des personnes d'aussi grande renommée la transporta dans l'orbite du Montréal créatif pendant cette période aux tendances novatrices. Dès lors, les médias francophones lui accordèrent plus d'attention. Le nom Bernier était considéré comme l'exemple parfait de l'élégance dispendieuse. Comme un papillon émergeant de sa chrysalide, la petite orpheline était devenue une femme prospère.

Son aisance financière assurée, Gaby pouvait aller de l'avant pour la construction de la maison de ses rêves, à Oka, son lieu de prédilection pour vivre une retraite. En attendant qu'elle soit habitable, les sœurs Bernier allaient vivre leurs fins de semaine et leurs vacances d'été dans une maison appartenant à *L'Immobilière d'Oka*.

Gaby jumela sans effort la présidence de *L'Immobilière* et son métier de créatrice de mode. Tout en faisant des ajustements sur la robe de bal bleue de Mme Webster, elle discutait de camionnage et du coût des carburants avec monsieur son mari, propriétaire d'une compagnie pétrolière. Devenue très habile dans les transactions immobilières, elle annonça fièrement au couple Webster qu'elle venait de vendre un verger à Oka pour plus cher que son investissement initial sur la totalité des terres.

— Plus de cinq mille dollars! s'étonna Jean Webster. Mais c'est une vente record, surtout pour une femme!

— Ça prouve que vous avez tort de douter des possibilités d'une femme, M. Webster.

— C'est ce que je te disais, appuya Madame. On n'est pas douées que pour faire les belles…

Mme Webster, sa robe de bal ouverte sur les côtés, pivotait sur elle-même, stimulée par les rires de sa couturière, quand se présenta une autre dame de la haute société, Mme Marler. Son petit pékinois sous le bras, elle implora la faveur d'être servie à l'instant.

— Mon mari vient de recevoir une invitation à un grand bal au Château Frontenac, et c'est dans dix jours.

— Je m'éclipse le temps qu'il faut. Après tout, l'épouse d'un député libéral de Westmount a préséance sur celle d'un simple homme d'affaires, concéda Mme Webster, amusée.

Son mari, vexé, sortit l'attendre à l'extérieur.

De telles scènes se jouaient de plus en plus fréquemment au *Salon Gaby Bernier*. Le monde des affaires avait besoin de l'appui du gouvernement et vice versa. Mais faute de soutien monétaire de la part du député provincial, les gens d'affaires se tournaient vers celui du fédéral, non sans nourrir une certaine animosité. M. Webster et le député Marler, vivant cette situation, n'apprécièrent pas ce face-à-face fortuit. Gaby et ses deux clientes retenaient un sourire narquois pour éviter toute possibilité d'altercation.

Au Canada comme aux États-Unis, moins de trois ans après la signature de l'armistice internationale, il était facile d'oublier que le monde avait subi six ans de guerre tant la prospérité, les rêves et la joie de vivre avaient repris leurs droits sur la haine, la peur et la détresse. Le développement des arts avait supplanté l'appel aux armes. Denis Harbour, le talentueux baryton d'Oka, venait de se tailler une place enviable au *Metropolitan Opera*. New York allait devenir sa ville d'adoption. Il convenait que Gaby s'en réjouisse, qu'elle taise la déchirure que son attachement inavoué lui causait. Bien que de seize ans son cadet, ce jeune homme l'avait d'abord séduite par la profondeur et la puissance de sa voix. Ses traits d'une perfection inégalée n'altéraient en rien sa virilité. Son regard de velours donnait le vertige, même à la femme mature qu'était Gaby. Son corps svelte semblait sculpté pour la scène. Ses gestes gracieux n'avaient rien d'emprunté. «Un homme parfait», se disait-elle, consciente qu'une déclaration d'amour n'était pas souhaitée, mais qu'à lui seul, un soupir amoureux l'aurait précipitée dans ses bras… pour le plaisir de palper son corps d'Apollon, de le faire vibrer sous la chaleur de ses caresses, de le voir capituler, abandonné aux pulsions sexuelles d'une virtuose en la matière. « Rien ne pourrait toutefois me faire oublier James. J'admets que ma soif de relation amoureuse se fait sentir de plus en plus souvent, même si je suis plus occupée que jamais. Ma fragilité, si je peux l'appeler ainsi, elle est là. Je dois être vigilante… »

Gaby venait de confier ces quelques lignes à son journal intime quand Jack Chisholm, l'ancien cascadeur d'Hollywood, et Gordon Sparling, rencontré à New York en compagnie de James, se présentèrent au *Baronnet*. Si Gaby se souvenait peu du réalisateur, dont elle avait fait la connaissance alors qu'elle n'avait d'yeux que pour son amoureux retrouvé, Gordon était tombé sous le charme de la créatrice et pensait souvent à elle depuis. Le regard non moins envoûté que lors de leur première rencontre, Sparling enveloppa la main de Gaby d'une affection indéniable. Elle s'y attarda peu, évoquant l'honneur et le plaisir innommables que lui apportait leur visite. Pour la propriétaire de ce restaurant-hôtel qui avait fait la manchette dans une revue de gastronomie américaine, et ce, grâce à un des grands chefs et restaurateurs de New York, Antoine Gilly, de *La Crémaillère*, chez qui elle s'était rendue régulièrement, la courtoisie allait de soi. La visite des lieux charma les messieurs, et la qualité des vins tant que celle des mets servis les ravit.

Mais ces deux hommes ne s'étaient pas rendus à Oka que pour le plaisir de voir la grande créatrice de mode montréalaise. Sparling venait offrir à Gaby d'animer une série télévisée sur les techniques de couture. Les auditrices, heureuses de découvrir des trucs de couturière, seraient charmées par son accent français et sa personnalité dynamique. Gaby n'eut pas à consulter sa sœur avant de décliner cette offre. « Comment Gordon a-t-il pu imaginer que j'abandonnerais mes projets, mes affaires, ma famille, mes clientes, mes amis et mes pékinois pour quelques heures de télévision par semaine ? Et puis, j'aime cent fois mieux créer qu'enseigner. Il devrait bien le savoir. À moins que… »

Alléguant la fatigue, Chisholm demanda à être reconduit à sa chambre, laissant son ami seul en compagnie de Gaby. L'inconfort prit sa place. Pour l'estomper, quoi de mieux que d'aborder la question du travail! Avec une volubilité soudaine, Gordon résuma son parcours professionnel. Torontois de naissance, il n'avait qu'un an de plus que Gaby. Réalisateur, scénariste et producteur, il avait appris son métier à l'*Ontario Motion Picture Bureau* et aux États-Unis. Après avoir été assistant-réalisateur sur le film *Carry on Sergeant*, il était parti pour New York où il avait séjourné pendant deux ans, le temps de connaître le cascadeur Jack Chisholm. Il était revenu au Canada en 1931 avec la ferme détermination d'inaugurer un service de production cinémato-graphique à Montréal. Il y était parvenu et avait ainsi pu produire les *Canadian Cameo*, une série de courts métrages en 35 mm destinée à une diffusion dans tout le Canada. Venaient de naître les premiers films avec son, un reflet du pays sur tous les écrans du monde. Cette série, soutenue par les investissements massifs du *Canadian Pacific*, connut un tel succès que l'*Associated Screen News* de Montréal dut construire des studios de tournage modernes, dotés d'équipements de prise de son. Gordon Sparling se plaisait à mélanger documentaire, mise en scène et expérimentation. Il abordait les sujets les plus divers avec la liberté que Gaby se donnait dans la création de mode. En 1934, alors que les journaux louangeaient son travail, il avait conçu et diffusé *Rhapsody in two languages*, une vision poétique et originale du bilin-guisme montréalais.

— Donio l'a vu. Il m'en a parlé comme d'un chef-d'œuvre, révéla Gaby.

— Hélas! Le public s'y intéresse peu, en général.

— Où étais-tu pendant la guerre?

— J'étais campé à London. C'est là que je supervisais des films d'actualité et de formation pour l'armée canadienne. La guerre terminée, je suis retourné à l'*Associated Screen News* où je travaille depuis.

Gaby se souvint que des magazines le reconnaissaient comme le réalisateur le plus imaginatif et le plus professionnel que le Québec ait connu. Toutefois, New York demeurait sa ville de ressourcement tant sur le plan professionnel que social.

— L'amitié entre Jack et moi perdure en dépit de toutes nos pérégrinations. Tout cela dit, il manque toujours un élément essentiel dans ma vie…

La tête retombée sur sa poitrine, Gordon poussa un soupir d'impuissance. « Elle devrait bien se demander pourquoi Jack Chisholm m'accompagne. J'aurais pu venir seul ou avec n'importe qui d'autre. Elle n'est pas sans savoir qu'on ne dérange pas un cascadeur d'Hollywood pour des insignifiances… », se disait-il.

Gaby sentait bien que le réalisateur était épris d'elle, mais elle tenait à ce qu'il le lui confirme. Ce qu'il fit avec bonheur, mais non sans une certaine retenue, l'inconfort de Gaby l'y incitant.

— Je ne suis pas certaine de partager tes sentiments, lui avoua-t-elle. Nous nous connaissons si peu…

Tous deux en convinrent.

Gordon demanda à ce que cette conversation soit remise au lendemain. Heureuse d'avoir du temps pour réfléchir, Gaby l'approuva et proposa une rencontre au bord du lac des Deux Montagnes vers les onze heures.

Gaby ressentait souvent le besoin de partager ses inquiétudes. Mais, ce soir-là, à Oka, elle ne trouva personne à qui se confier. Éva était là, mais elle passait tous ses temps libres avec le veuf Allard. « Le bon jugement de Donio, sa connaissance de la psychologie masculine et son assurance m'ont été si souvent secourables… Mon amie Margot aussi me manque. »

Après une nuit cahoteuse, Gaby s'assura de la bonne marche du restaurant avant de se diriger vers la plage. Gordon n'était pas seul à l'attendre. Jack l'y avait rejoint. Les salutations courtoises terminées, le cascadeur prit la parole pour révéler à Gaby les véritables raisons de leur présence :

— Je connais les sentiments de mon ami Gordon pour vous et je lui ai proposé mon aide. Il n'a cessé de penser à vous après votre rencontre à New York.

Intimidée, Gaby ne dit mot.

— Quant à moi, j'ai une faveur à vous demander. Une faveur qui pourrait vous charmer.

Bien qu'intriguée, Gaby attendit en silence la déclaration du producteur américain.

— Je suis prêt à vous engager pour habiller mes actrices, Mlle Gaby.

La stupéfaction et l'embarras passés, Gaby trompa leurs attentes avec un humour qui la protégeait de tout risque d'offense.

— Je te suis très reconnaissante d'avoir convaincu un grand producteur hollywoodien comme Jack de me confier la création des costumes de ses comédiennes, dit-elle à Gordon en promenant son regard de l'un à l'autre.

Jack attendait un engagement qui ne vint pas.

— Je suis également très touchée de tes sentiments pour moi, Gordon. Que tu souhaites que je les partage, c'est compréhensible, mais je ne peux rien te promettre pour l'instant, ajouta Gaby.

Une petite flamme vacillait dans son cœur pour cet homme affable, très brillant et compréhensif. Sa générosité envers elle n'avait d'égale que son espoir de la conquérir, et elle le devinait. Elle les quitta en leur promettant d'y réfléchir et de leur donner des nouvelles bientôt, puis elle repartit pour Montréal.

Tôt le lendemain matin, Gaby prit connaissance des rendez-vous de la semaine, des confections à terminer, des contacts à faire.

Laurice Courey, dont le père, un marchand d'origine libanaise, possédait un grand magasin sur la rue Saint-Paul dans le Vieux-Montréal, fut la première à se présenter au salon de couture. Veuve de son premier mari, seule avec deux jeunes garçons, elle avait reçu une demande en mariage de Philip Haddad. En venant lui en faire part, elle lui confia la confection de sa tenue de mariée. Gaby lui proposa une robe en soie marine, mouchetée d'argent, qu'elle allait porter avec un chapeau à voile de même teinte.

— Je vous adopte définitivement comme ma seule couturière, lui déclara la future Mme Haddad.

— En retour, j'irai prendre votre commande à votre domicile d'Outremont, lui promit Gaby.

— Je serai heureuse de vous servir mes plus délicieux baklavas avec du café si fort et si épais qu'une cuillère pourrait y tenir debout, blagua la veuve, connaissant l'attrait de Gaby pour les cafés corsés.

Cette rencontre, bien que fort agréable, ne put apaiser chez Gaby le trouble que la déclaration de Gordon lui avait causé. Trois ans de deuil n'avaient pas totalement déraciné de son cœur sa passion pour James. Depuis son décès, ne l'avaient attirée que les hommes qui lui ressemblaient. Denis Harbour et Gordon Sparling étaient de ceux-là. « Tout va si bien dans ma vie depuis que je fais des affaires à Oka ! Pourquoi faut-il toujours qu'un brouillard vienne assombrir un firmament aussi lumineux ? J'ai mille raisons d'admirer Gordon. Il est un pionnier du cinéma au Canada comme aux États-Unis. De la race des créateurs, audacieux, intuitif, passionné. Son apparence physique est plutôt agréable et son regard est si profond, ses gestes si avenants… Qu'est-ce qui freine mon élan vers lui ? »

À son frère, venu la chercher dans sa salle de coupe pour souper, elle confia son embarras :

— Je ne comprends pas pourquoi je voudrais tant ne ressentir que de l'amitié pour Gordon.

— C'est possible, l'amitié entre un homme et une femme, mais pas pour tous les tempéraments.

— Pour le mien, par exemple…

— Gaby, consciemment ou non, c'est l'amour que tu cherches. Tu en as besoin même si tu sais qu'il pourrait te faire mal. Sinon, dis-moi pourquoi tu fais tout pour séduire.

— Pas dans le cas de Gordon, protesta-t-elle. Ça faisait plus de trois ans que je ne l'avais pas vu et quand je l'ai rencontré, j'étais avec James.

— Tu séduis sans t'en rendre compte, Gaby. Toujours élégante et avenante, tu dégages, comment dire…, une invitation. En plus, tu donnes tellement l'impression d'être au-dessus de tout…

— Si les hommes savaient comme je suis vulnérable en amour…

— Pas autant que moi, quand même…

— Toi, Donio, vulnérable en amour ? Tu blagues !

— Pourquoi penses-tu que je coupe la relation dès qu'elle frôle l'engagement ?

— Tu fais toujours ça ?

— Eh oui ! La dernière fois, je m'étais attaché suffisamment à une femme pour avoir mal. C'est alors que je me suis souvenu qu'à la mort de papa, je m'étais juré de ne jamais faire souffrir des enfants.

— Donc, de ne jamais en avoir plutôt que de courir le risque de les laisser orphelins.

— Pas d'enfants, pas d'épouse non plus. Quand je te disais que j'étais l'homme le plus égoïste de la terre, tu comprends maintenant ?

— On l'est chacun à notre manière, Donio.

— Pas toi, Gaby. Pas toi.

Quelques semaines plus tard, un événement des plus inattendus vint perturber la créatrice de mode et retarder sa prise de décision quant à sa relation avec Gordon. Jean Taupier lui apprenait au télé-phone que, dans deux semaines, il épouserait l'élue de son cœur.

— Un petit mariage très intime. Faute d'avoir les moyens financiers de faire une belle noce en votre compagnie, je vous enverrai des photos. Aussi, je vous assure de ma fidèle affection et de ma sincère gratitude pour tout ce que vous avez fait pour moi et mon frère.

— Seule la parenté de ta future épouse est invitée…

— C'est le désir de Louise et de ses parents, expliqua Jean sur un ton embarrassé.

— Je vous souhaite beaucoup de bonheur! parvint à prononcer Gaby.

Elle se retira dans sa chambre pour assouvir son chagrin. L'émotion apaisée, elle apprit la nouvelle à Donio et Éva.

— L'important n'est-il pas qu'il soit heureux? souleva son frère.

Des hochements de tête lui donnèrent raison.

UNE INDISCRÉTION DE MARCELLE

Depuis leur voyage en Europe, Gaby et Éva semblent se comprendre d'un simple regard, d'un petit geste ou d'un sous-entendu. Sans trop m'en rendre compte, j'avais cru devoir les y amener. Comme si le fait de les connaître profondément m'en donnait la responsabilité. Il faut dire qu'après avoir quitté le salon de couture, c'est de leur mère que je suis devenue la confidente... et la suppléante, après sa mort. C'est peut-être pour ça que je m'attendais à plus d'égards et de reconnaissance de leur part. Non pas qu'elles ne m'en aient pas accordé, mais depuis quelque temps, elles semblent organiser leur vie comme si je n'étais plus des leurs, sauf pour m'occuper de leurs chats et chiens en leur absence... Même si ça me fait de la peine, je dois reconnaître que c'est normal. En même temps que Jean Taupier décidait de voler de ses propres ailes, les Bernier se préparaient un avenir en dehors de Montréal sans se douter que je ne les suivrais pas à Oka. Ma décision est prise : je vais retourner tout près de mes racines. Chambly m'attend. Avec le salaire que cette famille m'a versé depuis quinze ans, je pourrai subvenir à mes besoins pour longtemps encore.

Je partirai quand je jugerai le moment venu, mais non sans exprimer ma reconnaissance envers les filles et leur frère pour le confort et l'expérience qu'ils m'ont apportés. J'envisage de demeurer en contact avec eux..., à moins que ce ne soit pas réciproque.

CHAPITRE VIII

Y a-t-il vraiment un lien entre les moyens financiers et l'ambition ?

J'étais jeune et j'avais beaucoup d'ambition, mais pas jusqu'à vouloir construire l'empire Gaby Bernier si je devenais riche. Maintenant que j'ai de l'argent, je rêve davantage de diversifier mes acquis que d'imposer mon nom à l'univers. Des clientes me sont venues de l'étranger, de la haute société, de la hiérarchie politique, du milieu olympique, même. J'en suis fière, mais je constate que je ne suis pas allée les chercher. Ce sont elles qui sont venues à moi. J'aurais pu exploiter ces occasions pour devenir plus célèbre. Si j'avais eu des mécènes, comme ce fut le cas de Christian Dior et de ses soixante millions de francs, ou celui de Coco Chanel, entourée dès son entrée dans le monde de la mode, peut-être, mais j'en doute encore. Ma notoriété, si j'en ai une, je la vois dans le fait d'avoir monté moi-même ma clientèle et mon premier salon avec mes propres économies et la collaboration de ma famille. Aujourd'hui, je ne dois rien à personne et je réussis dans plus d'un domaine. À la présidence d'une société immobilière, j'ai du plaisir et je fais beaucoup d'argent... Ce qui ne veut pas dire que je sois une femme d'affaires aguerrie. J'aime ma vie. J'aime ma famille, mes employées, mes partenaires et mes deux petites bibittes à poil.

Aujourd'hui, je choisis de me définir comme une bâtisseuse sans mécène. Comme une aventurière passionnée de créer du beau et du bon autour d'elle.

Entre ses responsabilités au *Baronnet* et à *L'Immobilière d'Oka*, la supervision de la maison des Bernier en construction et le salon de couture à Montréal, que restait-il à Gaby pour Gordon Sparling, qui ne demandait qu'à lui prouver son amour, et pour Denis Harbour, dont elle n'arrivait pas à se détacher ?

De son salon de couture, dont le personnel était formé d'ouvrières expérimentées, de petites mains fidèles, de dentellières et d'un tailleur compétent, sous la sympathique mais rigoureuse gestion d'Éva, Gaby n'était pas inquiète. Ses présences réduites à quatre jours suffisaient pour répondre à ses clientes, concevoir les vêtements choisis et en confier la confection à ses couturières. Les trois autres jours étaient partagés entre ses responsabilités à Oka et ses relations personnelles.

Bien qu'administratrice éclairée, Gaby n'était pas à l'abri de tout aléa dans les autres secteurs de sa vie. Ainsi, comment aurait-elle pu refuser à Denis Harbour de le ramener à New York pour sa première au *Metropolitan Opera*, où il interprétait le rôle du roi dans *Aïda* ? Une si belle occasion de vivre en intimité avec le beau Denis devait être saisie sur le vif.

L'aller fut meublé de propos anodins, de réflexions philosophiques, de silences, de moments de sommeil pour Denis et de préoccupations routières pour la conductrice. Au chapitre des imprévus : deux chambres avaient été réservées dans un modeste hôtel à proximité du *Metropolitan Opera*. Le chanteur pria Gaby de ne plus se préoccuper de lui jusqu'à la soirée du concert, pour lequel il lui tendit son billet d'entrée. Vint la clé de la chambre 27, séparée de la sienne par la 25. Bâillonnée par la surprise, son sac de voyage en bandoulière, Gaby fila vers la 27 sans se retourner. Le crissement de la clé dans la serrure de la chambre 23 frappa son tympan avant même qu'elle ait le temps de déverrouiller sa porte. De toute évidence, elle devrait occuper ses temps libres dans la ville sans lui. « J'allais oublier qu'il m'avait tout simplement demandé de le conduire ici. Je me suis laissée aller à mes fantasmes. À quel âge guérit-on de cette tendance? Je me rends bien compte que ce n'est pas à quarante-huit ans. À moins que ce ne soit pas la somme des années, mais les leçons qui assagissent. C'est aujourd'hui que je m'engage envers moi-même à ne plus me créer de telles attentes. »

Les distractions ne manquaient pas pour la créatrice de mode. Les vitrines de New York lui en offraient plus qu'elle ne pouvait en prendre. Son carnet de notes à la main, elle dessina des croquis de chapeaux, de tailleurs et de robes de soirée. De retour à sa chambre, elle eut juste le temps de se faire une beauté. Dans son plus bel apparat, Gaby céda à une fantaisie du moment. « Suis-je à la hauteur de votre spectacle, M. Harbour? » se proposait-elle de lui demander avant qu'il quitte l'hôtel. Sur la pointe des pieds, elle se rendit à la chambre 23 et frappa à la porte à trois reprises… sans succès. « Lui glisser un mot sous la porte serait d'adon », crut-elle.

Quelle que soit l'heure, je t'attendrai pour sabler le champagne.

Gaby, ton admiratrice…

Le billet demeura sans retour. Ou Denis ne l'avait pas vu, ou il préférait en faire fi. Elle opta pour la première hypothèse.

Perdue à travers des centaines d'admirateurs, Gaby s'en trouva à l'aise. La compréhension des paroles de cet opéra du prestigieux Toscanini fut superflue tant la voix d'Harbour envoûta le public et obnubila son accompagnatrice. Que de moments d'extase elle anticipait pour couronner cette soirée!

Le concert terminé, les applaudissements de la salle, les félicitations dans les loges et le cocktail de couronnement avaient retenu les artistes hors de leur hôtel tard dans la nuit. Pas question pour Gaby de fermer l'œil. Soudain, les pas feutrés dans le corridor retinrent son souffle. Le mot glissé sous la porte de la chambre de Denis le ramenait vers elle. Oscillant entre la raison et ses pulsions instinctives, Gaby avait espéré se frôler à lui, imaginant sa tête sur ses cuisses, ses mains habitées d'un feu intérieur qui l'embraserait tout entière…

Au petit matin, la bouteille de champagne était restée dans le seau à glace tant leur passion inassouvie les avait précipités dans les bras l'un de l'autre jusqu'à l'épuisement. Quelques heures plus tard, Gaby reprenait la route pour Montréal sans savoir si cette « aventure d'une nuit », comme l'avait précisé le chanteur, allait mater ou alimenter sa convoitise. « Le temps me le dira, les événements aussi », conclut-elle, sachant que quelques mois plus tard, Denis Harbour viendrait au stade Delorimier pour jouer un rôle dans *Faust*, un opéra de Gounod.

Au *Baronnet*, les temps étaient très difficiles en saison froide. Les recettes de l'été suffisaient à peine à éponger le déficit de l'hiver. Oka était loin de Montréal et trop peu d'activités hivernales y étaient organisées. La région se prêtait à de multiples sports, mais encore fallait-il que la publicité en soit faite pour y attirer des citadins.

— Deux semaines de profits pendant le temps des Fêtes, c'est trop peu, reconnut Gaby, au risque de décevoir Oscar Allard, qui tirait de bons revenus de sa tâche de gardien.

— On pourrait essayer de le louer, suggéra Éva, plus inspirée par ses sentiments pour le veuf que par son sens des affaires. M. Allard, vous qui connaissez la région comme le fond de votre poche, vous êtes bien placé pour trouver des locataires, n'est-ce pas ?

Un hochement de la tête trahissait son doute d'y parvenir.

— Si on ne réussit pas à rentabiliser ce commerce, il ne me restera plus qu'à le revendre, admit Gaby, dépitée.

— Donnons-nous une autre chance, implora Éva, dont le regard mendiait la complicité de son amoureux.

Gaby y consentit.

Plus occupés que par les années précédentes, les Bernier décidèrent de célébrer les trois anniversaires en un. Pour souligner son dernier pas dans la quarantaine, Gaby proposa le restaurant italien *Chez
Magnani*, à l'angle des rues Chabanel et Lajeunesse.

Italien sans aucune restriction en ce qui touche la table et la cave,
ce restaurant présentait un curieux mélange d'époques, avec ses deux
salles de réception très différentes l'une de l'autre, une cuisine vitrée et
bruyante et, finalement, une épicerie. Gaby, qui allait y puiser des inspirations, fut éblouie par la collection de bouteilles italiennes exposée
dans leur salle à manger.

— C'est un élément de décoration auquel on n'a pas pensé, fit-elle
remarquer à Éva.

— Ce pourrait être d'autres objets… plus nobles que des bouteilles,
mais quoi donc ?

— Au point où nous en sommes, se questionner à ce sujet est une
perte de temps, considérait Donio. Il faut plus que des bébelles pour
attirer la clientèle et la garder.

Oscar, qui avait été invité pour cette célébration, l'approuva.

Marcelle nota la qualité des nappes et l'atmosphère créée par les
lumières tamisées.

Vivement l'heure de découvrir les spécialités de ce commerce. La
carte de *Chez Magnani* ne recelait aucun mystère. Elle aurait pu sortir
d'un restaurant de quartier populaire de Rome ou de Milan. Les anti-
pasti, composés de belles tranches de charcuteries italiennes accompagnées de poivrons rôtis, de tomates et de saumon fumé, stimulèrent
les papilles gustatives.

— Comme c'est goûteux ! bredouilla Gaby, en se pourléchant.

Donio clama leur aspect irrésistible et s'en gava allègrement.

Le mets principal offrait un choix entre l'osso buco, les escalopes de veau traditionnelles ou la saltimbocca alla romana. Le serveur en fit une brève description :

— L'escalope est recouverte d'une fine tranche de prosciutto et généreuse en parfums de vin blanc, beurre et tomate. L'osso buco est accompagné de poivrons, de lardons fumés, rehaussé de crème et de pâtes maison. Je vous recommande particulièrement la saltimbocca alla romana.

— C'est quoi, ce plat ? demanda Éva.

— À vous d'en découvrir les composantes !

— Je pourrais savoir tout de suite ce que vous nous offrez pour le dessert ? osa Donio.

— Crème caramel, tartuffo et semifreddo.

— Merci, se contenta d'ajouter le gourmand, qui ne s'y connaissait vraiment pas en cuisine italienne.

— Et vos vins ? demanda Gaby.

— À part quelques importations privées plutôt dispendieuses, nos vins sont de cépages italiens. Je peux vous en apporter la liste.

Gaby l'en pria.

En attendant le plat de résistance, Marcelle amorça une conversation qui se voulait légère, mais qui inquiéta les Bernier. Elle avait tout d'un bilan des années passées à leur service. Gaby redouta des problèmes de santé chez leur fidèle servante.

— Je suis très privilégiée de me sentir encore en très bonne forme. Je vous en souhaite tout autant.

— S'il n'en tient qu'à tes petits plats santé, on va vivre vieux, lança Donio à la blague.

— Est-ce un reproche ?

— Au contraire ! Tu prends tellement bien soin de nous, Marcelle.

— Comme si vous étiez mes enfants… Par contre, je ne suis pas sûre que ce soit très bon pour vous trois ni pour moi.

— Pas si on s'avisait de te traiter comme notre mère, réfuta Éva.

Des regards s'échangèrent entre Donio et Gaby.

— Une mère qui suit ses enfants… dans leur vie ? Des enfants qui la ballottent de Montréal à Oka, d'Oka à Dieu je ne sais où ? Vous vous rendez compte ? Non.

— Et si on promettait d'adopter un domicile fixe…

— Premièrement, vous en êtes incapables. Deuxièmement, vous devez mener la vie qui est la vôtre.

— Tu n'es plus heureuse avec nous, conclut Gaby, attristée.

— Trop gâtée, à certains égards.

La déclaration mit les Bernier dans l'embarras.

— Tout ce luxe… que je ne pourrai jamais m'offrir.

Le mets principal servi, Marcelle suggéra qu'on reprenne cette conversation à la maison.

— C'est trop bon, cette saltimbocca à la…, à quoi, donc ?

— Alla romana, compléta Gaby.

— C'est ça. Bon ! Fermons la parenthèse. Il faut être dans la joie pour bien déguster, déclara-t-elle.

Peu loquace, Donio pianotait sur la table, impatient de voir arriver les desserts. Après une crème caramel, jugée trop légère, il se fit servir un semifreddo, pendant qu'Éva sirotait son vin.

Il tardait à Gaby de rentrer à la maison. Le trajet entre le boulevard Lajeunesse et le 1669 de la rue Sherbrooke eut finalement raison de sa curiosité.

— Marcelle, serais-tu fatiguée? C'est facile pour nous de t'accorder des vacances.

— Des vacances prolongées.

— Tu veux dire…

— J'ai le goût de retourner à Chambly, dans mon patelin natal.

Désemparés, Gaby et Donio restèrent muets.

— Ce ne sera pas facile de te remplacer, gémit Éva.

— Je connais une dame très dévouée qui ne demanderait pas mieux. Elle est née en campagne elle aussi. Je dois la revoir dans quelques semaines… À moins que vous préfériez choisir vous-mêmes ma remplaçante.

— Quand souhaiterais-tu retourner à Chambly? demanda Donio.

— Avant l'hiver, autant que possible.

La réponse laissa les Bernier sans voix. Plus que quelques mois à se faire à l'idée de perdre une servante qui leur avait été fidèle pendant plus de vingt ans. Une femme qui avait été la confidente des filles Bernier et de leur mère. Une personne en tout irréprochable. Éva et Gaby, éprouvant le besoin de partager leur désarroi, se réfugièrent dans la salle de coupe. Toutes deux passèrent en revue les propos de Marcelle à l'occasion de ce repas qui, de célébration d'anniversaires, avait pris des accents de souper d'adieu.

— On pourrait essayer de la faire changer d'idée?

Gaby ne le souhaitait pas.

— À bien y penser, Éva, il est à peu près temps que cette femme commence à penser à elle. À cinquante-huit ans, on a encore de belles années devant soi.

— Je crains qu'elle le regrette, soupira Éva. On devrait lui conseiller de faire un essai avant.

— Tu peux toujours le lui proposer, mais je ne serais pas surprise qu'elle mûrisse son plan depuis quelques années…, depuis notre déménagement ici, je dirais.

— Mais ça fait huit ans ! On n'aurait pas cru que…

— Quand est-ce qu'on s'est préoccupés d'elle, Éva ?

Les regrets venaient, mais Gaby refusa de s'en nourrir.

— C'est une leçon pour l'avenir.

— Elle va beaucoup me manquer, confia Éva, au bord des larmes.

Dans la vie des Bernier, l'automne 1950 s'était présenté comme les plis de l'eau au passage des navires : une immersion généreuse de la rive, puis un reflux emportant tout sur son passage. La relation entre Éva et Oscar Allard s'étoffait, Gaby enregistrait des profits faramineux à la présidence de *L'Immobilière d'Oka* et, parallèlement, elle découvrait en Gordon Sparling un homme de plus en plus attachant. Prise dans un tourbillon d'activités à Oka, elle avait même oublié d'assister à la prestation de Denis Harbour au Stade Delorimier. Un message lui avait été laissé le lendemain pour l'informer de son départ imminent pour l'Europe, où il allait parfaire son art. D'autre part, Marcelle avait quitté Montréal pour retourner à ses racines chamblyennes. Une jeune fille, nièce de Mme Molson, fidèle cliente, venait régulièrement se charger de l'entretien ménager. En attendant que la recrue de Marcelle soit disponible, les Bernier se rendaient au restaurant pour leur repas du soir.

La présence des quatre animaux domestiques s'avérait de plus en plus problématique. Le cœur en charpie, les sœurs Bernier convinrent de leur chercher des parents adoptifs. Donio leur offrit son aide.

— Je connais une personne qui ne demanderait pas mieux que de les prendre en héritage.

L'étonnement fit place aux questions.

— Elle vit à la campagne et j'ai appris qu'elle se sentait bien seule dans son logis.

— Je serais surprise que ta dame se charge des quatre… Ce serait triste de les séparer, gémit Éva.

— Donnez-moi un peu de temps et je vais trouver une solution qui vous réconfortera, affirma Donio.

Le lendemain matin, il annonçait son absence pour la journée.

— Je vais à Chambly.

— Un voyage payant, présuma Gaby.

— Je dirais plutôt un voyage qui fera le bonheur de l'une et le chagrin des autres.

— Cesse de nous faire languir, le pria Éva.

Gaby retint son souffle, dévisagea son frère… Elle avait compris :

— Pas déjà aujourd'hui, Donio, le supplia-t-elle, caressant ses deux pékinois.

— Ça donnerait quoi d'attendre ?

— Plus de peine, reconnut Gaby.

Éva s'était campée dans la chaise berçante, ses deux chats emmaillotés dans le châle de Louise-Zoé.

— Vous pourrez aller les voir à votre guise, m'a promis Marcelle.

— Marcelle ! s'écria Gaby, ragaillardie.

— Tu leur apportes le châle, recommanda Éva. Ils vont se sentir moins dépaysés.

Gaby prépara, pour ses pékinois, coussins, nourriture et jouets, qu'elle confia à son frère sans prolonger ses câlins.

— Tu ne tarderas pas trop à descendre, Éva. On a beaucoup de travail aujourd'hui, lui rappela sa sœur avant de quitter l'étage.

« Des deuils, on n'a pas fini d'en vivre », pensa Gaby, épongeant ses joues avant d'entrer au salon de couture.

La maison d'Oka, d'un chic remarquable, pouvait maintenant recevoir famille et amis. D'autre part, il fallait se rendre à l'évidence : la fermeture et la vente du *Baronnet* s'imposaient. Une déchirure dans la toile des rêves de Gaby. Adieu au Fernand Point d'Oka ! Adieu au meilleur restaurant du monde ! Adieu clients et complices ! Le cœur à marée basse, Gaby devait trouver une façon d'assumer cet autre deuil avec dignité, mais sans déni. À trois semaines de Noël, elle s'envola pour Paris. Par expérience, le changement d'ambiance et la traversée du continent l'aideraient à prendre un recul quant aux événements bouleversants de sa vie. Mais fallait-il encore que ce voyage ait un but. Rencontrer personnellement un certain créateur de mode qui avait commencé sa carrière en vendant des croquis de robes et de chapeaux avant d'être embauché comme illustrateur par le *Figaro illustré* la fascinait. Que cet homme ait consulté une cartomancienne avant d'accepter l'offre d'un mécène la titillait. Christian Dior n'avait pignon sur rue que depuis la fin décembre 1946, et ce, grâce aux soixante millions de francs investis par Marcel Boussac, un mécène et grand marchand de tissus qui croyait à son talent. Le magazine soulignait parmi les grands mérites de Dior la restauration de la chapelle Sainte-Anne, non loin du Château de la Colle Noire, sa résidence, située sur un promontoire à l'entrée du Pays de Fayence.

Après une bonne nuit de sommeil dans un hôtel de l'avenue Montaigne, c'est au 30 de cette même avenue que Gaby allait rencontrer le créateur qui, trois ans auparavant, avait, en s'inspirant des fleurs, créé la ligne Corolle. Dès lors, qui voulait avoir un look Dior devait porter un vêtement étroit à la taille, sculpté aux épaules, avec des verges et des verges de tissu couvrant la jambe jusqu'à la cheville. Certains modèles étaient si étagés qu'un corset devait y être intégré. Il allait de soi que les fans de Dior adoptent le soutien-gorge rembourré et les chaussures pointues à talons hauts.

Un privilège que d'obtenir un rendez-vous avec ce grand couturier, depuis qu'il avait ouvert *Christian Dior New York Inc.* Gaby insista d'autant plus qu'elle avait été interpellée par la révélation d'un magazine : Dior louerait son nom pour griffer des articles fabriqués en industrie. Celle qui avait refusé l'offre d'un manufacturier de robes pour qu'elle dessine pour lui en avait été renversée.

Dior la reçut dans un petit salon meublé avec goût. Il se montra désolé de ne pas la connaître autrement que par sa présentation au téléphone.

— Vous avez quelques croquis de vos créations ? lui demanda-t-il pour se faire pardonner.

— Très peu. Je peux tout de même vous dire qu'à Montréal, je suis perçue comme la spécialiste des trousseaux de mariée et que pendant la crise, j'ai réussi à ennoblir le coton.

— Quelle coïncidence, Mlle Bernier ! Ici, à Paris, M. Boussac, mon principal collaborateur, est surnommé « le roi du coton ».

— Et vous, « le prince de la mode ».

D'une belle simplicité, M. Dior se contenta de hocher la tête.

— Juste avant la guerre, bien que séparés par un continent, nous avons innové tous les deux en offrant le port du tailleur à nos clientes ;

le vôtre en pied-de-poule noir et blanc, alors que le mien est gris à rayures blanches. À en croire la publicité des magazines, ce fut un grand succès pour vous…, sans parler de vos créations Corolle.

— De fait, il était temps que le luxe soit remis à l'avant-scène. C'est un retour dont les femmes avaient été privées depuis le début du siècle.

— Nous l'apprécions grandement, M. Dior. J'imagine que votre griffe demeure ce qui vous tient le plus à cœur.

— Où voulez-vous en venir, Mlle Bernier ? s'inquiéta M. Dior.

— Un manufacturier m'a déjà demandé de coudre pour lui sans apposer mon étiquette. Vous devinez qu'après plus de vingt ans de création de mode, je ne me serais pas résignée à travailler pour un autre, encore moins à voir des douzaines ou des centaines de mes créations restées sur les étagères, invendues, ou encore pire, à voir des femmes porter des vêtements n'ayant pas été conçus pour elles…

— Je vois. Vous faites allusion à la concession de licence que j'ai instaurée avec l'aide de M. Rouët. C'est la voie de l'avenir, Mlle Bernier. Si je suis le premier à avoir un service de communication intégré dans ma maison de couture, je ne suis pas le dernier. Vous verrez. M. Rouët m'a fait comprendre qu'il faut adopter une politique active de diffusion de notre nom si nous voulons bâtir un empire.

« Bâtir un empire ! C'est un idéal plus grand que nature », pensa Gaby, époustouflée.

— Je souhaite que votre succès grandisse de par le monde, M. le châtelain.

— Les nouvelles courent vite entre la France et le Canada, à ce que j'entends. C'est un peu le fruit du hasard que la découverte de ce vieux château non loin de l'endroit où j'habitais avec ma sœur et mon père sur la Côte d'Azur, avant la guerre. Vous auriez dû voir dans quel état de délabrement il se trouvait ! Le destin a mis un architecte doué sur ma route lors d'un voyage en Russie. Ensemble, nous avons dessiné les plans de l'entrée sur le modèle de la villa familiale. Il fallait transformer les caves à vins en salon et remplacer les fenêtres, en plus de les disposer différemment. Avec le temps, j'aimerais faire aménager un grand bassin d'eau devant la demeure et restaurer la chapelle du village de Montauroux.

— Les édifices religieux vous fascinent ?

— Ce sont les plus beaux joyaux de notre patrimoine… Il est urgent qu'on les rénove avant qu'ils tombent en ruine.

— La France en possède tellement qu'il lui faudrait des centaines de Christian Dior pour les restaurer.

— C'est trop gentil de votre part, Mlle Bernier. Sachez que je ne suis pas seul à vouloir les sauver.

Avant de le quitter, Gaby voulut acheter un *Miss Dior*, la première fragrance du grand couturier.

— Je vous l'offre. Si vous passez à New York, ne manquez pas de vous arrêter à ma nouvelle boutique, Mlle Bernier.

Cette rencontre, courtoise et combien révélatrice, hanta Gaby de son retour à l'hôtel jusqu'au milieu de la nuit. De seulement quatre ans son cadet, Christian Dior ambitionnait de créer un empire, d'envahir le monde de la mode, d'habiller les plus grandes stars d'Hollywood, de rénover un ancien château et une église, de créer sa ligne de parfums et quoi encore ! Il n'avait pas parlé de création de bijoux. Sans doute en avait-il encore le temps, s'il voulait concurrencer Coco Chanel.

Au fait des exploits de ce grand couturier, Gaby éprouva le besoin de se redéfinir. Dans son sanctuaire intérieur, elle retrouva la petite Gabrielle Bernier qui confectionnait des chapeaux avec sa grand-mère maternelle, habillait ses poupées, conseillait sa mère en tenue vestimentaire, collectionnait les chroniques traitant de la mode et bifurquait de la route tracée par ses enseignantes pour emprunter celle de la création de mode. Son court séjour chez les tailleurs Saint-Pierre et Olivier s'était avéré un passage obligé vers la boutique *Madame de*

Pompadour, où ses nombreux talents avaient été mis en valeur. Après huit ans au service de Mlle Jamieson, Gaby s'était sentie prête à voler de ses propres ailes et avait ouvert son premier salon, à deux pas du *Ritz Carlton*, au cœur du *Golden Square Mile*, le quartier des fortunés. Depuis, de déménagement en déménagement, elle avait marqué des progrès, agrandi sa clientèle, diversifié ses créations, multiplié ses services et tenu le cap en dépit de la crise de 1929 et de la guerre mondiale qui avait suivi. Devenue orpheline de père à huit ans, elle avait troqué son prénom pour celui de Gaby. Une façon d'assumer sa réalité et de l'imposer à son entourage. Prénom à la fois masculin et féminin, anglophone et francophone, il lui avait déverrouillé les portes de la bourgeoisie anglaise et du monde des affaires. Heureuse à chaque étape de son ascension, Gaby avait recréé une sérénité là où le regret ne pouvait élire domicile.

Un froid mordant avait vite ramené Gaby à la réalité de nos hivers canadiens. Ses malles à peine déposées dans sa chambre, les pas de sa sœur se firent entendre dans l'escalier de leur domicile. Les retrouvailles chaudes et enthousiastes d'Éva ravirent la voyageuse.

— Il était temps que tu reviennes, Gaby! La recrue de Marcelle s'est présentée deux fois pour annoncer sa disponibilité.

— Ton impression?

— Bien correcte, à part que…

— Déballe, Éva.

— Son langage me donne à penser qu'elle a demeuré plus longtemps en campagne qu'en ville.

— Ses manières?

— Apparentées. Mais elle est très aimable et dit savoir tout faire : la cuisine, bien sûr, mais aussi l'entretien ménager, le repassage, le bricolage et la grosse couture.

— Qu'est-ce qu'elle entend par grosse couture?

— Elle dit savoir recouvrir des fauteuils défraîchis, décaper des meubles abîmés, coudre des tentures… Tout.

— Une perle rare, si on en croit ce qu'elle raconte! Quel est son nom?

— Lizette Hudon.

— Rappelle-la et demande-lui de venir me rencontrer le 8 janvier.

— Pas plus tôt que ça?

— Ce n'est pas nécessaire, on ne sera de retour d'Oka que le 7. D'ici là, on s'arrangera avec la p'tite demoiselle Molson. Maintenant, descendons au salon de couture. J'ai trop hâte de voir ce qui s'est passé pendant mon absence.

— J'ai fermé vendredi midi. On n'avait pas beaucoup de travail puis il ne reste qu'une semaine avant Noël. Nos couturières ont des préparatifs à faire…

— Tu sais bien que je ne te reprocherai jamais de bien traiter nos employées. J'espère que tu en as profité pour voir Oscar…

Éva baissa les yeux, et répondit d'un signe de la tête.

— Tu peux lui dire que tu es en vacances dès maintenant. Il peut venir te chercher quand il le voudra.

«Elle a encore son cœur de jeune femme de vingt ans, ma sœur. Les mêmes émotions dans ses yeux quand elle est intimidée mais heureuse», pensa Gaby en accueillant son accolade avec bonheur.

— Je parierais que tu ne regrettes pas d'avoir quitté le couvent…

— De moins en moins, Gaby. Je resterai toujours un peu contemplative et un brin scrupuleuse, mais sans regret.

— Une fois de plus, nous sommes comme des sœurs siamoises, toi et moi.

— Tu veux dire que tu n'as pas trop de peine au sujet du *Baronnet* ?

— Non. Il y a trop de belles choses en avant pour qu'on s'attarde à regarder derrière.

— Tu vas faire signe à Gordon, j'espère. Cet homme-là ne t'admire pas, il t'adore. Je conviens qu'il n'est pas aussi séduisant que Pit et James, mais il paraît bien et…

— Ça va, je vais lui téléphoner, Éva.

— Tiens, j'ai écrit tous ses messages dans ce cahier, là, dans le tiroir de ta table de coupe.

— Merci. De nouveaux contrats sont entrés ?

— Rien d'urgent.

De fait, quelques robes de soirée pour le Nouvel An, et le reste n'était requis que pour la *St. Andrew*.

Dans son courrier personnel était glissée une enveloppe ornée d'arabesques portant quatre mots dactylographiés : *Ne dis pas non*. Les doigts de Gaby tremblaient sur le rabat à demi décollé. Déjà, on pouvait soupçonner la présence de billets… « De concert, peut-être. Mais de qui, et pour quel spectacle ? » Un parchemin plié en deux portait une signature : *De ton amie Margot*. Gaby se hâta de retirer le reste. « Pas vrai ! Denis Harbour soliste pour le *Requiem* de Verdi ! Accompagné par l'*Orchestre symphonique de Montréal* ! Denis a maintenant trente-quatre ans. Il doit être en pleine possession de ses talents de chanteur à cet âge-là. »

L'invitation ne venait pas de M. Harbour et le concert se tiendrait seulement dans quatre mois. Quel soulagement pour Gaby ! Du temps, elle en avait besoin pour s'y préparer. Une question fort délicate lui vint à l'esprit. « Le deuxième billet est-il pour Margot ou pour quelqu'un de mon choix ? »

Fidèle confidente de Gaby, Mlle Vilas connaissait l'admiration de son amie pour Denis Harbour, mais elle ignorait leur aventure d'une nuit à New York. « Je crains que de le revoir à son meilleur me replonge dans le trouble dont je croyais être sortie. » Lors d'un appel téléphonique pour remercier Margot, Gaby apprit que ce cadeau de Noël lui laissait la liberté d'inviter qui elle voulait.

— Pourquoi ce ne serait pas toi ?

— Parce que je serai en Europe à cette date.

— Dommage, Margot !

— Tu n'es pas en peine d'amis à inviter. Gordon n'apprécierait pas ?

— Je verrai, répondit-elle, taisant le dilemme dans lequel la placerait la présence de Gordon à ses côtés advenant qu'elle retombe en symbiose avec le soliste Harbour.

Ce dossier laissé en suspens, Gaby se concentra sur la création de nouveaux modèles de robes de mariée, inspirés des croquis de Dior.

En soirée, elle tenta à plusieurs reprises de joindre Gordon, mais sans succès. Gaby en fut si contrariée que, pour ne pas céder à la panique, elle dut se rappeler la déclaration d'Éva : « Cet homme-là ne t'admire pas, il t'adore. »

Depuis le 23 décembre, la famille Bernier, rassemblée à la maison d'Oka, avait reçu nombre d'amis et de proches, dont Marcelle, Margot, Oscar et Gordon.

Alors que pendant ses jours de travail, Gaby prenait à peine le temps de faire bouillir de l'eau, à sa résidence du 8, rue Bernier, débordante d'énergie, elle s'était transformée en véritable cordon-bleu. Pour le souper de Noël, elle avait présenté du caviar noir, acheté chez Dionne sur la rue Sainte-Catherine, de l'oie avec une farce aux marrons, des pommes de terre à la crème, une macédoine de légumes, le tout servi avec du champagne. Pour couronner le repas, elle avait mis sur la table des tartuffo à la Magnani, un dessert qu'elle avait mis des heures à cuisiner. Un choix de cinq ou six digestifs avait comblé tous les convives, heureux de ne pas avoir à prendre la route le soir même. Cette demeure comptait suffisamment de chambres pour faire dormir tous les invités.

La cuisine d'Oka contenait une véritable batterie de cuisine et tous les gadgets imaginables, trouvés à Paris ou à New York. Deux semaines durant, tout en fredonnant, Gaby tranchait, pochait, éminçait, fouettait, pliait et préparait de la fricassée. Artichauts ! Court-bouillon ! Escargots ! Quiche ! Rognons de veau ! Pâté ! Poulet chasseur ! Éva était aussi devenue une adepte de la cuisine, mais, là comme partout ailleurs, elle se savait second, et Gaby, capitaine. En matière de vin, personne, sauf Antoine Gilly, un des plus grands chefs et restaurateurs de New York, ne pouvait rivaliser avec elle sur la marque, l'année et le lieu d'embouteillage.

Aux yeux de Gordon, cette facette de Gaby faisait d'elle une femme à la fois exceptionnelle et complète. Leur cohabitation passagère à Oka, tout comme leurs longues marches sur le lac des Deux Montagnes, leur avait permis d'exprimer leurs attentes ainsi que leurs limites réciproques. De concert, ils avaient opté pour la qualité de leurs relations, si épisodiques soient-elles. Le dynamisme et la joie de vivre de Gaby s'alliaient parfaitement au caractère aventurier et bouillonnant de Gordon.

Les événements se bousculèrent au retour de ces trois semaines de vacances à Oka. L'engagement de la nouvelle servante des Bernier y contribua. Lizette incarnait la dichotomie entre elle et les Bernier, avec sa démarche guindée et ses manières rustiques. Elle montra un tel empressement à assumer les tâches décrites, et plus encore, à s'approprier le titre de gouvernante et à faire étalage de ses compétences que Gaby s'en serait fait une gorge chaude si Éva n'avait déployé tout son arsenal de compliments. Aussi, d'une manière un peu cavalière, elle offrit à Gaby de lui colorer les cheveux…

— On voit un peu trop tes cheveux blancs… pour une femme de ton rang. Regarde les miens. Je les teins moi-même.

— C'est gentil, mais j'ai mon coiffeur.

— Ça serait une économie pour toi. Mais comme tu veux.

— Vous seriez prête à commencer quand?

— Maintenant. J'ai tout ce qu'il me faut pour le reste de la semaine dans cette valise.

— Je vous donne deux semaines d'essai, Mᵐᵉ Hudon.

— Tu peux m'appeler Lizette, on est presque du même âge.

«Quelle familiarité de mauvais goût!» jugea Gaby, pressée de retourner à sa salle de coupe.

Éva fut chargée d'accompagner celle qui s'attribuait le titre de gouvernante. Elle lui fit visiter toutes les pièces de la maison, sauf le rez-de-chaussée.

— Ça ira à une autre fois pour cet étage, spécifia Gaby, préférant s'assurer de son embauche avant de la présenter au personnel du salon de couture.

L'heure du souper venue, Gaby ne fut pas déçue. La table était montée à la manière de Marcelle et un fumet de pâté au saumon embaumait la cuisine. Comme Donio tardait, les trois femmes convinrent de prendre le potage et de l'attendre pour la suite.

Des pas bien tapés dans l'escalier annoncèrent son retour. Une main sur la poignée de porte à demi ouverte, Donio figea sur place. Lizette se leva, se dirigea vers lui et lui tendit la main avant de lui désigner sa place…, comme s'il ne l'avait pas occupée depuis des lunes. Gaby et sa sœur, témoins de la scène, restèrent bouche bée. Donio semblait fulminer, mais pourquoi? Trop étonné de voir la nouvelle servante déjà en place? Trop de décorum de sa part? Compterait-elle parmi ses clientes… indésirables? Autant de questions qui brûlaient les lèvres de ses sœurs. Sans émettre le moindre son, le chauffeur de taxi avala son potage en quelques lampées. Gaby tenta d'atténuer cette tension avec des anecdotes amusantes, peine perdue! Lizette fixait Donio comme un chien de garde et Donio lui refusait toute attention, les yeux rivés sur son assiettée de pâté et de légumes. Avant même que le dessert soit servi, il quitta la table sans saluer la maisonnée.

— Attends, Donio, j'ai fait une bonne tarte au sucre, lui cria Lizette.

Elle fut impuissante à le retenir.

Déstabilisée, Gaby se jura de percer le mystère de cet affrontement entre son frère et la nouvelle servante. « Il se passe quelque chose d'incompréhensible et je veux l'entendre de sa bouche, quelle que soit l'heure de son retour. »

Lizette ne se montra nullement perturbée par l'attitude du chauffeur de taxi. Elle servit dessert et boisson chaude avec un aplomb renversant. Éva descendit au salon de couture pour, soi-disant, terminer sa correspondance des Fêtes. Gaby s'assura que Lizette ne manquait de rien dans la chambre qui lui fut assignée, celle de Marcelle.

Minuit allait sonner quand, sur la pointe des pieds, Donio entra au domicile familial. Il allait s'enfermer dans sa chambre quand Gaby l'interpella :

— Dis-moi donc ce que tu avais de travers au souper.

— Rien de grave, mentit Donio. Je ne m'attendais pas à ce que la bonne s'installe si vite chez nous. C'est tout !

— Je ne te crois pas, Donio. Il y a autre chose.

— Crois, crois pas, moi, je vais me coucher.

Le lendemain matin, il quitta la maison sans déjeuner et ne revint pas dîner. Lizette plaça son couvert pour chacun des repas et le retira sans poser de questions.

— Donio vous a-t-il prévenu qu'il ne viendrait pas manger ? lui demanda Gaby.

— Non, mais ça ne me dérange pas. Je suis habituée à cuisiner pour tout le monde et, si quelqu'un ne vient pas, je garde sa portion au cas où il la réclamerait. S'il ne l'a pas fait le lendemain, j'en fais mon souper.

Une telle impassibilité cachait une énigme aux yeux de Gaby.

— Excusez la conduite de mon frère hier. Il a dû passer une mauvaise journée.

— Il a droit à ses problèmes comme tout le monde, rétorqua Lizette, affairée à laver la vaisselle.

— Vous êtes d'une indulgence rare, Mme Hudon.

— Tu crois?

Gaby ne trouva aucune réplique pertinente, se limitant à lui souhaiter un bon après-midi. Tout comme Éva, elle baignait en plein mystère, et les personnes impliquées ne semblaient pas disposées à le clarifier.

De retour au salon de couture, elle joignit Donio au téléphone.

— Seras-tu avec nous pour souper? s'enquit-elle.

— Possiblement.

— Tu auras eu le temps de retrouver ta bonne humeur?

— C'est pour ça que tu m'appelles? À plus tard, Gaby!

Toc! Direct sur le tympan!

« Qu'il est bête, Donio Bernier, ces temps-ci! Vivement le souper pour comprendre ce qui peut le rendre si porc-épic! »

Les sœurs Bernier venaient de se mettre à table quand il arriva. Comme à l'habitude, il se lava les mains puis accrocha sa casquette sur le dossier de sa chaise.

— Ça va les filles? lança-t-il, impuissant à cacher un malaise persistant.

À aucun moment des trente minutes où il prit place à table il ne tint compte de la présence de Lizette. Elle osa lui poser quelques questions anodines, mais il fit la sourde oreille. De toute évidence, c'était de ce côté que le bât blessait. Mais pourquoi?

Dans la tranquillité de son bureau, Gaby se retira en soirée pour téléphoner à Marcelle. Après s'être informée de ses nouveaux compagnons de vie, elle en vint au but de son appel. Nullement sur la réserve, l'ex-servante dit avoir d'abord connu les parents de Lizette, avoir revu la famille lors de ses visites à Chambly et n'être entrée en contact avec cette femme que sur sa demande expresse pour l'aider à trouver un travail à Montréal.

— Ça fait longtemps?

— Vingt ans, à peu près. Par la suite, elle m'a téléphoné souvent pour me remercier, me donner de ses nouvelles et faire quelques sorties avec moi en soirée. Je ne lui ai trouvé rien de répréhensible, au contraire. Sinon, je ne vous l'aurais pas recommandée.

— Je comprends.

— Ça ne va pas avec elle? s'inquiéta Marcelle.

— J'étais seulement curieuse d'en savoir plus à son sujet, c'est tout, dit Gaby, tenant à ne pas lui faire vivre de regrets.

« Je parviendrai bien un jour à arracher les confidences de Donio », se jura-t-elle.

La complicité entre Gordon et Gaby ne se limitait pas à leurs rapports amoureux. Gordon entendait-il parler d'un projet cinématographique qu'il suggérait au producteur de réserver les services de la grande créatrice de mode de Montréal pour costumer les comédiennes.

— As-tu déjà été approchée pour habiller des chanteurs d'opéra? lui demanda-t-il pendant l'intermission du *Requiem* de Verdi, en avril.

— Non, mais j'aimerais bien coudre pour de tels spectacles.

— Tu n'aurais pas de contacts parmi ces artistes ?

— Même si j'en avais, il est trop tard maintenant.

— Pour cet opéra, oui, mais on sait bien que les chanteurs se promènent d'une production à l'autre. J'ai cru voir dans le court texte biographique des solistes que l'un d'eux était natif d'Oka…

Sur un ton débonnaire, Gaby lui avoua connaître le père d'Harbour, maître-chantre à l'église d'Oka. Gordon lui proposa de le rencontrer avec elle.

— Laisse-moi y penser, le pria-t-elle, masquant son embarras derrière l'urgence de regagner leur place dans la salle.

Les décors de la scène étaient prêts à recevoir les artistes, mais Gaby n'était plus avec eux. La seule pensée de solliciter l'intervention de Denis pour obtenir un privilège lui déplaisait au plus haut point. Encore plus en présence de Gordon et par l'intermédiaire du maître-chantre !

Le spectacle terminé, Gaby déclina l'invitation reçue de passer la nuit au domicile de Gordon.

— Ce n'est pas ce que tu m'avais laissé entendre hier quand tu m'as téléphoné ?

— Je sais, mais j'ai fait une si grosse journée…

— Je sais comment aider une femme à se reposer, murmura-t-il à son oreille, ses mains chaudes caressant son dos.

Le regard suppliant de Gaby le désarma.

— Sans m'en rendre compte, je t'ai déplu, c'est ça ?

— Tu n'y es pour rien, Gordon. Je suis seulement très fatiguée.

— J'admets que ce n'est pas un spectacle qui donne envie de danser, ni de…

— Ne t'inquiète pas, Gordon, tu me plais de plus en plus.

La ferveur de son baiser le lui prouva.

Quelques semaines avaient défilé et semé sur leur passage les pré-mices du printemps. Sur les îlots généreusement ensoleillés, les tulipes avaient supplanté les perce-neige. Une effervescence apparentée gagnait le milieu cinématographique du Québec. Le succès du *Père Chopin* avait stimulé concepteurs et producteurs.

— C'est moi, Gordon. Peux-tu te libérer cet après-midi ? Je passerais te prendre.

— Ça ne peut pas attendre à ce soir ? Je suis débordée de travail.

— C'est pour une bonne affaire, Gaby.

De fait, une adaptation télévisée du roman *Les Plouffe* de Roger Lemelin se préparait, brossant un tableau du contexte social et des conflits politico-religieux du Québec de l'après-guerre. Bien connu du monde de la production et de la scénarisation, Gordon avait tenu à proposer lui-même « la grande couturière de Montréal » pour costumer les comédiennes de la série. Les références au *Père Chopin*, pour lequel elle avait habillé Madeleine Ozeray et Janine Sutto, inspirèrent confiance à l'équipe de production, qui s'engagea à présenter à ses actrices les photos et croquis apportés par Gaby. À la demande de Sparling, une copie du scénario fut transmise à la créatrice de mode avec la recommandation spécifique de garder ce document confi-dentiel.

Gaby exprima à Gordon une reconnaissance qu'il jugea démesurée.

— Attends, Gaby. On ne t'a pas encore engagée.

— J'ai la certitude que ça va marcher.

— Comment peux-tu…

— Mon flair me le dit, Gordon.

— Tu vas au-devant des déceptions, il me semble.

— Tu verras.

« Le temps que nous miserons sur cette production, il oubliera son offre de m'aider à percer dans le monde de l'opéra. Pourvu qu'il ne soit pas informé de l'éventuelle venue de Denis Harbour pour une prestation au chalet du Mont-Royal… »

Les pages de son agenda tournaient à une telle allure que Gaby aurait sauté l'anniversaire de son frère, n'eût été le rappel d'Éva.

— Il est tellement grognon depuis janvier que je me demande si on est bienvenues de le fêter. Il serait bien capable de nous envoyer promener…

— À ce point?

Éva ne cacha pas son inquiétude.

— Qu'est-ce qui te fait croire ça?

— La semaine dernière, il est passé en plein avant-midi et je l'ai entendu gueuler. Je suis restée un moment sur la dernière marche avant d'ouvrir la porte et…

— Et quoi, Éva?

— Je croyais qu'il parlait au téléphone, mais non.

— Il s'adressait à Lizette?

— Oui et il avait l'air très fâché. Aussitôt qu'il a entendu la porte s'ouvrir, il a ramassé sa casquette et est sorti.

— Bon sens! Quelle affaire bizarre! Je vais aller questionner Lizette.

— Je t'attends ici.

Éva n'eut pas à user de trop de patience. Gaby revint très vite dans la salle de coupe, bredouille.

— « C'est à Donio qu'il faudrait poser la question. Je n'ai pas de problème avec lui, moi », qu'elle m'a répondu, sans la moindre émotion.

— Comme l'autre jour quand je suis arrivée à l'improviste.

Toutes deux constatèrent que leur frère n'était plus le même depuis l'arrivée de Lizette. Souvent, il n'entrait que tard en soirée et fuyait toute conversation intime avec ses sœurs.

— Il est peut-être malade…, émit Éva.

— On n'y avait pas pensé, mais c'est possible. Par contre, pourquoi s'en prendrait-il à Lizette ?

— Si c'est le cas et qu'il voulait le cacher, elle a peut-être découvert des choses en faisant le ménage de sa chambre… ou volé.

— Lizette n'a rien d'une voleuse, riposta Gaby.

— Sais-tu s'il barre sa porte de chambre ?

— Je ne me suis jamais préoccupée de ça, mais cela pourrait nous donner un indice. Irais-tu le vérifier discrètement, Éva ?

Il fut convenu qu'elle ferait le test à l'heure du souper, avant que Donio arrive.

— Tu occuperas Lizette pour qu'elle ne le remarque pas, suggéra Éva.

Gaby fut déçue de ne faire aucune découverte. Soupçonner Lizette d'indiscrétion, et pire encore, de vol la dégoûtait. La mettre à l'épreuve en plaçant des objets de leur tiroir de bureau de manière à la piéger, monter au domicile plus souvent et sur la pointe des pieds, faire allusion à Donio de temps en temps en observant sa réaction, autant de stratégies mises en place, mais qui s'avérèrent infructueuses. L'énigme, de plus en plus impénétrable, obligea les sœurs Bernier à abandonner leur enquête en attendant que des révélations surviennent d'elles-mêmes.

Une attente difficile pour Gaby, qui n'aimait pas laisser traîner les situations ambiguës.

La réponse des producteurs de la série sur *Les Plouffe* vint l'en distraire avec bonheur. Denyse Saint-Pierre et Denise Pelletier réclamaient d'être habillées par le *Salon Gaby Bernier*. La création conçue pour Madeleine Ozeray les avait conquises. Du coup, Mlle Pelletier l'adopta non seulement pour le théâtre, mais aussi pour sa garde-robe personnelle. Denyse Saint-Pierre, dont la famille vivait tout près du Salon Bernier sur la rue Sherbrooke, n'avait alors que seize ans. Seule dans la salle de coupe avec sa costumière, elle balbutia timidement :

— Mes parents demandent si vous accepteriez d'être payée par versements.

— Je vais m'arranger avec eux pour ça. Toi, tu dois te concentrer sur ton travail de comédienne. Tu es tellement chanceuse d'être engagée à ton âge !

— Vous ne travailliez pas encore, vous, à seize ans ?

— Ce n'est pas le goût qui m'aurait manqué, mais les sœurs chez qui j'étudiais ont tenu à me garder sous leur jupe jusqu'à mes dix-huit ans.

L'étonnement de la jeune demoiselle fut tel que Gaby dut en donner la raison.

— Les religieuses me trouvaient volage.

— Vous, volage ? On n'entend que de beaux commentaires à votre sujet. Mes parents vous ont en adoration, riposta Denyse.

— C'est gentil ! Es-tu déjà allée à une soirée de bal ?

— Mes parents, oui, mais pas moi.

— Tu sais qu'il y en a une à chaque année au *Ritz Carlton*…

— Et à l'hôtel *Windsor* aussi.

— Est-ce que tu irais si tu en avais la permission ?

— Peut-être. De toute façon, je n'ai pas de robe assez chic pour porter à un bal.

— Tu ne t'es pas rendu compte que tu entres dans le grand monde avec la carrière que tu entreprends ? Il te faudrait une robe de circonstance…

Denyse avala ses mots, ne sachant si elle devait contester ou remercier.

— J'ai une idée de ce qui t'irait bien, dit Gaby qui aspira longuement sur sa cigarette avant de la déposer dans le cendrier. Une robe de chiffon de soie avec une énorme jupe bouffante dans les couleurs de l'automne, ce serait magnifique. Tu pourrais la porter dans les grandes occasions.

— Il faudrait discuter du prix avec mes parents.

— On saura bien s'arranger.

Son instinct maternel sollicité, Gaby décida de prendre la jeune comédienne sous son aile. « Un cadeau du *Salon Gaby Bernier* », fit-elle savoir aux parents Saint-Pierre.

Portée par un enthousiasme contagieux, Gaby régla les derniers détails de la célébration des cinquante-quatre ans de son frère.

— Nous allons l'obliger à prendre congé cette fin de semaine du 19 et 20 mai.

— Nous, imposer notre volonté à notre frère ! C'est perdu d'avance.

— Je vais lui annoncer que la fête se tiendra à Oka et que les invitations sont déjà toutes faites.

— Sans la présence de Lizette ?

— Comme d'habitude. Elle restera à Montréal, libre d'occuper son congé à son goût.

— Est-ce qu'on devrait l'en prévenir ?

— On va y réfléchir, mais je ne crois pas.

Les sœurs Bernier s'entendirent pour n'en informer Donio, en catimini, que le 17 mai au soir.

Le moment venu, Donio agréa cette nouvelle avec un enthousiasme qui les chamboula. Près d'une dizaine d'invités étaient attendus à leur maison d'Oka pour le 19 mai au midi. Gaby, Éva et Oscar mirent les bouchées doubles pour ce brunch festif. Furent mises à contribution trois pièces, dont l'immense cuisine et tous ses gadgets, une salle à manger où on pouvait asseoir une vingtaine de personnes, sans oublier le bar bien garni. Les services allaient occuper une bonne partie de l'après-midi, de sorte que personne ne sente le besoin de manger avant de repartir vers Montréal.

Tôt, le lendemain matin, Donio, redoutant l'intimité avec ses sœurs, tenta de déserter la maison au moment où Gaby allait apparaître dans la cuisine.

— On avait convenu que tu prenais congé aujourd'hui aussi…

— Y aurait juste un patron qui pourrait avoir autorité sur moi et comme je n'en ai pas…

— Je t'en prie, Donio, reste à déjeuner avec nous. Il y a trop longtemps qu'on n'a pas pris un peu de bon temps ensemble.

— Nous ? Tu veux dire…

— Éva et moi seulement. Oscar est déjà parti.

Donio retira sa casquette et se dirigea vers le coin-repas, où il trouva Éva affairée à mettre la table.

— Vous êtes matinales pour des filles en congé !

— Il faut s'y prendre de bonne heure si on ne veut pas laisser la maison en désordre.

— Vous avez l'intention de rentrer tôt à Montréal ?

— Pas nécessairement, mais on ne veut pas passer la journée à travailler.

— Ton Oscar doit revenir?

— Au cours de l'après-midi, oui.

— Ça va bien, vos amours?

— On s'entend très bien, Oscar et moi, reconnut-elle, avec la timidité d'une jeune première.

Gaby vint, apportant les condiments du déjeuner, dont ses précieuses confitures de petits fruits d'Oka de l'été précédent.

— C'est notre dernier pot, déclara-t-elle en insistant sur l'importance de le partager entre Bernier.

Autour de la table, on passa vite des banalités aux choses sérieuses.

— Est-ce qu'on pourrait décider aujourd'hui que vous cessez votre cinéma? réclama Donio.

Estomaquées, Gaby et sa sœur le prièrent de s'expliquer.

— Qu'est-ce que vous aviez derrière la tête quand vous avez engagé Lizette Hudon?

— Marcelle nous l'avait recommandée, on lui a donné deux semaines d'essai et on n'avait aucune raison de ne pas la garder comme servante. Elle est irréprochable, défila Éva.

— Elle n'était pas la seule qui pouvait remplacer Marcelle. Ce n'est pas parce que vous êtes *matchées* toutes les deux qu'il fallait essayer de… de m'accoupler.

— Essayer de t'accoupler? Mais loin de nous deux cette intention! Pourquoi prétendre une chose pareille? On te connaît assez, Donio, pour savoir que si tu es encore célibataire à cinquante-quatre ans, c'est que tu voulais le rester, se défendit Gaby.

— Pourquoi, dans ce cas, avoir ramené mon ancienne blonde de Chambly dans notre maison?

La stupéfaction de ses sœurs fut évidente. Toutes deux ignoraient ce fait.

— J'avais onze ans quand on est partis de Chambly pour de bon, lui rappela Gaby. Qu'est-ce que je savais de tes amourettes?

— C'était plus que des amourettes…

Donio révéla avoir entretenu une longue correspondance avec Lizette, l'avoir interrompue après des déclarations d'amour réciproque qui présageaient un mariage auquel il n'avait jamais eu le courage de renoncer clairement. Lizette s'était informée de lui auprès de sa mère lors de la visite des Bernier à Chambly pour les vingt et un ans de Gaby. Jamais Séneville n'en avait soufflé mot à ses filles, taisant la confidence de Lizette qui, mal mariée, avait mis au monde un garçon handicapé et s'était retrouvée seule avec cet enfant qu'elle avait finalement dû placer en institution.

— J'avais supposé que vous le saviez et que vous étiez de conni-vence avec elle et Marcelle.

— Je te jure que Marcelle ignorait que vous vous étiez fréquentés.

— En tout cas, Lizette Hudon ne l'a pas oublié, elle.

À leur insu, Donio avait eu des échanges musclés avec la nouvelle servante depuis son entrée chez les Bernier. Un long silence donna au trio le temps de décanter un peu ces découvertes pour le moins renversantes.

— A-t-elle dit qu'elle t'aimait encore? osa Gaby.

Donio tourna la tête vers le mur. Des mots trop lourds de sens écrasaient sa voix.

— Et toi? s'inquiéta Éva.

Même silence.

— Autrement dit, on ferait mieux de voir à la remplacer, conclut Gaby.

— Faites pas ça! Elle ne pourrait jamais trouver un si bon emploi et aussi bien payé.

— Mais toi, Donio! On ne peut se permettre de gâter ton existence comme ça! riposta Éva.

— C'est à moi de m'arranger, émit-il, d'une voix qui grinçait dans sa gorge nouée.

— Puis nous, avec Lizette? On fait comme si on ne savait rien? s'informa Éva.

Avant que Donio ne sorte de ses tergiversations, Gaby déclara en être incapable.

Ce dimanche, les Bernier s'étaient tous mis de la partie pour rendre à la maison d'Oka la propreté que Gaby aimait y trouver. Éva s'y attarda en compagnie d'Oscar, mais Gaby suivit son frère à moins d'une trentaine de minutes, soucieuse de ne pas le laisser seul au 1669 de la rue Sherbrooke.

UNE INDISCRÉTION DE LIZETTE

Pendant trente ans, j'ai espéré me replacer sur le terrain de Donio Bernier. Je n'ai cessé tout ce temps de prendre de ses nouvelles par personnes interposées. Depuis les dix dernières années, Marcelle Couillard a répondu à toutes mes questions sans se douter de mon intérêt pour cette famille et de mon amour intarissable pour Donio. La Providence sur ma route que Marcelle soit née comme moi à Chambly! Ma persévérance est à la mesure de mon amour pour cet homme. Il le sait maintenant. Il sait tout. Je lui ai même appris que j'ai donné le prénom d'Antonio à mon fils et qu'on a adopté le diminutif «Tonio» dans son cas.

Je suis certaine que le jour où il m'ouvrira la porte de son cœur, il ne le regrettera pas. Tout est en place pour qu'il y consente... et à ses conditions.

Il tient à ne rien en dire à ses sœurs, c'est son choix et je le respecte. Elles n'apprendront rien de moi. Je suis quand même étonnée de voir qu'elles n'ont absolument rien deviné jusqu'à maintenant. Faut-il croire que je suis une excellente comédienne... quand il le faut? À l'enterrement de leur mère, il y aura bientôt vingt ans, Marcelle était déjà au service des Bernier et j'ai pu la faire parler des trois enfants de Mme Bernier, principalement de Donio.

Je me demande parfois, si je devais être congédiée, qui le ferait et quelle raison serait évoquée. Ce ne serait sûrement pas parce que je ne fais pas bien mon travail.

CHAPITRE IX

Plus j'avance en âge, plus les lendemains se font imprévisibles. Pourtant, de l'intérieur, je me sens si solide! Je n'ai pratiquement plus d'hésitations entre ce que je ne veux pas et ce que je souhaite. Serait-ce un paradoxe de la vie? Ce n'est donc pas parce qu'on atteint la cinquantaine que les grands remous sont derrière nous. Le marché de la mode devient de plus en plus complexe. Il m'arrive même de me sentir quelque peu dépassée. Pourtant, je lis tous les magazines qui traitent du sujet, je voyage tant à Paris qu'à New York pour adapter mes créations au goût du jour. Une sorte d'essoufflement veut me gagner.

Sur le plan plus personnel, je me demande parfois si je n'aurais pas déjà eu ma part de Grand Amour. La flamme qui me faisait vibrer de la tête aux pieds oscille parfois, en plus de mettre du temps à se manifester. Il arrive même qu'elle me fasse faux bond. Je ne suis vraiment pas prête à y renoncer. Serait-ce la routine, l'habitude qui veut s'installer et m'alanguir?

Moi, Gaby Bernier, je jure que ni l'essoufflement ni l'usure n'auront gain de cause contre moi. J'aime l'euphorie, les défis, le monde et la beauté sous toutes ses formes. Je refuse que le vieillissement me prive de tout ce qui a tissé la toile de mon bonheur en cette vie. Je trouverai bien une façon de le narguer.

Rien au monde n'aurait pu empêcher les Bernier de se placer devant leur téléviseur récemment acquis pour regarder la première de *La Famille Plouffe*, le soir du 4 novembre 1953. Le quotidien de cette famille ouvrière de leur temps les avait intéressés, certes, mais l'excitation de reconnaître les costumes des comédiennes, confectionnés par le *Salon Gaby Bernier*, avait été incomparable. Pour une rare fois, Lizette avait passé la soirée avec eux dans le salon. Les regimbements de Donio à son égard s'étaient atténués depuis que Gaby et Éva avaient partagé avec leur servante les confidences de leur frère. Une énigme persistait : les sentiments de Donio envers cette femme et ce qu'il déciderait d'en faire. Lorsqu'il s'était senti trop épié par ses sœurs, il avait recommencé à ne venir au 1669 que pour y passer la nuit.

De son côté, Gaby avait été piégée par *Sérénade*, une émission radiophonique hebdomadaire animée par nul autre que Denis Harbour. Le thème de l'émission, la voix de Denis, le duo qu'il rendait avec Claire Gagnier lui faisaient courir des frissons sur le corps. Impossible de désavouer l'envie qu'elle ressentait d'écarter la cantatrice pour chanter ces sérénades avec le baryton Harbour. « Qu'est-ce qui me prend ? J'ai déjà Gordon dans ma vie. En réalité, pour que je me sente comblée, il me faudrait un homme incarnant à la fois les qualités de Denis et celles de Gordon. Pourtant, je n'ai pas éprouvé ce besoin dans ma relation avec James ; avec Pit non plus. J'ai donc pu me satisfaire d'un seul homme pendant plusieurs années. Les épreuves et les chagrins auraient-ils érodé cette faculté en moi…, comme l'usure sur un tissu ? Comme les cordes d'un violon qui ne vibrent que si elles sont solidement tendues ? »

Cette prise de conscience s'était répandue dans tous les recoins de sa vie. La créatrice de mode se demandait si sa carrière gardait le cap ou si elle déclinait, comme celle de Coco Chanel, qui avait finalement réintégré le monde de la mode après une quinzaine d'années d'absence.

Gaby confia cette inquiétude à son amie Margot Vilas, de retour de Paris depuis peu.

— Je suis allée rendre visite à notre amie Coco. Une femme très triste. Tu savais que Misia, sa grande amie et conseillère, est décédée pendant la guerre ? Notre chère Coco s'en remet difficilement. Elle m'a avoué ne pas comprendre les gens de notre époque. Elle se sent retardée, étrangère à ce qui l'entoure.

— Un peu comme ce qui a failli m'arriver…

— Malheureusement, son désarroi l'a amenée à faire comme Christian Dior, qui fait les potins, ces temps-ci.

— Je ne peux pas croire ! Coco Chanel aurait loué son nom pour qu'il soit griffé sur des articles fabriqués en industrie ?

— Oui et non. Elle cherchait une rentrée différente, plus commerciale. Son amie de New York, Carmel Snow, la rédactrice en chef de *Harper's Bazaar*, a publié une lettre qu'elle lui avait fait parvenir et dans laquelle elle avait annoncé ses intentions. Je t'en ai apporté une copie :

Ma chère Carmel,

Pendant l'été, je me suis convaincue qu'il serait amusant de me remettre à mon travail, qui est toute ma vie. Je vous ai certainement déjà dit qu'un jour ou l'autre, je me remettrais à la création d'un nouveau style, adapté à un nouveau mode de vie, et que j'attendais le moment opportun. J'ai le sentiment que ce moment est arrivé.

L'atmosphère si paradoxale du Paris d'aujourd'hui, où de plus en plus de femmes admirent les collections sans avoir le moyen d'acheter des robes, m'amène à faire quelque chose de complètement différent.

L'un de mes principaux objectifs est naturellement la vente en gros par l'intermédiaire d'un fabricant aux États-Unis, sur une base de rémunération royalties. Je n'en pense pas moins que ce que je ferai suscitera un énorme appel dans le monde entier.

Gaby avait interrompu sa lecture, frappée par la similitude entre Chanel et Dior.

— Des gens qui ont de l'ambition à revendre, mais à qui je souhaiterais un peu plus de modestie.

— Ça n'a jamais été leur marque de commerce…

Ma première collection sera prête le 1ᵉʳ novembre. Je crois qu'il ne serait pas sage d'en faire davantage avant d'avoir reçu une offre du top wholesale manufacturer *auquel vous pensez. Pour lui, le mieux serait probablement de venir à Paris. Naturellement, rien ne serait plus agréable que de vous voir ici en même temps que lui. Pour le moment, je n'envisage pas de présenter moi-même la collection en Amérique, mais cela pourrait se faire plus tard.*

As ever

Gabrielle Chanel.

— L'a-t-elle présentée, sa collection?

— Oui, mais ce fut un fiasco. Elle s'est attiré les critiques des chroniqueurs, ceux-là mêmes qui l'avaient tant portée aux nues avant la guerre.

— Comment expliques-tu un tel désastre?

— Coco allait trop à contre-courant du style Dior en négligeant les balconnets et les formes bouffantes.

— Elle va rebondir, présuma Gaby.

— Je le crois aussi. Il se trouve toujours des défenseurs pour Coco.

De fait, cette fois, ce fut Hélène Lazareff du magazine *Elle*, une référence pour les acheteurs américains. Coco s'était rattrapée en proposant des vêtements simples, les préférés des femmes modernes.

— Elle a dû en être très affectée.

— Oui, mais pas pour longtemps.

Sa renommée et ses nombreux contacts avaient permis à Coco Chanel de rouvrir sa maison de couture en proposant un tailleur de tweed de couleur contrastée et d'inspiration militaire avec ses quatre poches et ses boutons bijoux, tailleur auquel elle avait ajouté une blouse de soie taillée dans le même tissu que la doublure. Cet ensemble, porté avec des souliers bicolores et une bourse matelassée à chaîne dorée, l'avait ramenée au sommet de la mode.

— Tu as vu les éloges dans tous les magazines ?

Une moue sur les lèvres, Gaby ignora la question, semblant préoccupée. Puis elle balbutia :

— J'aurais le goût de retourner la voir.

— Elle n'habite plus à sa maison de couture ; elle se sentait trop à l'étroit dans son petit appartement. Elle est retournée loger à l'hôtel *Ritz Paris*, où elle a sa suite.

— Ah, bon !

Gaby se résigna à sacrifier ce voyage, consciente que tant que la série *La Famille Plouffe* durerait, elle préférait ne pas trop s'absenter.

— Pour revenir à ta question, tant que tu habilleras l'une des principales comédiennes de cette série, tu n'as pas le droit de douter de l'avenir de ton salon de couture, affirma Margot.

La voiture de Donio, stationnée devant la résidence des Bernier, rutilait de propreté sous le soleil ardent de juin. Donio avait offert à ses deux sœurs de les emmener à Chambly pour les cinquante-quatre ans de Gaby. Un dimanche tout en lumière. D'agréables retrouvailles en perspective. La galanterie de Donio, exceptionnelle.

— En arrière, mes p'tites sœurs, pour ce voyage-ci, clama-t-il en leur ouvrant la portière.

Gaby, sur le point de s'en offusquer, se ressaisit et décida d'entrer dans le jeu.

Bien campées sur le siège arrière, les deux Bernier donnèrent le signal de départ à leur conducteur qui, sourd à leur revendication, pianotait sur le volant de sa voiture.

— Mais qu'est-ce que tu attends pour démarrer? lança Gaby dans un éclat de rire.

Il y avait longtemps que Donio ne s'était pas montré aussi rigolo.

— T'as plus d'essence? présuma Éva, amusée.

— Ou tu ne sais plus comment conduire?

Silencieux, le conducteur les narguait de son sourire moqueur. Gaby lui offrait de prendre sa place, quand sortit de la maison une Lizette toute rieuse dans sa tenue du dimanche. Son petit chapeau cloche en paille, serti d'un ruban orange, bien campé sur son chignon auburn, un tailleur beige acheté de Gaby pour Pâques dernier, un mignon sac à main pendu à son bras, elle descendait l'escalier en se dandinant d'un air plaisantin. Du siège arrière de la voiture, les chuchotements des sœurs Bernier furent les seules voix à résonner. Les regards, dirigés vers le siège avant, se faisaient inquisiteurs, et revenaient chargés d'incompréhension.

« Si c'est ce que je pense, c'est le plus beau cadeau d'anniversaire que mon frère puisse me faire…, ou qu'il puisse se faire. Ils se sont enfin réconciliés. Ou elle a accepté qu'il ne lui ouvre pas son cœur, ou il lui partage son amour. Si c'est le cas, je crains que tous deux souhaitent quitter notre toit familial. Nous perdrions non seulement notre servante, mais aussi notre frère », pensa Gaby.

— Si on chantait, comme du temps de maman, proposa Éva pour faire échec à l'étrange silence qui faisait route avec eux.

Personne n'émit d'objection.

— On devrait commencer par l'*Ave Maris Stella*, en mémoire des marins Bernier, et pour demander la protection de la Vierge pendant notre voyage.

S'adressant à Lizette d'un air fripon, Donio dit :

— Éva pense qu'on en a besoin.

— Tu peux formuler une autre intention, tu sais.

— Comme quoi?

— Que… que la Vierge te conduise dans le droit chemin pour le reste de ta vie, lui suggéra Éva.

— Oups! Tu vas devoir quitter notre maison, Lizette.

Donio et sa passagère étouffèrent des rires qui auraient pu vexer Éva.

De cantiques en chansons de tous genres, Chambly s'offrit enfin aux voyageurs, qui devaient leurs racines à ce terreau. Par égard pour celle dont on soulignait l'anniversaire, Donio passa d'abord sur la rue Bennett, là où se trouvait la *Cooper Clothing*, celle même qui avait remplacé la *Segal Shirts* en 1935. De l'extérieur, rien n'avait changé, sauf la raison sociale et l'ajout d'un logement à l'arrière pour le gardien et chauffeur des bouilloires. M. Tétreault, le contremaître, les attendait pour une courte visite. Toujours le même émoi pour Gaby que d'apercevoir les machines à coudre, toutes de marque Singer, alignées à gauche, et les presses collées au mur opposé. Au centre, une grande table ronde pouvait asseoir une douzaine de petites mains. Cette usine, vouée à la confection d'uniformes militaires pendant la Seconde Guerre mondiale, était revenue à sa vocation première : la fabrication de paletots et de complets pour hommes. Gaby voulait voir ces vêtements qu'on disait classés haut de gamme par le choix des tissus, la coupe et la qualité de la confection.

— Ici, les femmes s'occupent de la couture et de la finition à la main, pendant que les hommes voient au pressage et à l'emballage.

— Avez-vous des critères d'embauche? demanda Gaby.

— Aucun! La jeune fille de quatorze ou quinze ans qui se présente à la porte reçoit une formation de deux ou trois jours ici, à l'usine. Au bout d'une semaine, si on voit qu'elle est capable de suivre le rythme des autres couturières, on l'engage.

Ainsi, plusieurs membres d'une même famille pouvaient travailler à la *Cooper*, un gagne-pain important pour des centaines de Chamblyens. Comparativement à la *Segal Shirts*, les horaires avaient diminué et les salaires s'étaient bonifiés, les femmes touchant 7,20 dollars par semaine, une somme qui leur était remise en argent comptant dans une enveloppe cachetée.

— Maintenant, tous les ouvriers ont le droit de prendre une semaine de vacances sans perdre leur poste, annonça fièrement M. Tétreault. Vous devriez voir l'esprit d'équipe de notre entreprise. Les grands boss organisent chaque année un beau pique-nique pour leurs employés. Les victuailles sont toutes fournies.

— Comment les personnes les plus éloignées viennent-elles au travail ? s'intéressa Donio.

— La compagnie *Choquette* met à leur disposition des véhicules de sept ou neuf places qui assurent quatre voyages par jour aux employés les plus éloignés pour leur permettre de prendre leur dîner à domicile.

— Ça coûte combien ? demanda Éva.

— Un dollar par semaine.

— C'est très cher, en proportion des salaires, fit remarquer Gaby.

— Malheureusement, oui.

Le contremaître leur apprit aussi que la couture des manches, des cols et des autres parties délicates était réservée aux petites mains.

Le temps consacré à la visite de cette entreprise absorba celui qu'on devait accorder à la *Tony Pants*, située à l'angle des rues Bourgogne et Henderson, et qui fabriquait des pantalons pour hommes. Marcelle Couillard les attendait pour le dîner.

De la voiture stationnée sur la rue Saint-Pierre devant un joli cottage dont Marcelle avait loué l'étage supérieur, Gaby et Éva sortirent à la rencontre de leur ancienne servante.

— Presque une heure de retard! Venez, venez, dit Marcelle, qui tuait le temps à coup de bercements sur son perron.

Les accolades tirèrent les larmes des sœurs Bernier tant elles furent chaleureuses.

— Donio ne descend pas? s'informa Marcelle, le cou tendu au-dessus de l'épaule de Gaby.

— Ils ne semblent pas trop pressés, de fait, dit Éva, visiblement mal à l'aise.

L'étonnement de cette dame, de huit ans l'aînée de Gaby, fut total quand elle apprit de cette dernière que Lizette et Donio…

— Regarde-les donc, ces deux-là! Qui aurait dit? s'écria-t-elle en les regardant déambuler bras dessus, bras dessous vers la galerie.

La surprise de Marcelle n'était qu'à ses balbutiements. Ignorant tout de la jeunesse de Donio, elle en découvrit des épisodes un tantinet rocambolesques. Séduction, correspondances, abandon, retrouvailles, liaison amoureuse et… cohabitation.

— On attend seulement que M. le consul d'Italie quitte son appartement pour s'y installer, Lizette et moi, annonça Donio, sous les regards ébahis de ses sœurs.

— N'est-ce pas un bel arrangement? s'écria Lizette. Si proche de mon travail!

— Et je m'inviterai à prendre le souper en famille avec vous trois, les prévint Donio.

« Il sent sa mort, ma foi! Prier pour lui… et pour elle, c'est tout ce qu'il me reste à faire », conclut Éva. Marcelle, loin de se réjouir de la tournure des choses, ruminait : « Ça ne fera pas long feu, cette amourette! Donio est trop habitué à sa liberté… » Gaby ne comprenait toujours pas comment Lizette avait pu le gagner, lui, trop souvent déplaisant à son égard.

— Vous avez prévu vous marier bientôt…, crut Éva.

— Me marier à mon âge ? T'es pas sérieuse, p'tite sœur !

Lizette révéla le souhaiter, mais pas au risque de perdre son amoureux.

Depuis le début octobre 1956, Donio rentrait tous les soirs pour le souper et ne retournait à son travail que le lendemain matin. Sur le sofa du salon, il s'était approprié une place pour lui et Lizette, la plus enviable pour bien voir la télévision. Dix minutes avant que ne commence la trame musicale d'*Un homme et son péché*, tous deux, blottis l'un contre l'autre, chuchotaient des mots inaudibles pour Gaby et Éva. Aux premières notes de *L'Automne*, un extrait du petit adagio du compositeur russe Alexandre Glazounov, immanquablement, Lizette craquait d'émotion. Le bras de Donio venait se poser sur ses frêles épaules qu'il ramenait tout contre lui. Le jeu si réussi de Jean-Pierre Masson en Séraphin et d'Andrée Champagne en Donalda l'incitait à croire que cette histoire dépassait la fiction. Éva partageait son avis.

— Il faut prier pour que toutes ces femmes martyres de l'avarice soient réconfortées et pour que leur mari se convertisse.

Si son souhait demeurait sans écho, elle quittait le salon avant la fin de l'émission pour se réfugier dans sa chambre. Lizette s'en préoccupait, mais Donio la rassurait :

— Elle va revenir après avoir fait sa prière.

Au fil des semaines et des mois, les deux tourtereaux semblaient si bien s'accommoder du logis des Bernier qu'ils ne parlaient plus de le quitter. Par contre, Éva en était contrariée.

— Plus ça va, plus je me sens comme leur locataire.

— Tu as encore l'impression de partager ton quotidien avec une étrangère…, supposa Gaby.

— Pas une étrangère, mais une femme qui nous éclabousse avec ses manifestations d'amour dès que notre frère met les pieds dans la maison.

Gaby reconnut que Lizette était très expressive et qu'étonnamment, Donio n'en paraissait pas intimidé.

— J'admets qu'il a beaucoup changé depuis qu'il est en amour. Il a diminué ses heures de travail et il se montre moins attentionné envers nous. On dirait qu'il a décidé de profiter de tous les plaisirs qui se présentent. Il a pris du poids et il donne des signes de diabète. Je vais lui conseiller de voir un médecin, proposa Gaby.

L'occasion se présenta après un souper où il s'était empiffré de rôti de porc frais et de fèves au lard avant de plonger dans la tarte au sucre.

— Es-tu folle, toi ! Le docteur va me mettre à la porte en me voyant arriver. Ils n'ont pas de temps à perdre avec des gars pétant de santé comme moi.

Lizette appuya la recommandation de Gaby :

— Je trouve que tu es plus essoufflé qu'avant…

— C'est normal avec l'âge ! Puis t'as pas connu le capitaine Bernier, toi ! Un cousin de mes parents. Je tiens de lui. Sauf que lui conduisait des bateaux pour aller dans le Grand Nord et que moi, je chauffe un char de luxe pour promener les belles femmes de Montréal, blagua-t-il.

Les trois femmes échangèrent des regards suspicieux. Gaby attendit le moment propice pour livrer sa pensée à Lizette :

— Tu devrais le connaître assez pour savoir que la plaisanterie, c'est sa façon de se camoufler quand un sujet le concerne. Tu es peut-être la seule qui pourrait le persuader de voir un médecin.

— Je verrai…

Après trente ans d'existence, la notoriété de l'entreprise de Gaby Bernier s'était construite sur son expertise, sur la qualité de ses confections et sur la fidélité de ses clientes. Passionnée de mode, Gaby ne rêvait quand même pas de créer un empire à la Dior ou à la Chanel. À Margot, qui lui en avait demandé la raison, elle avait spontanément affirmé que sa priorité était de créer de belles choses sans sacrifier sa qualité de vie. Au plaisir d'apporter des nouveautés s'ajoutait celui d'habiller une cliente sans lui demander un sou, et elle n'hésitait pas à le faire. Elle avait ainsi pu tenir la promesse faite à Denyse Saint-Pierre, l'année précédente, et lui offrir sa première robe longue, une magnifique robe de chiffon de soie avec une énorme jupe bouffante dans les couleurs de l'automne.

— Si tu le veux, je me chargerai de ta garde-robe aussi longtemps que tu seras comédienne, lui avait-elle proposé.

« Maintenant que Jean est marié et qu'il va son destin, la vie met sur ma route une jeune fille pour qui je ressens la tendresse d'une mère. J'ai à cœur son bonheur et je sais qu'il va passer par le succès de sa carrière. Elle aussi s'éloignera de moi le jour où un homme découvrira la perle de femme qu'elle est. »

Depuis plus d'un an, Lizette et Donio vivaient leur amour sous le toit des Bernier. Les deux sœurs s'étaient accommodées de leur présence, et même Éva n'était plus mal à l'aise lorsqu'ils s'enlaçaient devant la télévision. Mais elles n'étaient pas sans présumer de leur départ pour un logis bien à eux.

Gaby appréhendait les détachements qui, tôt ou tard, jalonneraient sa route, y semant un chapelet de petits vides. Surgit l'urgence de bâtir des ponts de vie entre les absences. Des liens entre le passé et le présent pour affronter l'avenir. Son quotidien devait désormais être imprégné de cette quête. Ainsi lui vint l'idée d'appliquer des rabais substantiels sur les achats des nouvelles clientes apparentées aux plus anciennes. Ce fut le cas de Barbara Withley, fille d'une de ses premières clientes chez *Madame de Pompadour*, et membre du Conseil d'administration de l'Hôpital général de Montréal. Mlle Barbara avait acheté du sari noir de Konstantin Loewig, propriétaire d'une boutique de soie sur la rue de la Fabrique à Québec, et, aux recommandations de sa mère, elle l'avait confié à Gaby pour en faire une création à la hauteur du tissu. Invitée, deux semaines plus tard, à passer au Salon pour l'essayage, Barbara fut renversée de voir l'élégance de cette robe noir et or, ajustée juste pour elle.

— Un chef-d'œuvre ! clamèrent les couturières en la regardant défiler dans la salle de couture.

Gaby en éprouva une grande satisfaction, même si les magazines de mode l'ignoraient, affichant à pleine page la nouvelle collection Dior, on ne peut plus différente de sa dernière création. Avec l'aide d'Yves Saint Laurent, jeune stagiaire, le grand couturier français avait conçu la ligne *fuseau*, après avoir préconisé une silhouette unifiée, puis être passé de la courbe à l'angle, avant de s'attarder aux ensembles «déjeuner-dîner», adaptés au mode de vie de la femme moderne. Le corps de femme fuselé, dont les lignes valoriseraient le buste, devenait la signature Dior.

Quelques chroniques semaient la nouvelle de l'heure : accablé par des problèmes de santé, Dior se serait retiré dans son Château de la Colle Noire, où il rédigerait ses mémoires. D'autres avançaient qu'il serait en cure à *Montecatini Terme* en Italie. L'une et l'autre étaient d'autant plus crédibles que Dior pouvait se reposer sur son jeune directeur artistique. Yves Saint Laurent devait ce poste à Michel de Brunhoff, directeur de l'édition française du *Vogue*, qui l'avait présenté à Dior après un court séjour à l'école de la *Chambre syndicale de la haute couture* à Paris.

Quelques mois plus tard, la nouvelle du décès de Christian Dior ne surprit personne. Yves Saint Laurent avait désormais la voie libre pour lancer sa première collection, dite *Trapèze*, des modèles fluides et courts qui assuraient une plus grande liberté de mouvement. Gaby déplorait que cette ligne, dévoilée dès janvier 1958, ignore la taille. Elle était assurée toutefois qu'elle plairait à ses premières clientes qui, tout comme elle-même, avaient pris du poids au cours des trente dernières années.

La concurrence devenait féroce entre les maisons de couture tant françaises que new-yorkaises et québécoises. À cinq mois de ses cinquante-sept ans, Gaby réfléchissait à son avenir de créatrice de mode. « Je devrais ralentir la cadence. Je pourrais me le permettre, quitte à perdre quelques clientes. Je suis en situation d'éponger une baisse de revenus sans problème, d'autant plus que *L'Immobilière d'Oka* m'a rapporté plus en dix ans que mon salon de couture en trente ans. Mais ma vraie passion restera toujours la création de mode. Partager mes semaines entre Montréal et Oka, continuer de jouer sur deux claviers, la couture et la vente d'immeubles, prendre tous les bons moments qui s'offrent avec Gordon et ma famille... »

— Est-ce réaliste ? fit remarquer Margot, à qui elle venait de confier ses projets, après les avoir longtemps mûris, lors d'une randonnée pédestre sur le sentier du calvaire d'Oka, l'automne suivant.

— Il n'y a rien comme de l'essayer pour le savoir.

En ces premiers jours de novembre, les érables parlaient de dépouillement, l'herbe des champs craquait sous les pas des passants, les pommiers, si opulents depuis les trois derniers mois, prenaient un air tristounet en tentant de retenir les derniers fruits pendus à leurs branches.

— Vivement la neige ! soupira Gaby, toujours passionnée de sports.

— Gordon trouvera-t-il le temps de t'accompagner sur les pentes de ski, cette année ?

— Je l'espère, il est tellement bon skieur ! Mais avec ou sans lui, je me promets de retourner sur les pentes de Sainte-Adèle.

— J'irai moi aussi. Nous sortirons des cendres les plus beaux souvenirs de nos escapades dans les Laurentides avec...

Margot ne put compléter son évocation, car Oscar Allard les rejoignit, à bout de souffle.

— Un... téléphone... de... Montréal.

Dans la matinée, Donio avait été trouvé inconscient dans sa voiture devant l'hôtel *Ritz Carlton*. Transporté à l'hôpital, on craignait pour sa vie.

— Qui a téléphoné?

— Lizette. Elle est en panique.

Gaby, Margot, Éva et son amoureux quittèrent Oka en catastrophe. Une réceptionniste de l'Hôtel-Dieu les accueillit avec une attention toute particulière. Conduits dans une petite salle où boissons chaudes et biscuits leur furent offerts, ils devaient attendre la visite du médecin traitant de M. Bernier. Aux questions posées, aux craintes émises et aux insistances exprimées, toujours la même réponse :

— Son médecin va venir vous rencontrer.

Lorsqu'il vint, après une attente infernale, il n'était pas seul. Une femme dévastée se jeta dans les bras de Gaby. Seule Lizette était arrivée à temps pour recueillir le dernier souffle de Donio.

— Il n'a pas souffert. Son cœur s'est arrêté sans qu'on parvienne à le réanimer, leur apprit le cardiologue.

Le visage du défunt était empreint d'une telle sérénité que ses sœurs ne doutèrent pas des propos du médecin.

— Une mort subite. C'est ce qu'il souhaitait. On en parlait quelquefois, mais jamais je ne me serais doutée qu'il m'abandonnerait si vite, révéla Lizette, en pleurs. Presque quarante ans d'espoir pour seulement quelques années de grand bonheur près de lui, c'est injuste !

Éva allait la consoler… à sa manière, mais Gaby l'interrompit.

— Nous sommes sûres qu'il ne t'a quittée qu'en apparence, Lizette. Tu vas le constater. Tu verras.

— Je le sens déjà. Il faut que je vous dise… Quelque chose de mystérieux m'est arrivé ce matin et, d'après le cardiologue, ce serait au moment où Donio a commencé à ressentir une douleur à la poitrine. Sans aucune raison, j'ai cru m'évanouir. Je manquais d'air. De peine et de misère, je me suis rendue jusqu'au téléphone, qui sonnait. C'était un ambulancier. « Votre mari est aux soins intensifs », qu'il m'a dit. Il m'a envoyé chercher pour me faire conduire ici. J'ai cru qu'il avait eu un accident d'auto, mais non. Si je m'écoutais, je demanderais au Bon Dieu de venir me chercher le plus vite possible. Il a su nous réunir sur cette terre malgré tant d'obstacles ; pourquoi ne le ferait-il pas une autre fois ? Prie pour que mon vœu soit exaucé, Éva.

Lizette inquiétait les sœurs Bernier : la veille des funérailles, elle s'était enfermée dans une solitude absolue, son visage embrumé d'absence. Mais, réconfortée par leur affection, elle put assister aux funérailles avec un courage exemplaire.

La cérémonie religieuse rassembla de nombreux inconnus, clients et clientes de Donio Bernier. Gaby et sa sœur, encore sous le choc, avaient du mal à imaginer leurs lendemains sans la présence de leur frère. À la sortie de l'église, Gaby confia à son amie Margot :

— C'était lui le pilier de la famille, le rocher de Gibraltar. Je me sens comme une enfant abandonnée.

— Je regrette de l'avoir si souvent sermonné sans lui dire que c'était ma façon de lui dire que je l'aimais, avoua Éva.

Après un dernier adieu, les sœurs Bernier firent transporter le corps de leur frère à Chambly, auprès de ses parents défunts. À la fin de la cérémonie, Lizette s'écarta du cortège pour s'approcher de Gaby et lui chuchoter à l'oreille :

— Je ne quitterai plus Chambly. Je veux demeurer près de mon grand amour.

— Je te comprends. Tu te sentiras moins seule ici.

Inquiètes de l'absence de Marcelle lors de l'enterrement, Gaby et Éva se rendirent à son domicile avant de rentrer à Montréal. Personne ne répondit à la porte. De l'étage inférieur, une dame sortit :

— Elle a été hospitalisée à Trois-Rivières le mois dernier… Une hémorragie cérébrale l'aurait emportée, hier. Je viens tout juste de l'apprendre. Vous êtes parentes ?

Catastrophées, les sœurs Bernier demandèrent à être informées du jour des funérailles.

Le décès de Donio, celui de Marcelle et le départ inopiné de Lizette creusèrent un vide innommable au 1669, rue Sherbrooke. Les sœurs Bernier firent le tour de la maison à la recherche d'un sens... perdu. Elles allèrent s'allonger sur le lit de leur mère, celui que Donio et Lizette avaient aussi occupé.

— Les événements m'ont précipitée sur une voie que je n'avais prévu d'emprunter que dans cinq ou six ans. C'est comme si ceux qui ont quitté cette maison avaient emporté l'âme de maman avec eux, expliqua Gaby.

— Moi aussi, je ressens du froid dans tout mon corps. Je n'ai qu'une envie, m'enfuir à mon tour, avoua Éva, recroquevillée dans un fauteuil.

— Tu veux dire t'enfuir de cette maison ?

— Oui, Gaby. Mais je comprends que tu ne sois pas de mon avis. Ton salon de couture, tes clientes...

— Tu parles comme si tu étais complètement détachée de tout ce qui a été notre vie ici.

— Tu m'as bien comprise, Gaby. C'est comme ça que je me sens. J'irais vivre à Oka ou n'importe où dans Montréal, mais plus ici.

Après un silence lourd de réflexions, Gaby murmura :

— Cette maison est trop belle..., elle mérite d'être habitée par des gens qui lui apportent un nouveau souffle de vie.

— Ce serait un grand deuil pour toi...

— Donnons-nous quelques semaines pour y réfléchir, proposa Gaby, avant de sortir marcher.

Les jours qui suivirent avaient épousé la grisaille de l'automne. Gaby avait consulté son conseiller, Me Lionel Leroux, qui estimait la valeur de l'édifice à 80 000 dollars. Une somme rondelette qui faisait rêver de voyages. Mais encore fallait-il trouver un acheteur bien nanti.

— Ça pourrait prendre un an, les prévint Me Leroux au moment de signer leur promesse de vente.

— J'espère que non, laissa tomber Éva.

De retour dans sa salle de coupe, Gaby s'emmura dans un silence inhabituel.

— Qu'est-ce que tu as, Gaby ? J'ai dit une bêtise ?

— Non, non. C'est que je prends de plus en plus conscience qu'on ne met pas la clé dans un commerce en criant ciseau. Il faut préparer non seulement nos couturières, nos clientes et nos locataires, mais nous aussi… Un autre deuil à vivre même si j'offre aux clientes qui le souhaitent de continuer de coudre pour elles.

Gaby épongea une larme.

— C'est plus difficile que je le pensais de tourner le dos à plus de trente ans de passions, de réalisations, de réussites… et de bonheur.

— On pourrait encore essayer de s'adapter, dit Éva, ébranlée par la confidence de sa sœur.

— Je vais aller prendre un peu d'air.

Gaby n'avait pas eu le temps d'imprimer ses pas sur la neige fraîchement tombée qu'elle aperçut un jeune couple posté sur le trottoir, le regard fixé sur deux immeubles, dont le 1669.

André Villeneuve, un Français immigré à Montréal à l'âge de vingt ans et qui venait tout juste de se marier, cherchait une élégante maison de ville que sa femme et lui pourraient convertir en maison de pension de style européen. Gaby, estomaquée par la coïncidence, fit entrer le jeune couple et offrit de lui faire visiter le premier étage, domicile des Bernier. Envoûtés par l'élégance et le potentiel de cette maison, les Villeneuve en demandèrent le prix.

La réponse les prit au dépourvu.

— C'est négociable, vos 80 000 dollars, présuma M. Villeneuve qui disposait d'à peine 10 000 dollars.

— Tout est négociable, répliqua Gaby, charmée par la candeur et les rêves de ce jeune couple. Repensez-y et faites-moi signe, leur dit-elle en leur remettant son numéro de télépone.

Comme Éva était occupée avec une cliente qui venait payer sa facture, Gaby monta à l'étage et s'empressa de téléphoner à Me Leroux. Un pavé dans la mare.

— Je vous déconseille fortement de vendre à ces jeunes éberlués qui ne semblent pas connaître le marché et encore moins le coût des travaux nécessaires à l'aménagement d'une résidence familiale en hôtel.

Dépitée, Gaby s'affala dans un fauteuil, monologuant devant un siège vide, celui que son frère avait l'habitude d'occuper. « Il était de si bon jugement, Donio. Son avis me manque terriblement. Il comprendrait, lui, qu'il est permis en affaires d'avoir des préférences autres que monétaires. Ce jeune couple m'inspire confiance. Pour moi, contribuer à réaliser leur rêve, c'est comme réaliser le mien. »

Sans s'y opposer fermement, Éva ne partageait pas cet enthousiasme.

— On connaît plein de gens en moyens qui seraient peut-être intéressés. Il ne faut pas se presser, Gaby.

— Franchement, Éva, je serais prête à réduire de moitié le prix de vente pour permettre à ces gens de faire de cette maison le petit hôtel auquel j'ai dû renoncer à Oka.

Éva l'écoutait en silence.

— Je n'ai pas eu de mécène comme d'autres grands créateurs de mode, mais jouer ce rôle auprès de gens audacieux et vaillants comme les Villeneuve me comblerait. Je nous imagine passer devant notre ancienne maison et nous écrier : voilà notre rêve réalisé au cœur du centre-ville de Montréal !

Un battement de cils et un sourire conciliant tinrent lieu d'acquiescement.

La transaction ne tarda pas à se conclure. Afin que les acheteurs puissent entreprendre les travaux d'aménagement, les sœurs Bernier libérèrent deux étages, ne gardant que le salon de couture, le temps de mettre à jour les contrats signés avec leur clientèle. La dernière confection livrée, la vente des appareils et des articles de couture terminée, Gaby ne put retenir ses larmes en tournant la clé dans la serrure de son salon de couture. Il ne lui restait plus qu'à la rendre au nouveau propriétaire.

— Je ne toucherai pas à votre chambre, Mme Gaby, lui promit-il. Vous serez toujours les bienvenues, vous et votre sœur.

Réfractaire à tout apitoiement, Gaby s'empressa d'acheter deux billets d'avion à destination de l'Espagne avant de retourner à Oka.

— Rien que nous deux, Éva. De vraies vacances sans le moindre souci… Ne les avons-nous pas méritées? À notre agenda, que le plaisir de chaque instant. Humer chaque jour le parfum de la liberté, Éva.

Six semaines plus tard, elles reprenaient l'avion pour Montréal, revigorées et prêtes à entreprendre une nouvelle étape de leur vie. Des événements survenus en leur absence appuyaient leur détermination. Gordon quittait Montréal. L'*Associated Screen News* ayant fermé ses portes, il se joignait au National Film Board en Ontario pour y produire le film *Royal River*, traitant de l'ouverture de la voie maritime du Canada. Désormais, les rencontres entre lui et Gaby se feraient au gré de leurs disponibilités réciproques. «Une grande amitié résiste à l'éloignement», convinrent-ils. Du côté des Villeneuve, la maison n'était plus qu'un fouillis total, faute d'argent. Gaby leur offrit les 4 000 dollars nécessaires à la poursuite des travaux.

Le 8, rue Bernier attendait les sœurs Bernier, l'équivalent pour Gaby de *La Pausa*, la maison de retraite de Chanel. Éva allait y retrouver son amoureux.

Il tardait à Gaby de dresser avec sa sœur une liste des amis à inviter, entre autres, Margot Vilas, Jean Despréz, Denyse Saint-Pierre et son mari, Paul Colbert, André et Marie-Louise Villeneuve, Hans Peck et sa famille, Jack Chisholm, l'ancien cascadeur d'Hollywood, Gordon Sparling, Denis Harbour, nommé depuis peu réalisateur à la Société Radio-Canada, les anciennes couturières du *Salon Gaby Bernier*, leurs fidèles clientes, son coiffeur, Bernard Perreault, et les gens du monde du cinéma, pour qui la maison de Gaby et d'Éva serait «leur maison loin de la maison». Une pièce fut aménagée pour la couture afin que les clientes qui le souhaitaient puissent recourir aux services de Gaby.

Réceptions, voyages, travaux domestiques, couture et loisirs culturels allaient désormais meubler leur quotidien.

Deux ans après leur départ de la rue Sherbrooke, Gaby sut qu'elle ne passerait pas le reste de sa vie à Oka. La ville de Montréal devenait de plus en plus séduisante. Réélu maire en 1960, Jean Drapeau rêvait d'une ville aux infrastructures culturelles d'envergure internationale. D'est en ouest, des projets gigantesques prenaient vie. Un quartier Place des Arts occuperait désormais le quadrilatère formé par les rues Sainte-Catherine, Ontario, Jeanne-Mance et Saint-Urbain. Pour libérer cet espace, il faudrait expatrier une trentaine de résidents et démolir au moins trois édifices importants : l'école de la Commission des écoles catholiques, l'Institut Nazareth et l'édifice Keller, un des plus grands magasins de vêtements du Canada.

Les sœurs Bernier s'étaient fait un devoir de retourner magasiner au moins une autre fois chez Keller avant que cet immeuble de sept étages, coiffé d'un château d'eau, ne tombe sous le pic des démolisseurs.

« Pourquoi faut-il démolir pour bâtir ? » se demandait Gaby, désolée de voir des pans de l'histoire de Montréal voler en éclats.

Par contre, le projet d'exposition universelle à Montréal souleva son enthousiasme. C'est avec l'émerveillement d'une enfant qu'elle vit doubler la superficie de l'île Sainte-Hélène, une nouvelle île se créer et le premier métro se construire. Montréal, sa ville d'adoption, allait devenir la plate-forme des arts de toutes expressions. Une explosion d'idées novatrices aux couleurs de la planète. Le thème *Terre des hommes* la plongea dans la lecture des œuvres d'Antoine de Saint-Exupéry, de la première, *L'Aviateur*, au *Petit Prince*, s'attardant surtout à *Terre des hommes*, publiée en 1939 et couronnée par l'Académie française. Cet hommage à l'amitié, tiré des expériences et des réflexions de l'aviateur, ne pouvait mieux illustrer l'événement que Montréal se préparait à orchestrer.

« À qui confiera-t-on la création des uniformes de nos hôtesses ? » se demanda Gaby, à un fil de regretter de ne plus être dans la course des créateurs de mode québécois. Toutefois, elle fut ravie d'apprendre que le concept avait été confié à Madeleine Arbour, une femme native de Granby qui, tout comme elle, avait connu des débuts difficiles. Forcée de chercher du travail dès l'âge de quinze ans, elle avait été engagée comme vendeuse chez Birks. C'est dans ce petit commerce de bijoux et d'orfèvrerie de la rue Sainte-Catherine à Montréal qu'elle avait lancé l'art d'habiller des vitrines, traitant l'espace comme un tableau à créer. Gaby admirait chez cette femme un intérêt marqué pour la beauté des choses. Elle se faisait un plaisir de regarder la télésérie *La Boîte à surprises* pour laquelle Mme Arbour avait confectionné les marionnettes et conçu les scénarios.

Gaby anticipait avec frénésie cette exposition universelle, y voyant un rappel émouvant de tous ses voyages et une incitation à découvrir d'autres continents. Plus de cinquante pavillons représentant différents pays et différents thèmes devaient être montés.

L'avènement du premier métro de Montréal semait la même excitation chez les Montréalais, plus encore chez ceux qui avaient emprunté les métros de New York, Londres et Paris, construits au début du siècle. Un incontournable que ce métro à l'occasion de l'Exposition universelle ! Le maire Jean Drapeau chapeautait ces deux projets avec une logique de béton et une détermination infatigable : les millions de tonnes de roc tirées du sol creusé pour la construction du métro allaient être utilisées pour construire sur le Saint-Laurent l'île Notre-Dame, jusqu'alors inexistante. On avait peine à imaginer que des voies de circulation seraient creusées dans le roc sous le centre-ville, et ce, vers les plus importantes artères marchandes, comme la rue Sainte-Catherine, la rue Sherbrooke, le boulevard de Maisonneuve. Le métro de Montréal, totalement souterrain, serait le premier au monde à rouler sur des pneus, alors que des roues d'acier ne serviraient qu'en cas de crevaison. Autre particularité, le freinage serait assuré par des sabots en bois trempé dans l'huile d'arachide, ce qui répandrait tout autour une odeur de maïs soufflé, mais qui userait moins les roues. Un projet d'envergure! La conception de chaque station devait être confiée à un architecte différent pour en obtenir un style particulier.

Pour avoir visité la tour Eiffel, Gaby savait qu'elle illustrait les progrès technologiques dont avait témoigné l'Exposition universelle de Paris. Celle de Londres avait laissé en sa mémoire le *Crystal Palace* de Sir Joseph Paxton. Le maire Drapeau n'allait pas trahir la coutume. Trois ans avant la tenue de l'Expo 67, il concevait Habitat 67, des habitations construites de blocs de ciment agencés de telle sorte que le toit de l'appartement du dessous serve de jardin ou de patio privé à celui du dessus.

— Je nous verrais acheter un pied-à-terre dans ce complexe, avait suggéré Gaby.

— Pas dans le ciment. Ça doit être froid, avait rétorqué Éva.

— On ira visiter quand ce sera prêt, d'accord?

Un hochement de tête présageait soit d'un refus, soit d'une hésitation.

Entre-temps, après avoir lancé leur première collection, l'un à Paris et l'autre à Montréal, Yves Saint Laurent et Michel Robichaud affichaient des succès remarquables. Le grand couturier français inventait le vestiaire de la femme moderne : le caban et le trench-coat d'abord, ensuite le premier smoking et la saharienne. En s'inspirant des codes masculins, il proposait aux femmes des tenues qui parlaient d'audace et d'assurance sans trahir leur féminité.

Gaby n'était pas peu fière d'apprendre qu'un créateur de mode québécois, Michel Robichaud, était le premier à présenter sa collection haute couture dans différents pays d'Europe, dont Londres, Bruxelles, Milan et Paris. «Avant longtemps, sur les traces d'autres grands couturiers, il nous révélera son parfum», présuma Gaby.

Lorsque sur toutes les chaînes de radio on diffusa la chanson thème de l'Expo, dans toute la province, on fredonnait *Un jour, un jour*, en doublant les voix chaudes de Donald Lautrec et de Michèle Richard. Le texte de Stéphane Venne avait été sélectionné parmi plus de deux mille inscriptions au concours. Une gloire à l'égal de celle de Julien Hébert, le concepteur montréalais du logo.

D'un commun accord, Gaby et Éva avaient dressé un plan des pavillons à visiter ensemble. Or, en entrant sur le site, elles avaient été si impressionnées par les moyens de locomotion mis à la disposition des visiteurs qu'elles avaient commencé par les emprunter l'un après l'autre : la Balade, le Minirail et l'Expo-Express les avaient charmées. Leur première visite avait été consacrée au pavillon du Canada. Quelle merveille que cet arbre contenant 1 500 photos de Canadiens, situé à l'entrée ! Un prélude à cette large pyramide inversée placée au centre du pavillon.

Comme si elles avaient craint de manquer de temps, Gaby et sa sœur s'étaient précipitées vers les pavillons qui les avaient particulièrement sollicitées : celui de l'Ontario, du Québec, de la France, de la Grande-Bretagne et, à la demande insistante d'Éva, d'Israël. Ce dernier pavillon, de forme cubique, en fibre de verre, l'avait cependant déçue par la faiblesse de ses symboles religieux au profit de sa modernité.

— Si on allait tout de suite visiter le pavillon des chrétiens, lui avait suggéré Gaby.

Huit Églises avaient tenu à participer à l'Exposition, principalement l'Église catholique, l'Église unie et l'Église anglicane, ainsi que les Églises presbytérienne, luthérienne et baptiste.

— Un portrait réaliste de la vie spirituelle chrétienne à travers les cinq parties du monde, avait jugé Éva après avoir visionné des centaines de photos les représentant.

Satisfaites, les sœurs Bernier avaient décidé de revenir le lendemain et de louer une chambre à l'hôtel *Château Versailles*, leur ancienne résidence de la rue Sherbrooke, pour le nombre de jours nécessaires aux visites de l'Expo. Les Villeneuve les avaient accueillies avec une générosité égale à celle dont Gaby avait fait preuve à leur égard depuis l'acquisition de cette propriété.

— Vous êtes encore et vous serez toujours chez vous ici, avait clamé M. Villeneuve, heureux de les faire bénéficier de ce qu'était devenu le 1669 de la rue Sherbrooke.

Trois autres jours à parcourir l'île Notre-Dame avaient convaincu Éva de la solidité de cette île fabriquée de mains d'hommes. Gaby et Éva visitèrent plusieurs pavillons, tels que le Labyrinthe avec ses écrans multiples, le Téléphone et son film de Walt Disney tourné selon le procédé CircleVision 360, le Kaléidoscope avec ses trois salles de projection cintrées de miroirs créant des illusions dimensionnelles renversantes, et celui de l'Homme et les régions polaires, un des plus singuliers avec sa salle de cinéma dont les sièges placés au centre d'un plateau circulaire évoquaient le lent mouvement des glaces polaires. Un fier rappel des explorations du capitaine Bernier.

Bien qu'au premier abord, Éva s'y traîna les pieds, Gaby avait insisté pour qu'elles aillent explorer La Ronde. Le Carrefour international les avait vite conquises avec ses plats exotiques, mais Gaby était retournée plus d'une fois pour monter dans un carrousel unique au monde avec ses chevaux et ses chars sculptés et richement décorés, construit en Belgique et vieux de plus de cinquante ans.

— J'ai l'impression d'avoir retrouvé mon cœur d'enfant.

— Hum! J'avoue que tu t'es comportée comme un bébé, Gaby Bernier.

— Tu as eu honte de moi, Éva?

— Bien…, parfois, j'ai espéré qu'on ne devine pas que tu étais ma sœur!

— Tu blagues?

Éva étouffa un fou rire qui soulagea Gaby.

Cet été 1967 avait moussé le goût des voyages chez nombre de Québécois, entre autres, chez les sœurs Bernier, qui avaient décidé de retourner en France. Revisiter les pays dont les pavillons s'étaient illustrés à l'Expo conjuguait le plaisir de découvrir leur réalité quotidienne et le bonheur de revoir leurs représentants. Gaby avait anticipé ce voyage avec une frénésie particulière. Pour cause, sa protégée, la comédienne Denyse Saint-Pierre, depuis peu épouse de Paul Colbert, nommé représentant de Radio-Canada en France, l'avait invitée à loger chez elle avec sa sœur Éva. Toutes trois avaient pris un réel plaisir à visiter les collections parisiennes, à assister au théâtre et à l'opéra, à participer aux festivals d'Avignon et d'Aix-en-Provence et à visiter des châteaux. Une de leurs excursions les plus mémorables avait été le château Moët & Chandon, fabricant du Dom Pérignon, le champagne préféré de Gaby.

— Moi qui n'aimais pas les leçons d'histoire, je viens de suivre des cours en accéléré, avait clamé Éva à son retour.

— C'est comme emmagasiner une encyclopédie dans sa tête au lieu de camper des dizaines de livres sur les rayons de nos bibliothèques, avait ajouté sa sœur.

Seule ombre au tableau, la situation de Coco Chanel. Plus maigre et plus irritable que jamais, isolée entre ses paravents de Coromandel et ses lustres de cristal aux éclats froids, Coco s'était réfugiée dans les rites de ses exigences, entourée de ses courtisans et de ses mannequins. Impossible pour les sœurs Bernier de la saluer en personne. Sur le point de quitter le sol parisien, elles retrouvaient à son sujet les notes de Françoise Giroud dans *L'Express* : *Furieuse et droite, comme un capitaine sur le pont d'un vaisseau qui sombre.*

Cette grande dame de la mode cherchait dans les miroirs de l'escalier de sa maison de couture, où elle se cachait les jours de défilé, à saisir les reflets de sa gloire qui jamais n'était parvenue à effacer les blessures de son désespoir intime. « Je ne veux pas d'une fin de vie aussi triste et amère et j'en prendrai les moyens », s'était juré Gaby.

Un événement de l'envergure de l'Expo 67 venait à peine de prendre fin quand un autre s'annonça : Montréal se plaçait sur la liste des villes candidates pour les Jeux olympiques de 1976. Bien que ses concurrentes, Moscou et Los Angeles, soient de taille, il n'était pas question, pour le maire Drapeau, que la ville échoue une sixième fois. Lorsqu'en mai 1970, le Comité international olympique annonça que Montréal serait l'hôte de la XXIe Olympiade, la mise en œuvre des plans ne tarda guère. Roger Rousseau, le président et commissaire général, devait assumer, entre autres responsabilités, la construction d'un stade, d'un bassin, d'une piscine et d'un village olympique. Toutes les structures devaient être mises en place pour le 17 juillet 1976, jour de l'ouverture officielle des Jeux de Montréal. La présence de Sa Majesté Elizabeth II et des princes Philippe et Andrew était confirmée. Plus de quatre-vingt-dix nations et quelque six mille athlètes devaient y participer.

Vint alors ce jour redouté où « la maison loin de la maison » sembla, au regard de Gaby, trop isolée de Montréal. Éva, qui, en dehors de ses voyages, passait le plus fort de son temps en compagnie d'Oscar, souhaita qu'à l'arrivée du printemps, Gaby retrouve le goût d'habiter Oka. En saison chaude, les amis s'amenaient nombreux pour profiter du décor champêtre et pour festoyer autour de bons plats bien arrosés. Mais l'hiver n'allait pas sauter d'année. Les routes allaient redevenir cahoteuses, les côtes glacées et les tempêtes inévitables. Tout comme le *Baronnet*, la maison d'Oka devenait un fardeau.

— Avant que tu te mettes à dépérir, aussi bien regagner Montréal, consentit Éva.

— Et Oscar ?

— À notre âge, on peut s'aimer autant à distance que collés l'un contre l'autre.

La réflexion plut à Gaby.

— Nous reviendrons passer nos étés ici, conclut Éva.

Le silence de sa sœur portait un message troublant. Éva le décoda quand, la semaine suivante, Gaby dut consulter un médecin de Saint-Eustache qui, incapable de diagnostiquer son problème, l'hospitalisa. Des troubles rénaux semblaient être responsables de son inconfort. Sitôt libérée de l'hôpital, Gaby fit pression auprès de sa sœur pour entamer des recherches de logement au cœur de Montréal. Au 3241 de la rue Drummond, dans une luxueuse tour d'habitation située sur le versant nord de la rue Sherbrooke, un appartement plus petit que ce à quoi elles étaient habituées depuis plusieurs années s'avérait disponible. Les sœurs Bernier s'entendirent pour en prendre possession avant l'hiver.

Sans qu'Éva manifeste la moindre objection, Gaby le décora en rouge Bernier et bleu Nil. Le papier peint défraîchi qui couvrait certains murs disparut sous les encadrements de reproductions de Renoir, d'impressions d'Oka de Bartlett et d'aquarelles de la Riviera française de Mouillac. Elles y firent transporter d'Oka des meubles qui leur étaient chers : une commode ayant appartenu à Louis-Hippolyte La Fontaine, un impressionnant buffet de chêne à motifs ayant appartenu au baron d'Empain, des antiquités rapportées d'Espagne, des oiseaux de céramique d'un profond bleu Nil, un cadeau de Winnifred Trenholme, un ensemble de salle à manger acheté de Thérèse Casgrain à la mort de sa mère, en remplacement du mobilier chippendale en acajou qu'elles vendirent, ne gardant que deux chaises.

La maison d'Oka, mise en vente, trouva vite un acquéreur.

Aimant souligner les grands événements de sa vie par un voyage, Gaby organisa, pour elle et sa sœur, une tournée en Californie. Elle loua une voiture à San Diego, où elle visita Raoul-Jean Fouré, alors à la retraite et vivant dans un bungalow de style ranch, typiquement californien. Breton immigré au Québec à l'âge de vingt-trois ans, il avait ouvert son premier salon de haute couture sur la rue University, à Montréal. Sa formation parisienne lui avait permis de travailler la soie ainsi que la laine. Après avoir participé nombre de fois au défilé annuel organisé par la *Ligue de la jeunesse féminine*, il était parti exposer sa collection à Atlantic City et avait été le premier président de l'*Association des couturiers canadiens*.

Gaby s'était fait un plaisir de causer avec lui, avant de reprendre le volant et de rouler tout le long de la côte du Pacifique jusqu'à Los Angeles.

— Des semaines de bonheur comme je n'en aurais jamais imaginé ! Je dois t'avouer, Gaby, que si tu n'avais pas été ma sœur, jamais je n'aurais accepté de me lancer dans une si longue aventure. Je croyais qu'on se lasserait vite de voir, d'un côté, la mer, et de l'autre, des montagnes et des forêts en abondance.

— On m'avait dit que faire la côte du Pacifique en voiture, c'était un des plus beaux décors qu'on pouvait s'offrir. Si beau, en réalité, que j'en ai oublié la fatigue de conduire. Tout le long, j'ai eu l'impression de voyager avec une jeune fille qui n'avait pas perdu son sens de l'émerveillement.

— Je n'avais que ça à faire, m'émerveiller, tant je te fais confiance sur la route.

À leur retour à Montréal, les journaux publiaient à qui mieux mieux la première maquette du futur Stade olympique.

— Regarde, Éva, on se croirait devant la reproduction surdimensionnée de nombre de coquillages que nous avons rapportés de notre voyage.

— Avec une tour habitable de cent soixante mètres de hauteur ! Mais ça tient du miracle !

— Tu imagines le bel été qui nous attend !

— Maintenant que nous habitons Montréal, il ne nous restera qu'un problème : l'impossibilité d'assister à deux compétitions différentes en même temps.

Gaby jonglait tout haut :

— Si on pouvait avoir en main une minitélévision qui nous diffuserait une compétition pendant qu'on assiste à une autre…

— Ça ! Ce serait un vrai miracle !

Gaby crut être témoin d'un aussi grand prodige lorsque sa sœur lui proposa d'aller passer le pire de l'hiver québécois au Mexique.

— Tu es devenue une vraie sorcière, Éva !

— Tu veux dire que tu le souhaitais, toi aussi ?

— Énormément ! Mais je n'y serais jamais allée sans toi, pas plus que j'aurais voulu te forcer à quitter ton ami et notre bel appartement pour trois ou quatre mois.

— La chaleur du Mexique sera d'un bon secours pour mes poumons paresseux.

— Si on diminuait la cigarette ? Passer de quarante à dix par jour… progressivement, suggéra Gaby.

Une grimace sur le visage d'Éva, un hochement de tête et un aveu :

— Comme je ne fume que depuis une dizaine d'années, ce serait sûrement moins difficile pour moi. Mais je suis déjà assez ronde comme je suis là, dit-elle, craignant de gagner du poids en cessant de fumer.

— À mon avis, vaut mieux mourir bien enveloppée que décharnée. Pour moi, la maigreur va souvent avec l'amertume.

— Tu fais allusion à Coco Chanel ?

— Oui. Vient un temps dans la vie où un peu de rondeur nous avantage, ne trouves-tu pas ?

— Mais l'équilibre n'est pas facile à atteindre, déplora Éva.

— Entre l'équilibre et le bonheur, on serait gagnantes de choisir d'être heureuses, ma p'tite sœur chérie.

— Ma p'tite sœur ! Comme tu es flatteuse, Gaby Bernier !

Les sœurs Bernier étaient à se reposer sur une plage d'Acapulco quand elles apprirent le décès de Coco Chanel, survenu dans son appartement du *Ritz* où elle avait travaillé jusqu'au dernier soir de sa vie.

— Mourir un 10 janvier, en plein hiver, un dimanche, jour consacré au repos et à la famille… Tout ce que Coco détestait le plus, murmura Gaby, chamboulée.

— J'espère qu'elle a été bien accompagnée et bien préparée, émit Éva, préoccupée de son salut éternel.

— Une phrase d'elle me revient à l'esprit : « Les vraies réussites sont fatales. »

— Qu'est-ce qu'elle voulait dire ?

— C'est un mystère, comme bien des passages de sa vie.

Les sœurs Bernier avaient pris l'habitude d'aller passer leurs hivers au Mexique et en revenaient gaies et ragaillardies. Mais leur retour en mars 1976 fut des plus éprouvants. Leur chic appartement de la rue Drummond avait été cambriolé. Tous les bijoux en or, platine et diamants que Gaby avait créés à partir des antiquités de sa mère ainsi que ceux qu'elle avait fait faire à Paris, grâce à l'intervention de la princesse Barbara Galitzine, étaient disparus. Les toiles rapportées d'Europe avaient été décrochées et embarquées avec certains meubles de grande valeur.

Ébranlées par ce pillage, Gaby et Éva retournèrent vivre au 1669, rue Sherbrooke. Tel que promis, dans la chambre 204, elles retrouvèrent les miroirs à la Chanel et, dans la salle de réunion, les imprimés japonais datant de 1860 qu'elles avaient donnés en cadeau aux Villeneuve. Elles y passèrent plusieurs semaines, le temps de se remettre de leurs émois.

— Il est temps qu'on retourne chez nous, dit Gaby, feignant la sérénité.

— Tu te sens vraiment prête ?

— On ne passera pas le reste de notre vie dans un hôtel. Il faut se faire une raison. Puis toutes les serrures de notre appartement ont été changées.

André Villeneuve les accompagna au 3241, rue Drummond, fouilla toutes les pièces à la loupe et ne repartit qu'en fin de soirée. Gaby et Éva n'eurent pas à argumenter, toutes deux souhaitaient partager le même lit…, le temps de se réhabituer à vivre dans ce logement. Ce fut peine perdue. Confrontée à des problèmes rénaux et respiratoires, Gaby chargea sa sœur de leur trouver un autre logis. Éva priorisait une tour d'habitation sur la rue Papineau, à proximité de l'Hôpital Notre-Dame. Alléguant sa difficulté à parler l'anglais, elle tut la raison première de ce choix : la proximité de l'hôpital.

— Tu vas t'y plaire, Gaby. Quand tu vas voir, de la fenêtre de notre salon, le parc Lafontaine, avec ses lacs, ses boisés et ses fontaines… Ça va te rappeler le bois de Boulogne à Paris.

Comment ne pas lui donner raison ?

— Qu'est-ce que je ferais sans toi, ma chère Éva ? dit Gaby, chez qui la reconnaissance n'avait d'égale que sa douleur aux reins, de plus en plus tenace.

Son soixante-quinzième anniversaire de naissance glissa sous un sombre tableau des jours qui l'attendaient. Éva avait dû annuler toutes les invitations adressées à nombre d'amis pour cette célébration, sauf celle postée à Margot Vilas. Lorsque cette grande amie des moments lumineux comme des jours obscurs fut témoin des souffrances de Gaby, elle insista pour la conduire à l'hôpital.

— Par chance qu'on n'en a pas long à faire, je ne m'endure plus.

Or, les portes du service d'urgence ne s'ouvrirent que pour leur apprendre que les infirmières étaient en grève et qu'aucun patient n'y était admis.

Désespérée, Gaby fit appeler Barbara Whitley, une de ses meilleures clientes, qui siégeait au Conseil d'administration de l'Hôpital général de Montréal.

— Je t'envoie l'ambulance et je t'attendrai à l'entrée de l'Urgence, lui promit Barbara.

Ce qui fut fait.

Éva fut dépitée en constatant que, contrairement à ses prévisions, la proximité de l'Hôpital Notre-Dame n'avait été d'aucune utilité pour Gaby. Ironie du sort, elle était transportée vers l'ouest, près du mont Royal, à l'intersection de l'avenue des Pins et du chemin de la Côte-des-Neiges dans cet hôpital, chef de file en Amérique du Nord et fondateur de la première faculté de médecine au Canada.

— Tu ne mérites pas moins, affirma Barbara.

Éva et Margot, qui avaient pris le temps de lui préparer le nécessaire à un séjour en soins hospitaliers, l'y rejoignirent dans l'heure. Les sédatifs avaient commencé à faire effet. Promenée d'une salle d'examen à l'autre, Gaby reprenait confiance.

— Je suis logée dans la tour des miracles, disait-elle à qui la visitait, confiante en la médecine et ses découvertes.

— Tu te sens mieux ? lui demanda sa sœur.

Ignorant la question, elle se tourna vers Margot, à qui elle en posa une autre :

— Le stade va être prêt pour le 17 juillet ?

Puis, revenant à Éva, elle lui rappela de ne pas oublier d'acheter des billets pour la cérémonie d'ouverture des Jeux.

De son lit d'hôpital, Gaby n'avait rien perdu de sa fascination pour la mode. Quand Laurice Haddad vint la visiter, portant une blouse « prêt-à-porter » d'Yves Saint Laurent, aussi faible qu'elle puisse l'être, elle insista pour en examiner minutieusement les boutonnières et les coutures. À Barbara Whitley, qui venait la visiter régulièrement, elle rappela cette superbe robe en tissu sari noir et or acheté à Québec, de Konstantin Loewig.

— Je la conserve dans ma garde-robe comme un bijou dans son écrin.

— Quand aurai-je l'occasion de te revoir avec ?

— À notre prochaine soirée de bal, Gaby.

— Si ce n'est pas dans cette vie-ci, ce sera dans la prochaine, n'est-ce pas ?

— Il n'est pas un peu tôt pour parler de l'autre vie ? contesta Margot, qui se tenait à son chevet aussi assidûment qu'Éva et Barbara.

— L'entrevoir ne fait pas mourir, plaida la sœur de la malade.

— C'est plus puissant que la morphine pour anesthésier…, la peur, affirma Gaby, d'une voix qu'elle aurait voulue ferme comme le roc.

Ce mot s'était frayé un chemin de son cœur affolé à celui de ceux qui l'assistaient. Le verdict médical venait de tomber : l'infection rénale s'était généralisée et les jours de Gaby Bernier étaient comptés. Un cri trempé de larmes jaillit de la poitrine de Margot. Barbara déposa une caresse sur le front de la malade, promettant de ne pas l'abandonner. Jean Taupier accourut à son appel, lui redit ce mot plus riche de tendresse que toute la terre : « Maman. »

— Je serai ton fils pour l'éternité, jura-t-il, des sanglots dans la gorge.

Éva avait porté ses mains sur sa poitrine, brisée par le chagrin.

— Avec toi, j'ai vécu intensément, p'tite sœur, chuchota Gaby. Je veux partir… de la même façon.

— Qu'est-ce que tu veux dire ? parvint-elle à lui demander.

Avant d'exprimer sa dernière fantaisie, Gaby demanda à sa sœur de brûler toutes ses lettres.

— Puis, quand tu verras que mon heure arrive à grands pas, j'aimerais que tu rassembles autour de mon lit mes médecins, mes infirmières et mes amis proches, pour sabler du Dom Pérignon une dernière fois.

Dépassée par les propos, les vœux et le courage de sa sœur, Éva lui fit un câlin et quitta la chambre, en larmes.

— En reconnaissance envers la Vie qui m'a comblée de tant d'amour et de bonheur, balbutia Gaby, au prix d'efforts suprêmes.

Sentant sa fin venir, Gaby se questionnait. « De l'au-delà, verrai-je circuler mon nom, ceux des membres de ma famille, ceux de mes clients et amis dans des journaux ou dans des livres ? Quelqu'un s'intéressera-t-il à ma carrière de créatrice de mode ? Qu'est-ce qui pourrait les toucher ? Je sais que j'ai créé des milliers de tenues vestimentaires, quelques bijoux aussi. Un certain nombre de mes confections pourraient-elles se retrouver dans les musées ? Mes lettres d'amour, Éva les détruira-t-elle comme je le lui ai demandé ? Sera-t-elle tentée de les lire ? De relater ma vie et celle de ma famille après ma mort ? Quoi qu'il en soit, je souhaite que ces écritures et ces parlures sèment autant de bonheur autour d'elles que j'en ai eu dans ma vie terrestre. J'aimerais aussi que toutes les personnes qui en prendront connaissance retiennent que la confiance en soi et la persévérance favorisent le succès. »

De retour chez elle, Éva vécut ce soir-là un des plus grands dilemmes de sa vie. Assise près du foyer qui ronronnait de gourmandise, le tiroir de correspondances de Gaby sur ses genoux, elle ne se résignait pas à rendre aux flammes ce fragment si important de l'existence de sa sœur. « C'est comme si je l'amputais d'un de ses membres avant sa mort. Je ne peux la laisser partir avec tous ces secrets. » Éva ne put résister à la tentation et lut la correspondance de sa sœur.

Que de découvertes, mais que de culpabilité aussi ! Plus tard, elle écrirait :

« J'ai un pardon à demander à ma sœur. Mon confesseur m'a dit que, de là-haut, elle me l'accorderait. Je sais que je n'avais pas le droit de faire ça, mais cela a été plus fort que moi… Je n'ai pas pu m'empêcher de m'approprier un petit joyau de sa vie. Que d'heures de rêve et de liesse ces lettres m'ont fait vivre! Gaby savait vraiment exprimer ses sentiments. Elle maniait la séduction à la perfection. Je l'ai su parce que ses amants relevaient toujours des passages de ses lettres dans leur correspondance. J'ai aussi trouvé des billets qu'elle n'a jamais mis à la poste ou rendus à ses amoureux. Son journal intime m'a permis de la connaître sous toutes ses coutures. J'aurais tant aimé savoir tout ça avant qu'elle me quitte… »

Le vœu de Gaby Bernier, celui de sabler le champagne avec ses proches et le personnel traitant avant de quitter cette terre, se réalisa le 23 juin 1976, la veille de la Saint-Jean-Baptiste, trois semaines avant l'ouverture des Jeux olympiques auxquels elle avait tant souhaité assister.

Le corps de Gabrielle Bernier fut emporté à la chapelle Wray, au 1234, rue de la Montagne. Éva commanda une magnifique couverture de fleurs des couleurs préférées de Gaby, rouges et blanches, pour recouvrir le cercueil. Les funérailles eurent lieu à la cathédrale Marie-Reine-du-Monde, où Jean-Guy Dubuc, ordonné prêtre en 1958, docteur en théologie et journaliste pour *La Presse* depuis 1971, chanta la messe. Y assistaient nombre d'amis, dont Jean Taupier et son épouse, Denyse et Paul Colbert, André et Marie-Louise Villeneuve, Bernard Perreault, Lionel Leroux et sa femme, Denis Harbour et sa famille.

Suivant ses désirs, Gaby fut incinérée au crématorium Côte-des-Neiges avant d'être enterrée dans le lot familial, au cimetière Saint-Joseph de Chambly, à côté de ses parents et de son frère Antonio.

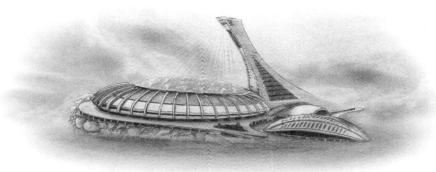

UNE INDISCRÉTION D'ÉVA

J'ai perdu mon père sans avoir eu le temps de m'en inquiéter; j'avais six ans. Quand ma mère est décédée, mon déni a fait que je n'ai pas vu venir sa mort. Quant à Donio, ce fut pire encore. Il est parti seul, sans même nous donner la chance de lui dire adieu. Ces trois deuils ont laissé en moi des blessures que j'ai mis du temps à identifier. C'est lorsque Gaby a commencé à éprouver des problèmes de santé que j'ai mis le doigt dessus. Les six dernières années de sa vie ont été un véritable cauchemar pour moi. J'étais hantée par la peur qu'elle m'abandonne... pour de bon. Que de fois, sur la pointe des pieds, je suis allée voir dans sa chambre si elle respirait. Je me suis mise à souhaiter que nous voyagions de plus en plus souvent parce qu'alors nous partagions la même chambre, le même lit, la même voiture et le même vol. Dire qu'elle a toujours pensé que j'avais eu la piqûre du voyage... J'étais prête à lui décrocher la lune pour ne pas l'incommoder. Je surveillais son alimentation, j'achetais plein de vitamines, sous prétexte qu'elles étaient bonnes pour nous deux. Je ne m'accordais plus le droit de lui déplaire. Je vivais pour qu'elle ne meure pas. Quand elle m'a demandé d'aller chercher du champagne et de l'apporter dans sa chambre d'hôpital, j'étais si honteuse que j'en ai prévenu M. l'aumônier, de peur qu'il en soit scandalisé ou, pire encore, qu'au nom de la morale chrétienne, il s'interpose entre elle et moi. Mais il a apaisé ma conscience et j'ai pu respecter les dernières volontés de ma sœur.

Gaby est morte comme elle a vécu: dans la joie.

NOTE BIOGRAPHIQUE

Éva mourut le 28 mai 1982. Convaincue jusqu'à la fin que la cigarette n'avait rien à voir avec son cancer du poumon, elle partagea son courage et son sens de l'humour avec tous les amis de Gaby, devenus les siens. Ses cendres furent déposées avec celles de sa famille au cimetière de Chambly.

REMERCIEMENTS

À la remise du dernier tome de cette trilogie, je tiens à réitérer ma reconnaissance envers toute l'équipe de Québec Amérique. Je me dois aussi de mentionner l'apport inestimable du personnel des archives de Radio-Canada. À nos historiens qui m'ont outillée par leurs recherches, je lève mon chapeau.

À tous ceux qui m'ont apporté soutien et compréhension, je dis merci et je vous donne rendez-vous pour la suite des choses.

Pauline Gill

CAHIER PHOTOS

Archives personnelles de l'auteure.

Hôtel *Château Versailles*, ancienne propriété des sœurs Bernier de 1942 à 1958.

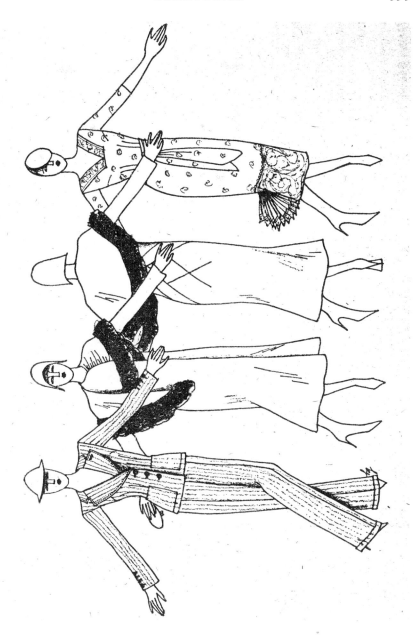

Créations-vedettes de Gaby Bernier.

Hans Peck, tailleur en fourrures pour le *Salon Gaby Bernier*, 1942.

Madeleine Ozeray, premier rôle dans le film *Le Père Chopin*, habillée par Gaby Bernier, 1945.

Barbara Ann Scott, championne du monde de patinage artistique à Stockholm en 1947, en robe de soirée signée Gaby Bernier, 1948.

Mariage de Margot Redmond, habillée par Gaby, qui porte la traîne, 1948.

Publicité pour *Le Baronnet*, restaurant-hôtel tenu par les sœurs Bernier, 1948.

Gaby à Oka devant *Le Baronnet*, 1948.

Mariage de la fille du notaire Leroux, habillée par Gaby, 1956.

Gaby et Bernard Perreault, coiffeur et concepteur de perruques, en Espagne.

Denyse Saint-Pierre, habillée par Gaby Bernier pour jouer en Russie, 1960.

Denyse Saint-Pierre portant une création de Gaby, 1960.

Gaby et Éva à Monte Carlo.

Éva et son ami de cœur, le veuf Oscar Allard, à la Riviera française.

Gaby en 1970, âgée de 69 ans.

Gaby, Éva et Oscar à Mexico.